EGITO SECRETO

Aquenatón venerando Atón. Do acervo do autor.

Paul Brunton

EGITO
SECRETO

TRADUÇÃO
Adriano Scandolara

AJNA

Dedicatória a

SUA ALTEZA O PRÍNCIPE ISMAIL DAOUD

Três homens haviam saído do Cairo numa bela noite de primavera e por uma hora estiveram conversando perto da Grande Pirâmide. Um deles era Vossa Alteza, o outro, o embaixador de uma potência oriental, enquanto o terceiro, o escritor destes pensamentos e relatos de viagem. Vossa Alteza comentou sobre a dificuldade de se encontrar no Egito de hoje quaisquer resquícios daquela excepcional espiritualidade ou da surpreendente magia que me seduzia e me levava a buscar em muitas terras. Em várias outras ocasiões, Vossa Alteza manteve a mesma opinião.

Apesar disso, persisti em minha busca e alguns de meus achados considerei prováveis de interessar aos ocidentais. Se ofereço minhas anotações também a Vossa Alteza, é porque nutro a esperança de que possa entrever nelas um vislumbre da fé que me sustenta e talvez compreenda um pouco melhor por que a mantenho. Ofereço a dedicatória deste relato também como uma insignificante demonstração de prazer pela consideração pessoal que subsiste entre nós, independentemente de qualquer diferença intelectual.

Por fim, que estas páginas sejam um tributo ao Egito, país cuja face moderna Vossa Alteza tão bem conhece, e cujos antigos templos tanto me atraem. Se me for permitido alterar o antigo ditado romano, acrescentaria: "Aquele que uma vez bebeu das águas do Nilo deverá eternamente ser um amigo dos que habitam às margens desse poderoso rio".

NOTA DA EDIÇÃO

Esta nova edição inclui as correções sugeridas pelo autor antes de sua morte, em 1981. A grafia dos nomes das divindades e localidades egípcias também foi atualizada para se adequar ao uso moderno.

Além disso, a presente edição traz mais fotografias e ilustrações do que as anteriores. Isso se deve ao admirável trabalho de Timothy Smith e Kira Lallas, que pesquisaram nos arquivos fotográficos do autor e procuraram imagens de egiptólogos contemporâneos para ajudar o leitor a visualizar os locais explorados por Paul Brunton. Agradecemos especialmente a Rosemarie Quebral Harris pela elaboração dos mapas, diagramas e ilustrações que enriquecem este livro.

SUMÁRIO

PREFÁCIO   13

1. Uma noite com a Esfinge   19
2. A guardiã do deserto   35
3. A Pirâmide   55
4. Uma noite dentro da Grande Pirâmide   81
5. Com um mago do Cairo   105
6. Maravilhas do hipnotismo   127
7. Entrevista com o faquir mais famoso do Egito   149
8. Em nome de Alá, o clemente, o misericordioso!   163
9. Entrevista com o líder espiritual dos muçulmanos   181
10. Na paz da antiga Abidos   201
11. O rito secreto dos templos egípcios   215
12. Os antigos Mistérios   233
13. No templo de Dendera   249
14. Os dias em Karnak   269
15. As noites em Karnak   287
16. Com o encantador de serpentes mais famoso do Egito   303
17. Me torno um dervixe encantador de serpentes   323
18. Encontro com um Adepto   341
19. As tumbas: a solene mensagem do Adepto   357

EPÍLOGO   365
COMENTÁRIO SOBRE O EPÍLOGO   369
NOTAS   375
ÍNDICE REMISSIVO   381
SOBRE O AUTOR E ESTE LIVRO   395

PREFÁCIO

Este é um livro extraordinário, e seu título original, *A Search in Secret Egypt* (Uma Busca no Egito Secreto), é particularmente apropriado. Os capítulos contêm muitas *buscas*, entre as ruínas, entre as cidades, em textos antigos e até mesmo na mente do próprio autor. O livro também revela vários *segredos* notáveis, explica alguns, refuta outros e deixa ainda alguns envoltos em seu próprio mistério. Acima de tudo, este livro se passa no *Egito*; a narrativa de Brunton é um espelho da própria identidade egípcia em camadas complexas, a narrativa de um homem cuja sensibilidade sem igual lhe permitiu conhecer o próprio passado distante do Egito e fazer perguntas a seus cidadãos modernos.

Assim como o título, que é enganosamente simples, mas em última análise preciso, a narrativa parece ser de fácil leitura, tocando de leve as muitas faces e eras do Egito; no entanto, com um pouco mais de atenção, seus segredos começam a emergir. Este livro é uma jornada interior de iniciação, uma autodescoberta do primeiro grande segredo da humanidade: *nosso lar não é o corpo, mas a alma*. Esse segredo pode ser experimentado por nós mesmos, experiência que inevitavelmente nos levará à busca de nosso próprio lar espiritual, revelando muitos segredos antes de chegarmos ao seu fim. O despertar do eu espiritual é o verdadeiro segredo deste livro, segredo este que o próprio autor experimenta no decorrer de suas investigações.

Embora estejamos habituados a acreditar que o corpo é o nosso centro e que a mente está contida nele, os eventos, as entrevistas e as percepções do autor afirmam o contrário: somos criaturas do espírito, da mente, e o corpo é o nosso veículo, não a nossa verdade. Que essa reorientação era um segredo guardado há muito tempo pelos sacerdotes dos templos do antigo Egito é o que Brunton descobre ao explorar os templos, os túmulos e os registros hieroglíficos dessa era passada. Enquanto examina os mitos e os ícones dessa extraordinária época, o autor retorna repetidamente ao mito de Osíris e ao mistério que é a própria Esfinge. Osíris nos ensina que podemos abandonar o corpo e conservar a consciência, sobrepujando assim a morte; a Esfinge nos ensina que essa iniciação é o começo do Grande Mistério que apenas toca nosso eu temporal, um mistério que exige a paciente proteção da própria Esfinge, à medida que a humanidade evolui lentamente rumo à maturidade espiritual.

Para esclarecer o poder da mente e do corpo e para distinguir as várias formas de ioga e magia da verdadeira espiritualidade, Brunton procura — e encontra — uma variedade de hipnotizadores, magos, místicos e até mesmo um encantador de serpentes genuíno! Embora o leitor se surpreenda com alguns dos elementos incomuns (ou conservadores) deste livro, o próprio autor não era inteiramente apaixonado pelo ocultismo, assim como não era limitado pelo espírito acadêmico; ao mesmo tempo, não evitava a companhia deles. Sua principal intenção é nos apresentar o panorama de perspectivas que há no Egito em torno do mistério central da relação entre mente e corpo.

Li este livro pela primeira vez há cerca de quarenta anos, mas não pude realmente fazer uma segunda leitura até ter surgido a oportunidade de produzir esta nova edição. Enquanto trabalhava neste projeto, três aspectos da obra me impressionaram. O primeiro é a erudição de Brunton, que muitas pessoas não reconhecem. Ele nos apresenta os testemunhos hieroglíficos originais do Egito faraônico, citações dos registros de seus primeiros visitantes gregos, e inclui uma lista de seus subsequentes governantes. Além disso, está familiarizado com o trabalho dos egiptólogos europeus, incluindo seus contemporâneos e, embora no geral aceite o ponto de vista deles, também faz algumas correções em seus trabalhos — correções estas que foram corroboradas pela pesquisa moderna.

O segundo aspecto refere-se às extraordinárias realizações dos egípcios — sobretudo sua compreensão da relação entre mente e corpo, e sua habilidade de fornecer uma iniciação direta às verdades mais profundas da condição humana. Ainda que vários capítulos explorem temas de ocultismo, magia, hipnotismo e reflexão religiosa, Brunton volta repetidamente a seu tema principal – o mistério de Osíris e sua própria e notável experiência na Grande Pirâmide. Esse mistério é o enigma de nossa identificação primordial com o espírito, não com o corpo; agraciados com a experiência direta desse segredo, nossa busca espiritual pode começar de verdade, pois vislumbramos nossa terra natal; até então nosso trabalho é especulativo, na melhor das hipóteses, ou uma divagação sem direção, na pior. Assim, a sabedoria do antigo Egito pode nos dar as chaves do reino, se estivermos prontos para recebê-las.

O terceiro ponto diz respeito ao próprio Paul Brunton e sublinha sua ênfase na observação da antiga sabedoria do templo. Este livro não foi escrito num notebook em algum apartamento europeu com ar condicionado, e sim nos mercados da cidade, no dia a dia das mesquitas, nos templos cheios de areia e nas aldeias desertas do Nilo. Mesmo hoje, com todas as vantagens oferecidas ao turista moderno, as explorações diligentes de Brunton em templos, cidades e tumbas do Egito seriam uma tarefa difícil – sem falar da procura por magos, encantadores de serpente e místicos, cuja integridade os impedia de divulgar publicamente seus serviços. Ademais, há a coragem do autor ao entrar em câmaras subterrâneas habitadas por escorpiões, pegar cobras vivas e caminhar pela escuridão de templos assombrados – sem mencionar sua impressionante estadia na Grande Pirâmide. Aqui temos, de fato, um homem notável: um estudioso de mente aberta, um jornalista aventureiro e, acima de tudo, alguém que obtém discernimento espiritual da experiência direta.

Portanto, convido o leitor a tomar nota – e notar – enquanto lê este livro e considera os meios pelos quais também pode começar sua própria busca dos segredos da mente e do despertar do espírito, seja no Egito ou em qualquer outro lugar.

Timothy J. Smith
Introdução à edição especial de 2007 da Larson Publications

É este o homem.
Um guia invisível o conduziu.
Siga-o.

Esta é a essência de *Egito Secreto,*
dita por Paul Brunton a um peregrino.

1

UMA NOITE COM A ESFINGE

O último turista faminto se foi; o último guia vestido em sua túnica preta havia repetido pela milésima vez seu repertório de conhecimentos superficiais para o benefício dos estrangeiros que visitavam sua terra ancestral; e um grupo de jumentos cansados e camelos blaterando se apressava de volta para casa com os derradeiros viajantes do dia.

FIGURA 1.1. A Esfinge e a Grande Pirâmide. Do acervo do autor.

O anoitecer sobre a paisagem egípcia é um evento inesquecível, de beleza sobrenatural. Tudo é transformado em cor, e os contrastes mais vívidos surgem entre o céu e a terra.

Sentei-me sozinho na macia areia amarelada, diante da majestosa figura da Esfinge, e contemplei com olhos fascinados o maravilhoso jogo de cores etéreas que aparecem e somem ligeiramente quando o sol poente deixa de cobrir o Egito com sua glória dourada. E quem pode receber a mensagem sagrada que lhe é dada pelo belo e misterioso resplendor de um pôr do sol africano, sem ser levado a um paraíso efêmero? Enquanto os homens não estiverem inteiramente embrutecidos e espiritualmente mortos, continuarão a amar o Pai da Vida, o sol, que possibilita esses fenômenos com sua magia incomparável. Não eram tolos os antigos que reverenciavam Rá, a grande luz, tido em seus corações como um deus.

Primeiro o sol havia pousado no horizonte, brilhando magnificamente em todo o céu com um vermelho cintilante, escarlate como brasa incandescente. Então a coloração se abrandou e um suave tom de coral rosado se espalhou pelo horizonte. Como um arco-íris, com uma gama de diferentes tons do rosa ao verde e dourado cada vez mais brandos, lutava pela sobrevivência. Por fim, passou a uma cinzenta opalescência, enquanto o crepúsculo rapidamente se movia sobre a paisagem. Esses tons estonteantes desapareceram com a grande e redonda luz moribunda.

Contra o fundo opalino, vi a Esfinge começar a assumir a cor da noite; os últimos raios vermelhos não mais brilhavam vividamente sobre seu semblante desprovido de feições.

Das areias onipresentes emergiu este rosto gigantesco com o corpo reclinado, inspirava tamanho medo nos supersticiosos beduínos que a chamaram "Pai do Terror"; e tanta admiração nos viajantes céticos que em todas as eras a figura colossal despertou questões nos lábios de quem a contemplava pela primeira vez. O mistério dessa monstruosa combinação, este leão com cabeça humana, atraiu ao longo das eras uma interminável procissão de visitantes. É um enigma para os próprios egípcios e um quebra-cabeça para o mundo inteiro. Ninguém sabe quem a entalhou, nem quando; os egiptólogos mais experientes podem apenas presumir cegamente seu significado e sua história.

UMA NOITE COM A ESFINGE

No vislumbre final que a efêmera luz me concedeu, meus olhos pousaram nos olhos de pedra da Esfinge, quietos e inertes, que viram chegar uma miríade de visitantes, um a um, para a olhar interrogativamente e então partir perplexos; olhos impassíveis, que haviam observado os homens de tez morena de um mundo agora perdido, os atlantes, submergirem sob milhões de toneladas de água; olhos quase sorridentes, que testemunharam Menés, o primeiro dos faraós, que desviou o curso do Nilo, o amado rio do Egito, forçando-o a fluir sobre um novo leito; olhos de um silencioso arrependimento, que viram a solene e sombria face de Moisés, curvado num último adeus; olhos quietos e aflitos, que observaram o sofrimento de sua terra arruinada e devastada após o feroz Cambises invadir o Egito vindo da Pérsia; olhos encantados, mas desdenhosos, que viram a altiva Cleópatra, das sedosas tranças, desembarcar de um navio de proa dourada, velas púrpuras e remos de prata; olhos encantados, que acolheram o jovem Jesus errante em busca da sabedoria oriental, preparando-se para a hora designada de sua missão pública, quando seu Pai o enviaria com uma mensagem divina de amor e piedade; olhos secretamente satisfeitos, que abençoaram o corajoso Saladino, um jovem nobre, generoso e sábio, para que levasse longe em sua lança a bandeira verde inscrita com a lua crescente, para um dia se tornar o sultão do Egito; olhos alertas, que saudaram Napoleão como um instrumento do destino da Europa, aquele que alçaria seu nome às alturas, tão elevado a ponto de eclipsar todos os outros, para então forçá-lo a pisar com um semblante sombrio as tábuas lisas do Belerofonte; olhos melancólicos, que viram a atenção do mundo inteiro se voltar para o seu país quando o túmulo de um de seus soberbos faraós foi aberto, transformando seu esqueleto mumificado e seus ornamentos reais em presas da curiosidade moderna.

Aqueles olhos de pedra da Esfinge viram tudo isso e muito mais, e agora observam desdenhosos os homens que se preocupam com atividades triviais e transitórias, indiferentes à interminável cavalgada humana de alegria e sofrimento que atravessa o vale egípcio, cientes de que os grandes eventos do tempo são predestinados e inescapáveis, suas grandes órbitas contemplam a eternidade. Transmitem a poderosa sensação de que, mesmo imutáveis, olham ao longo do tempo para os primórdios do mundo, para a escuridão do desconhecido.

FIGURA 1.2. Os olhos silenciosos da Esfinge. Fotografia do autor.

E então a Esfinge ficou negra como fuligem, e o céu perdeu sua opalescência prateada, enquanto a completa escuridão, absorvente, dominava o deserto.

A Esfinge ainda me encantava, prendia minha atenção com o seu poderoso magnetismo. Com a chegada da noite, senti que ela voltava a sua própria existência. O pano de fundo da noite escura criava um ambiente apropriado e, na natureza mística da noite africana, ela respirava uma atmosfera apropriada. Rá e Hórus, Ísis e Osíris e todos os deuses desaparecidos do Egito retornavam furtivamente à noite também. Então decidi esperar até que a luz da lua e das estrelas se combinassem para revelar a verdadeira Esfinge mais uma vez. Sentei-me a sós e, no entanto, apesar da profunda desolação do deserto, era incapaz de me sentir solitário.

∿∿∿

As noites do Egito são estranhamente diferentes das noites da Europa. Aqui elas chegam com suavidade, com o palpitar misterioso de uma hoste de vidas invisíveis, tonalizadas num azul índigo, produzindo um efeito

FIGURA 1.3. Os deuses do Egito: Rá, Hórus, Ísis e Osíris. Rosemarie Quebral Harris.

mágico sobre as mentes sensíveis, lá elas são sombrias, brutalmente pragmáticas e definidamente negras.

Apreciava isso pela centésima vez, quando as primeiras estrelas da noite reapareceram alegremente, cintilando com tal proximidade e brilho que jamais teriam na Europa; quando a lua sedutora revelou sua presença, e o céu se tornou um dossel de veludo azul.

Comecei então a ver a Esfinge que os turistas raramente veem: primeiro o contorno escuro e vigoroso, talhado na pedra viva, tão alta quanto um prédio londrino de quatro andares, repousando serenamente em seu vale no deserto; então pude ver, quando os raios começaram a iluminar seus detalhes, a face prateada e as patas estendidas da antiga figura familiar. Agora se tornava para mim o símbolo marcante daquele Egito cuja origem misteriosa remonta à antiguidade imemorial. Deitada como um cão de guarda solitário, mantendo eterna vigília sobre os segredos pré-históricos, meditando sobre mundos atlantes cujos nomes se perderam na frágil memória da humanidade, essa criatura colossal de pedra sobreviverá a todas as civilizações que a raça gerou até então e ainda manterá intacta sua vida interior. Aquela face grave e grandiosa nada revela, seus silenciosos lábios de pedra juraram eterno silêncio, e se a Esfinge guarda alguma mensagem oculta para o homem, transmitida através dos séculos aos poucos privilegiados que penetraram em seus segredos, então esta apenas será sussurrada tal como a "Palavra do Mestre" é soprada no ouvido do candidato pelos maçons. Pouco surpreende que o romano Plínio tenha escrito que a Esfinge era "uma maravilhosa obra de arte sobre a qual o silêncio foi observado, pois é vista como divindade pelo povo ao redor".

A noite fornece a moldura perfeita para a Esfinge. Atrás e ao redor, estende-se a chamada "Cidade dos Mortos", região literalmente repleta de túmulos. Em torno do planalto rochoso que se projeta da areia ao sul, a oeste e ao norte da Esfinge, um túmulo após o outro foi escavado para se retirar deles sarcófagos com os corpos mumificados de reis, aristocratas e dignitários sacerdotais.

Por seis anos, os próprios egípcios, seguindo o exemplo dos pioneiros ocidentais, têm feito um esforço sistemático e minucioso para desenterrar toda a porção central da vasta necrópole. Deslocaram milhares de toneladas da grande duna de areia que até então cobria o local, revelando passagens estreitas, talhadas como trincheiras na rocha, que seguem em zigue-zague de um túmulo a outro e pavimentam caminhos que conectam as pirâmides a seus templos. Percorri esse terreno de ponta a ponta, visitando as câmaras funerárias, os santuários secretos, os aposentos dos sacerdotes e as capelas mortuárias que ali formam uma colmeia. É realmente digna de seu nome, "Cidade dos Mortos", pois, separada por vários metros no espaço e quase três mil anos no tempo, dois grandes cemitérios se sobrepõem dentro de seus limites. Os antigos egípcios cavaram fundo quando quiseram ocultar os seus mortos, com uma das câmaras estando a não menos que cinquenta e sete metros abaixo da superfície do famoso caminho. Entrei nas câmaras funerárias da IV Dinastia, onde efígies de pedra de cinco mil anos, representações perfeitas dos mortos, ainda estavam de pé, com suas feições claras e reconhecíveis, embora seus reputados serviços prestados aos espíritos fossem mais questionáveis.

No entanto, dificilmente se pode entrar num túmulo sem que a pesada tampa do sarcófago tenha sido movida e tudo de valor tenha desaparecido, cada peça de joia e tesouro desapareceu, logo que os escavadores os encontraram. Apenas as urnas contendo as vísceras dos corpos mumificados e as estatuetas de pedra foram deixadas para trás. Até mesmo o antigo Egito teve seus saqueadores de túmulos e quando o povo se rebe-

FIGURA 1.4.
A "Cidade dos Mortos" e a Grande Pirâmide.
Do acervo do autor.

FIGURA 1.5.
O chamado Templo da Esfinge, a Esfinge e a Grande Pirâmide.
Do acervo do autor.

lou contra as castas governantes degeneradas e decadentes, elas se voltaram ao saque e à vingança contra o vasto cemitério, onde altos dignitários tinham recebido a honra de repousar próximo às múmias dos reis a quem serviram durante a vida.

As poucas múmias que escaparam aos primeiros saqueadores de sua própria raça, dormiram em paz por algum tempo até serem despertadas pelos gregos, romanos e árabes. As que passaram em segurança por essas provações experimentaram novamente um longo repouso até o início do século passado, quando os arqueólogos modernos começaram a peneirar o subsolo do Egito à procura daquilo que os ladrões haviam deixado. Tenhamos compaixão desses faraós e pobres príncipes embalsamados, pois seus túmulos foram profanados e seus tesouros pilhados. E mesmo as múmias não ultrajadas por ladrões em busca de joias foram condenadas a não ter locais de descanso mais agradáveis do que museus, para serem observadas e comentadas pela multidão.

Nessa região tão sombria, outrora repleta de cadáveres há muito tempo enterrados, a Esfinge solitária tem observado os distantes jazigos da "Cidade dos Mortos", pilhados pelos egípcios rebeldes e saqueados pelos invasores árabes. Não é surpreendente que Wallis Budge, o famoso mantenedor do acervo egípcio do Museu Britânico, tenha enfim chegado à conclusão de que "a Esfinge foi feita para afastar os maus espíritos dos túmulos ao redor"? Não surpreende que o rei Tutmés IV, há três mil e quatrocentos anos, fizesse inscrever numa estela de pedra de quatro metros de altura, erigida contra o peito da Esfinge, as seguintes palavras: "Um mistério mágico vem reinando nesta região desde o princípio dos tempos, pois a forma da Esfinge é um emblema de Khepera (deus da imortalidade), o maior dos espíritos, o ser venerável que repousa aqui. Os habitantes de Mênfis e de todo o distrito erguem suas mãos para orar diante de seu semblante". Não é surpreendente os beduínos da aldeia próxima de Gizé possuírem abundantes tradições de espíritos e fantasmas que voam à noite pela área em torno da Esfinge, considerada por eles o local mais assombrado do planeta? Pois um cemitério antigo assim não se compara a nenhum cemitério moderno sobre a terra e, ao embalsamarem os corpos de seus homens notáveis, os egípcios deliberadamente prolon-

FIGURA 1.6. A estela de pedra entre as patas da Esfinge, contendo a inscrição de Tutmés IV. Do acervo do autor.

garam o contato entre esses espíritos e o nosso mundo por um número incontável de anos.

À noite, de fato, é o momento mais apropriado para se contemplar a Esfinge, pois então, mesmo para o mais insensível de nós, o mundo espiritual parece mais próximo, nossa mente se torna mais sensível às sensações até então despercebidas, enquanto na escuridão reinante até mesmo as rígidas formas do mundo material ao redor assumem traços fantasmagóricos. O céu noturno agora era de um índigo purpúreo, cor mística, que se adequava bem à minha empreitada.

∧∧∧

As estrelas haviam aumentado em número até cobrir aos poucos a vasta escuridão do mundo. A Lua também reforçou sua contribuição para iluminar a cena silenciosa e espectral ao meu redor.

O longo corpo do leão reclinado se estendia ainda mais visível sobre a alongada plataforma rochosa. A enigmática cabeça se erguia um pouco mais claramente. À frente e atrás de mim, o pequeno planalto se juntava vagamente ao deserto, que se espalhava até desaparecer, engolido pela escuridão circundante.

Olhei para as graciosas abas de seu amplo toucado, semelhante a uma peruca, cuja silhueta era agora levemente discernível. O toucado real confere à Esfinge imponência e distinção: qualidades coroadas pela serpente real ostentando o capelo erguido, que repousa sobre sua testa; esse *ureu*[1] simboliza a soberania e o poder sobre o mundo temporal e o espiritual, é um emblema da autoridade divina e humana. A figura da Esfinge muitas vezes aparece na escrita hieroglífica como representação do Senhor da Terra, o poderoso faraó, e uma antiga tradição afirma que a estátua guarda o túmulo do monarca chamado Armais. Mariette, o arqueólogo francês e diretor do Museu Egípcio do Cairo, levou tão a sério essa tradição que planejou explorar as fundações rochosas sob a Esfinge. "Não é impossível", disse numa reunião da sociedade científica, "que dentro de alguma parte do corpo do colosso haja uma cripta, uma caverna, um santuário subterrâneo que possa ser um túmulo." No entanto, não muito tempo após ter feito esse plano, a morte bateu à sua porta e ele próprio foi encerrado num túmulo. Desde então ninguém tentou perfurar o chão de pedra que circunda a Esfinge, nem a plataforma rochosa sobre a qual ela repousa. Quando levantei essa questão com o professor Selim Hassan, encarregado das escavações da "Cidade dos Mortos" pelas autoridades egípcias, perguntando-lhe sobre a possibilidade de haver câmaras ainda não descobertas sob a Esfinge, o professor desviou da questão com esta resposta enfática e definitiva: "A própria Esfinge foi entalhada na rocha maciça. Embaixo dela não pode haver nada além de rocha maciça!"

Escutei com o devido respeito que o professor merecia, mas não aceitei nem rejeitei sua declaração: preferi manter a mente aberta. O nome Armais se assemelha muito ao de Harmaquis, o deus Sol, personificado pela Esfinge segundo outra lenda. Provavelmente não há nenhum túmulo debaixo dela, e as duas tradições tenham se misturado um pouco ao longo do lento passar do tempo. Entretanto, as câmaras de pedra podem ter sido abertas para outros propósitos, e os antigos egípcios não hesitavam em fazer isso em certas ocasiões; como mostram suas criptas subterrâ-

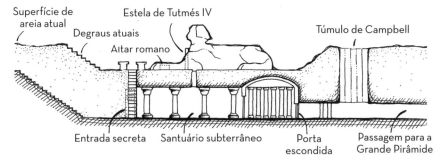

FIGURA 1.7. Suposta localização de lendárias câmaras subterrâneas sob a Esfinge. Rosemarie Quebral Harris.

neas, onde eram realizadas cerimônias religiosas ocultas e restritas. Antigas tradições de fontes caldeias, gregas, romanas e mesmo árabes falam insistentemente da passagem a uma câmara subterrânea, através da qual os sacerdotes iam da Grande Pirâmide para a Esfinge. Em sua maioria, essas tradições podem ser infundadas, mas onde há fumaça há fogo e, como os primeiros egípcios eram hábeis em abrir passagens na rocha e esconder as entradas, nenhum egípcio pode apontar com segurança para o chão onde pisa hoje e declarar que ali jamais foi escavado um caminho. Os antigos artistas que gravaram a estela de granito de Tutmés, que está entre as patas dianteiras da Esfinge, representaram-na apoiada sobre um pedestal sólido, que é um edifício com um grande portal central decorado em baixo-relevo. Haveria alguma lenda ancestral, agora perdida, na qual basearam sua imagem? Haveria mesmo um templo semelhante a um pedestal cortado na colina rochosa, com a Esfinge repousando como um gigante em seu telhado? Saberemos algum dia.

Fato é que a Esfinge não foi totalmente esculpida na rocha. Os escultores julgaram o bloco de rocha insuficiente para executar o projeto dado a eles, e assim foram forçados a construir parte do dorso arredondado e das patas dianteiras, de quinze metros de comprimento, com tijolos especialmente cozidos e pedras entalhadas, para completar sua tremenda tarefa. Esse revestimento adicional já cedeu, em parte devido às investidas dos homens e do tempo, de modo que alguns tijolos se desprenderam e algumas pedras desapareceram.

Então, cem anos atrás, veio o coronel Howard Vyse, retornando para casa do serviço militar na Índia. Em Suez teve de deixar o navio e seguir na carruagem do serviço postal, mantida pela antiga Companhia das Índias Orientais, para conduzir seus oficiais ao Cairo e dali ao Mediterrâneo, para novo embarque. O coronel passou algum tempo no Cairo, atraído pelas pirâmides e pela Esfinge, à qual fez várias visitas. Ao ouvir as velhas lendas e disposto a testá-las, providenciou longas brocas de ferro montadas com cinzéis nas pontas e perfurou o ombro da Esfinge para verificar se era oca ou não, mas o resultado que obteve foi decepcionante. Penetrou cerca de oito metros na rocha maciça, que ainda ostenta as cicatrizes deixadas por seus esforços. Mas, infelizmente, na época de Vyse apenas a cabeça era visível, estando o corpo enterrado sob uma enorme massa de areia. Assim seu trabalho deixou três quartos da Esfinge ainda intactos, sem sequer se aproximar da base.

∧∨∧∨∧

A noite avançava sorrateiramente, quieta e silenciosa como uma pantera, exceto pelos uivos sinistros e quase humanos de algum chacal do deserto, que marcavam a passagem das horas. Ficamos ali sentados, a Esfinge e eu, sob a clara luz das estrelas africanas, fortalecendo o laço invisível que nos unia, transformando a relação em amizade e talvez alcançando uma nova compreensão mútua.

Quando a procurei pela primeira vez, vários anos atrás, a Esfinge desviou o olhar com calmo desdém. Para aquele gigante, eu era apenas mais um pigmeu mortal, mais uma criatura apressada peregrinando em suas pernas, um misto de vã autossuficiência, desejos banais e pensamentos tolos. Para mim, a Esfinge parecia um sombrio emblema daquela Verdade que o homem jamais encontraria, um gigantesco ícone dedicado ao Desconhecido, diante do qual todas as preces afundariam sem resposta nas areias pálidas, e todas as perguntas cairiam no vazio, sem serem ouvidas. Havia me afastado, mais cínico e cético que antes, cansado do mundo e amargurado.

Os anos, contudo, não passaram em vão. A vida é outro nome para educação espiritual, e o Mestre Invisível me ensinou algo importante.

FIGURA 1.8. A Esfinge. Fotografia do autor.

Aprendi que o nosso globo não gira em vão no espaço.

Voltei à Esfinge mais animado. Na escuridão, enquanto fazíamos companhia um ao outro, ela deitada em seu vão nos limites do Deserto da Líbia, e eu sentado na areia com as pernas cruzadas, voltei a especular sobre o significado misterioso daquele Colosso.

O mundo inteiro conhece fotografias da Esfinge e pode reconhecer sua face mutilada. Não sabemos por que e nem quando foi escavada na sólida rocha calcária que emerge da areia, nem que mãos transformaram a rocha solitária numa estátua de proporções tão gigantescas.

A arqueologia se cala, cabisbaixa num gesto secreto de vergonha, pois precisou retirar suas especulações disfarçadas em teorias que, até alguns anos atrás, propunha com tanta confiança. Já não pronuncia um nome definitivo, nem se atreve a oferecer uma data precisa. Não pode mais atribuir a Esfinge ao rei Quéfren ou ao rei Khufu, pois agora percebe que as inscrições descobertas apenas indicam a existência da estátua durante seus reinados.

Além da XVIII Dinastia não há, nos papiros descobertos, praticamente nenhuma referência à existência da Esfinge, e além da IV Dinastia nenhuma inscrição na pedra a registra. Buscando antigos despojos, os escavadores encontraram uma inscrição que fala da Esfinge como um monumento cuja origem se perde no tempo, e que foi redescoberta por acaso após ter ficado enterrada sob as areias do deserto, sendo completamente esquecida. Essa inscrição pertence ao período da IV Dinastia, uma linhagem de faraós que viveu e reinou no Egito há quase seis mil anos. *E para aqueles antigos reis a Esfinge já tinha uma idade incalculável.*

∧∧∧∧

O sono vem com a noite, porém eu o afastava resolutamente hora após hora. No entanto, a essa altura de minhas reflexões noturnas, as pálpebras começaram a pesar numa revolta involuntária, e minha mente tornou-se um pouco sonolenta. Duas forças estavam agora disputando a supremacia sobre mim. A primeira era o desejo ardente de passar a noite em vigília observando o mundo junto à Esfinge; a segunda, o impulso crescente de entregar corpo e alma às suaves e letárgicas carícias da escuridão ao redor. Finalmente, fiz as pazes com ambas, assinando um acordo por meio do qual mantive os olhos semiabertos, estreitas fendas invisíveis que eram, e a mente levemente desperta, deixando meus pensamentos escaparem num devaneio de cores em procissão.

E descansei por um momento no langor sereno que advém quando o pensamento é suspenso. Não sei dizer por quanto tempo permaneci assim, mas chegou um momento em que as cores desapareceram da minha visão e uma vasta paisagem tomou o seu lugar. Era estranhamente prateada, como se iluminada pela lua cheia.

Ao meu redor, moviam-se multidões de escuras figuras, correndo de um lado para o outro, algumas carregando fardos em cestos sobre suas cabeças e outras subindo e descendo em frágeis andaimes apoiados numa imensa rocha. Havia supervisores entre eles, dando ordens aos trabalhadores e assistindo com cuidado aos esforços dos homens que entalhavam a rocha com martelo e cinzel num padrão predefinido. Os golpes repetidos vibravam no ar.

O rosto daqueles homens todos era alongado e rígido, a pele tingida de um moreno-avermelhado ou amarelo-acinzentado, e o lábio superior notadamente espesso.

Terminado o trabalho, eis que a escarpa rochosa aflorada havia se transformado numa gigantesca cabeça humana colocada sobre um imenso corpo de leão, a figura inteira repousava num grande vale artificial escavado no planalto. Uma magnífica escadaria, ampla e profunda, levava a esse vale. E sobre a parte superior do curioso toucado da figura, cujas dobras amplas se destacavam atrás das orelhas, havia um disco de ouro maciço.

A Esfinge!

A multidão desapareceu, e a paisagem ficou tão quieta quanto uma sepultura deserta. Então notei um vasto mar cujas águas se estendiam sobre todo o território à minha esquerda, estando sua costa a menos de uma légua de distância. Havia algo sinistro no silêncio que não pude entender, até que um profundo e retumbante rumor veio do próprio coração do oceano, a terra estremeceu sob mim, e com um rugido ensurdecedor uma imensa muralha de água se levantou sobre nós, a Esfinge e eu, cobrindo-nos.

FIGURA 1.9.
A Esfinge parcialmente coberta de areia, por volta de 1890.

O Dilúvio!

Houve uma pausa, não sei se foi de um minuto ou de mil anos; e novamente eu estava sentado aos pés da grande estátua. Olhei ao redor e não vi mais o mar. Em seu lugar, só era possível ver uma ampla planície pantanosa, com extensas manchas aqui e acolá de grãos brancos salgados secando ao sol. E o sol brilhava com ferocidade sobre a terra até que essas manchas foram crescendo em tamanho e número. E ainda assim o sol lançava seu fogo impiedoso sobre tudo, caçando a última gota de umidade do pântano e transformando tudo em terra macia e seca, queimada até assumir a cor de um amarelo pálido.

O Deserto!

A Esfinge ainda contemplava a paisagem; seus lábios grossos, fortes, intactos, moldados como se estivessem prestes a abrir um sorriso, aparentemente contente com sua própria solidão. Com que perfeição se encaixava essa figura solitária no solitário arredor! Naquele imperturbável Colosso, o espírito da solidão parecia ter encontrado uma encarnação digna.

Assim a Esfinge esperou até que um dia uma pequena frota de barcos à deriva parou na margem do rio, e desembarcou um grupo de homens que, avançando lentamente, se prostrou com preces radiantes diante dela.

A partir daquele dia, o encanto do silêncio foi quebrado e, desde então, habitações foram construídas nas planícies não muito distantes, e os reis vieram com seus sacerdotes para fazer corte àquela que era a própria rainha sem corte do deserto.

Com a chegada deles minha visão se apagou, como a chama de um pavio quando não há mais combustível.

2

A GUARDIÃ DO DESERTO

O céu ainda estava repleto de estrelas, a lua crescente sorria galante sobre nós, a Esfinge surgia majestosa e transfigurada pelos raios prateados, quando virei a cabeça para a esquerda, onde em minha visão o mar se levantara com furiosa monstruosidade, devorando a terra seca.

Um morcego, talvez confundindo o meu corpo inerte com parte da paisagem, esbarrou suas asas em minha cabeça e saiu voando; um leve calafrio de repulsa percorreu minha espinha. Parecia ter saído da abertura do túmulo subterrâneo de alguma múmia.

FIGURA 2.1. A Esfinge, sentinela silenciosa do mundo. Fotografia do autor.

Pensei no grande mar de areia que, de tempos em tempos, percorre os quase cinco milhões de quilômetros quadrados do Deserto do Saara, sem interromper seu fluxo até chegar ao longo cume de colinas nuas de calcário que se erguem da planície como muralhas pintadas de rosa, colinas que protegem o Egito e guardam o vale do Nilo por toda sua grande extensão. A natureza, como se dotada de propósito, parece ter deslocado as colinas da Líbia para salvar o Egito de ser invadido pelo próprio deserto, também criado por ela.

O perigo é bem real. Por volta do início da primavera, anualmente, ventos ciclônicos de formidável força, os temidos *Khamsin*, declaram guerra contra a porção norte da África e uivam furiosamente pelo continente, vindos da costa do Atlântico. À medida que avançam, como um exército invasor sedento por pilhagem e vitória, a areia e a poeira se movem com eles. O turbilhão de areia rodopiante se espalha por toda parte, cobrindo a terra com uma mortalha dourada. Onde não encontra resistência ao seu avanço, traz a desolação com os anos, a desolação sepulcral, pois enterra cabanas, casas, monumentos, templos e até cidades inteiras. Assim, a areia amarela domina imperiosa e governa o território com cetro irresistível. Tamanha é a força desses *Khamsin*, que o céu pode ser completamente obscurecido e o sol desaparecer de vista. Essas nuvens rodopiantes de areia, muitas vezes tão opacas quanto uma autêntica névoa londrina, avançam com rapidez, e parte delas se deposita sobre tudo em seu caminho; acumulando-se gradualmente sobre tudo. Vi aldeões que vivem perto dos oásis na fronteira do deserto da Líbia serem forçados a abandonar suas cabanas e reconstruí-las em terrenos mais altos, tamanho é o acúmulo de areia contra as paredes. Testemunhei um antigo e venerável templo no Alto Egito, recentemente encontrado pelos escavadores, no qual a areia havia se depositado até o telhado.

∿∿∿

Olhei de volta para a Esfinge, para a expressão perturbadora e tristonha na larga boca de dois metros, mal discernível à luz das estrelas, que substituiu para sempre o olhar quase sorridente da figura em minha visão, a Esfinge atlante primordial. Os ventos do deserto, tão terríveis em sua força, golpearam sua face, já desfigurada por homens irreverentes.

Teriam as areias aladas se lançado contra ela de tempos em tempos, às vezes em silêncio, outras vezes uivando com a fúria da tempestade, quase a enterrando? Sim, é certo. Lembrei-me do sonho misterioso registrado pelo faraó Tutmés IV em fascinantes hieróglifos sobre a estela de granito vermelho colocada entre as patas da Esfinge. Lembrei-me também, palavra por palavra, do comovente lamento da Esfinge abandonada e esquecida, enterrada até o pescoço na areia impiedosa.

> "A areia do deserto me rodeia", clamou seu espírito, "e nela estou profundamente imersa. Apressa-te! Faz com que a areia seja varrida para longe, e saberei que tu és meu filho e meu protetor."

Após despertar, Tutmés disse a si mesmo: "Os habitantes da cidade e do templo vêm honrar essa deusa, mas nenhum deles pensou em libertá-la da areia".

Os desenhos em relevo no topo da estela de pedra mostram o rei fazendo oferenda de incenso à Esfinge e, em seguida, narra a história completa desse incrível sonho e suas surpreendentes consequências.

FIGURA 2.2. Ilustração da estela erguida entre as patas da Esfinge por Tutmés IV, que registra os detalhes de seu sonho.

FIGURA 2.3. A Esfinge, enterrada até o pescoço na areia, como era no tempo de Tutmés IV.

O jovem Tutmés era ainda um príncipe e caçava com os amigos nos limites do deserto, perto de Gizé.

"O príncipe se divertia nas estradas do sul", dizem os hieróglifos, "atirando num alvo de cobre, caçando leões e animais selvagens do deserto e correndo em sua biga, com cavalos mais velozes que o vento."

O jovem desceu do cavalo ao meio-dia, cansado, exausto com seu esporte. Após o jantar, buscou abrigo e mandou seu séquito descansar. No altar, ofereceu uma prece aos deuses e então foi repousar.

"O peso do sono se apoderou do príncipe no momento em que Rá é coroado. Tutmés encontrou esse deus reverenciado falando majestosamente com sua própria voz, como um pai fala com o filho, dizendo:

> Em nome da verdade te vejo, contemplo-te, meu filho. Tutmés, sou teu pai, Heru-Khut, que te dará este reino. Erguerás tua coroa vermelha, e a terra

será tua em toda a extensão. O diadema do deus brilhará sobre ti, o alimento do Egito e presentes suntuosos de terras estrangeiras serão ofertados a ti!"

O sonho chegou ao fim com o pedido urgente de escavar a Esfinge de seu túmulo arenoso, se o jovem príncipe quisesse que a coroa prometida lhe fosse entregue.

Tutmés atendeu obedientemente à ordem recebida em seu sonho e designou muitos homens na tarefa de retirar a areia que cobria o grande pátio e sufocava o peito da Esfinge.

Por sua vez, Heru-Khut, "o Sol Nascente", Espírito ou Deus da Esfinge, fielmente manteve sua palavra. Sobrepujando os irmãos mais velhos, o príncipe recebeu a coroa faraônica com o nome de Tutmés IV e conduziu os exércitos além do Egito, conquistando vitórias aonde quer que fosse. Seu império se estendia da distante Mesopotâmia, no leste, à Segunda Catarata na Núbia, ao sul do Nilo; venceu os beduínos da Líbia no oeste, enquanto os barbados etíopes lhe trouxeram os suntuosos presentes prometidos. Sob seu reinado, o Egito se tornou imensamente rico e houve prosperidade tanto para os camponeses trabalhadores quanto para os príncipes ociosos; sua civilização e cultura floresceram como nunca antes. As glórias profetizadas foram magnificamente concretizadas.

Tudo isso não são rumores, mas história, não é lenda, mas fato vivo, pois os egípcios, mais que qualquer outra nação da Antiguidade, foram muito cuidadosos com seus registros, que, profundamente inscritos na pedra, sobreviverão aos escritos em papel e pergaminho.

〜〜〜

Tampouco foi a única vez que um homem se viu levado a libertar a Esfinge.

Sete vezes as areias sempre ativas enterraram-na; sete vezes foi libertada.

Isso, apenas nos tempos históricos, pois os homens da pré-história reverenciavam a imagem, protegendo-a com devoção.

A Esfinge foi escavada pela primeira vez há mais de cinco mil anos por Quéfren, faraó da IV Dinastia, que transformou a segunda Pirâmide num túmulo para guardar seu sarcófago de granito. Menos de dois mil anos depois, houve o segundo esforço para resgatar a Esfinge das areias, o de Tutmés IV, cujo famoso sonho o induziu a empreender a tarefa. Tentando protegê-la contra futuras invasões, mandou construir uma muralha de tijolos rústicos, não cozidos, para servir de barreira.

Ainda hoje é possível observar esses tijolos, alguns dos quais ainda ostentam o primeiro nome do faraó. Entretanto, mais uma vez, a areia penetrou e tomou posse do gigante de pedra, e então foi um rei estrangeiro, o sábio governante romano Marco Aurélio, que, ao encontrar a Esfinge enterrada até o pescoço, a libertou mais uma vez. A alvenaria das patas e do peito, por não ter sido entalhada na rocha como era o corpo e a cabeça, havia caído em estado de ruína; o faraó consertou os estragos, que hoje se destacam por sua coloração negra em contraste com o fundo cinza.

Sob o domínio árabe, a Esfinge foi mais uma vez completamente negligenciada, até que seu cansado rosto cinzento apareceu acima das areias douradas. Apenas no início do século passado alguém teve piedade dela, quando o capitão Caviglia, um entusiasmado arqueólogo italiano e estudante dos fenômenos sobrenaturais, tentou escavar a parte superior do corpo, mas tamanha foi a rapidez da invasão de areia que ele teve imensa dificuldade em impedir que as partes já escavadas fossem novamente enterradas. Em 1869, Auguste Mariette, fundador do Museu Egípcio, em homenagem à abertura do Canal de Suez, fez um esforço parcial, o quinto desse tipo, para remover o monte cada vez maior de areia, mas não conseguiu persistir por muito tempo na empreitada. Trinta e três anos depois, Maspero, seu sucessor no Museu, conseguiu angariar fundos na França por meio de uma subscrição pública, para o mesmo propósito. Com esse recurso, conseguiu mais uma vez trazer à luz a maior parte da Esfinge.

Maspero esperava encontrar na base alguma abertura que pudesse levar a uma câmara interna, era inacreditável que essa estátua única não possuísse algum segredo arquitetônico ainda por ser descoberto. Mas nenhuma entrada ou abertura foi encontrada. Maspero então começou a questionar se a Esfinge não repousaria sobre um terraço, sob o qual estaria a câmara secreta que procurava. A magnitude da tarefa de escavar a base era, no entanto, vasta demais para seus recursos limitados e, como os milionários americanos mal haviam começado a se interessar por egiptologia, ele foi forçado a deixar o trabalho para a posteridade.

O sétimo e último esforço foi realizado há alguns anos, quando o governo egípcio tomou a decisão de remover definitivamente a areia, revelando partes até então jamais vistas da base situada no alongado vale. Os escavadores exumaram completamente a parte inferior do grande bloco de pedra há tanto tempo enterrado, revelando em detalhes a vasta plataforma rochosa, pavimentada com longas placas de pedra, sobre a qual se ergue o monumento. Todo o espaço que o rodeia e grande parte do átrio também foram revelados. O lance de escadas, com doze metros de largura, que descia até essa plataforma, foi trazido à luz. Finalmente a Esfinge pôde ser vista em sua verdadeira dignidade. Um muro de concreto íngreme e sólido foi construído ao redor de partes desse espaço, para defender a Esfinge e manter longe a areia inimiga. Esperamos que nunca mais a montanha de grãos amarelos, que cresce com tanta rapidez, se acumule contra os flancos da Esfinge, tornando vão esse trabalho louvável de escavação.

No entanto, não devemos ser severos demais ao condenar esse inimigo. Se as areias enterram as estátuas e os templos do Egito, também cumprem a função protetora de preservá-los, embalsamá-los e salvá-los de perecer. Talvez não haja melhor conservante para os monumentos de pedra feitos pelo homem do que as quentes e secas areias africanas.

∧∧∧

Uma a uma, gentilmente e talvez com relutância, as inumeráveis estrelas foram desaparecendo, e eu sabia que minha longa vigília estava prestes a terminar. Determinei seu fim no momento em que não fosse mais possível observar a misteriosa marcha das constelações no céu índigo, e quando a aurora cintilasse sobre a região com uma luz rósea.

O ar também estava fresco, e minha garganta seca e desidratada.

Mais uma vez contemplei aquela solene guardiã de pedra dos segredos ancestrais, cuja figura à fraca luz das estrelas era tão emblemática da Sentinela Silenciosa de nosso mundo. Teria eu virado uma página na pré-história do Egito raramente lida antes? Quem se atreveria a determinar a idade da Esfinge? Uma vez aceita sua origem atlante, quem poderia estipular uma data exata?

Não vi razão para que tal origem, retratada com tanta brevidade em minha visão sob as estrelas, não fosse aceita. A Atlântida não era mais uma ficção de filósofos gregos, sacerdotes egípcios e tribos indo-americanas: cientistas haviam colecionado centenas de provas de sua existência. Além disso, quando a Esfinge foi entalhada na rocha pela primeira vez, as planícies ao redor não poderiam estar cobertas de areia, pois então a própria escarpa rochosa, que fica ao pé de uma colina, em cujo topo estão as Pirâmides, também estaria sob a areia — uma posição repleta de obstáculos que dificultariam demais o trabalho. Não, era muito mais provável que a estátua tenha sido entalhada antes que as areias aparecessem, quando o Saara era um mar gigantesco, além do qual ficava a grande e trágica ilha de Atlântida.

Os habitantes do Egito pré-histórico, que entalharam a Esfinge e fundaram a mais antiga civilização do mundo, foram homens que fizeram seu êxodo da Atlântida, para se estabelecer nessa faixa de terra que margeava o Nilo.[1] E partiram antes de seu malfadado continente afundar no Oceano Atlântico, uma catástrofe que havia drenado o Saara e o transformado em deserto. As conchas que hoje se vê espalhadas pela superfície do Saara, bem como os fósseis de peixes encontrados em suas areias, provam que outrora foi coberto pelas águas de um vasto oceano.

Era uma hipótese tremenda e estarrecedora a de que a Esfinge forneceria um elo sólido, visível e duradouro entre as pessoas de hoje e as de um mundo perdido, os desconhecidos atlantes.

Para o mundo moderno, esse grande símbolo perdeu seu significado, sendo agora apenas um objeto de curiosidade local. O que teria significado para os atlantes?

Devemos procurar indícios de resposta nos poucos remanescentes de cultura que ainda sobrevivem de povos cujas próprias histórias reivindicam a origem atlante. Devemos sondar o que há por trás dos rituais deturpados de povos como os incas e os maias, chegando à veneração mais pura de seus ancestrais distantes, e descobriremos que o objeto mais elevado de sua veneração era a Luz, representada pelo Sol. Por isso, construíram Templos piramidais ao Sol por toda a antiga América. Esses templos eram variantes ou réplicas ligeiramente distorcidas de templos semelhantes que haviam existido na Atlântida.

Após Platão ter ido ao Egito e se estabelecido por um tempo na antiga Escola de Heliópolis, onde viveu e estudou durante treze anos, os mestres-sacerdotes, geralmente muito cautelosos com os estrangeiros, haviam favorecido o jovem e aplicado estudante grego com informações tiradas de seus muito bem preservados registros secretos. Entre outras coisas, lhe contaram que no centro da Ilha de Atlântida teria ficado uma grande pirâmide de topo achatado, sobre o qual havia sido construído o principal templo do continente – o templo ao Sol.

Os emigrantes que navegaram para o Egito levaram essa religião consigo e construíram templos semelhantes: nas gigantescas torres inclinadas e nos túmulos piramidais do Egito podemos ver hoje as características desse legado atlante. E, entre os deuses egípcios, o Sol sempre encontrou um lugar de destaque.

Além do gosto por estátuas gigantescas, os emigrantes trouxeram consigo pelos mares a predileção por colossos de pedra. Assim como nos templos em ruínas de descendência atlante no México, no Peru e em Yucatán, maciços como são, construídos com blocos de pedra de imenso tamanho e com encaixes finamente ajustados, é possível reconhecer um estilo arquitetônico semelhante ao egípcio, assim como se reconhece a mesma linhagem familiar nas figuras colossais presentes nos pátios e nas proximidades desses templos.

As figuras de homens de pedra, encontradas pelo Capitão Cook na Ilha de Páscoa, aquele remanescente solitário e desolado no topo da montanha de um continente naufragado, mediam apenas oito metros de altura, menos de um terço da altura da Esfinge; porém também possuem uma ancestralidade ligada ao Egito.

O propósito da Esfinge agora havia se tornado um pouco mais claro. Os atlantes egípcios a construíram como sua estátua mais grandiosa, a figura mais sublime da qual tinham lembrança, e a dedicaram ao Deus da Luz, o Sol. Em algum lugar também devem ter construído seu templo, tão grandioso e sublime quanto à Esfinge.

A Esfinge era o venerável emblema de pedra de uma raça que via a luz como algo mais próximo de Deus neste denso mundo material. A luz é o mais sutil e intangível dos elementos que o homem é capaz de perceber por meio de seus cinco sentidos. É a substância mais etérea que conhece. É o elemento mais etéreo que a ciência pode estudar, e mesmo os vários tipos de raios invisíveis são apenas variantes da luz, que vibram além do poder de percepção da nossa retina. Assim, no Livro do Gênesis, o primeiro elemento criado foi a Luz, sem o qual nada mais poderia ser concebido. "O Espírito de Deus se movia sobre a face das águas", escreveu Moisés, educado no Egito, "E Deus disse: 'Faça-se a Luz'. E a Luz foi feita". Não apenas isso, como é também um símbolo perfeito daquela luz celestial que desponta nas profundezas da alma humana quando o homem entrega o coração e a mente a Deus; é um magnífico memorial daquela iluminação divina que o espera secretamente mesmo em meio ao mais sombrio desespero. O homem, ao voltar instintivamente a face ao Sol, volta ao corpo de seu Criador.

E do Sol nasce a luz: do Sol ela flui sobre o nosso mundo. Sem o Sol, permaneceríamos perpetuamente em terríveis trevas; as lavouras não cresceriam; a humanidade passaria fome, morreria e desapareceria da face do planeta.

Se essa reverência à luz e a seu agente, o Sol, era o princípio central da religião atlante, também era o princípio central da primitiva religião egípcia. Rá, o deus Sol, foi o primeiro, o pai e criador de todos os outros deuses, o Criador de todas as coisas, o único, o nascido de si mesmo.

"Homenagem a ti, tu és o Senhor do céu", canta o belo e antigo hino a Rá ao se erguer no céu oriental. "Tu percorres o céu com o coração repleto de júbilo. Teus raios estão sobre todas as faces. Salve, meu Senhor, tu que passas pela eternidade e cujo ser é eterno."

Se a Esfinge estivesse ligada a essa religião de luz, certamente teria alguma relação com o Sol. E tinha!

Ao me voltar para a luz da aurora que agora aparecia na escuridão, raiando claramente contra o horizonte plano, lembrei-me do disco dourado de minha visão e percebi essa conexão como num *flash*. Para comprovar, me abaixei e examinei algo em meu braço esquerdo, uma bússola de pulso iluminada por rádio, um guia seguro e bom amigo.

FIGURA 2.4. A Esfinge dedicada à luz. Fotografia do autor.

Constatei que a Esfinge havia sido posicionada com a face voltada para o leste, seus olhos cegos mirando o exato ponto, onde o sol inicia sua diurna reaparição no horizonte!

A Esfinge foi construída voltada para o leste, para simbolizar a vida renascida, assim como os túmulos dos faraós do Egito foram construídos na margem oeste do Nilo, para simbolizar a vida passada, como analogia ao sol poente. Assim como o sol nascente ascende ao meio do céu, o homem ascende ao mundo espiritual após sua ressurreição, e assim como o sol atravessa o arco real dos céus prosseguindo em seu caminho invisível abaixo do horizonte, o homem também atravessa os dois mundos.

∧∧∧

Virei-me e retomei minha vigília. À medida que a noite se esvaía, o rosto da Esfinge se tornava gradualmente mais distinto, enquanto a imensa muralha que a cercava se erguia cada vez mais clara contra as areias.

Uma luz rosada apareceu no céu, correndo em longas fileiras como se traçada com giz de cera por uma mão invisível. Raiava o sol nascente, revelando cada vez mais à vista a familiar paisagem egípcia e tingindo as alturas distantes de um pálido rosa.

A onze quilômetros dali os almuadens do Cairo estariam subindo nos altos minaretes de suas mesquitas e, de suas plataformas circulares, despertariam os seguidores do Profeta de seu sono, pois agora era a hora da primeira oração do dia.

Aqui a Esfinge também chamava, embora silenciosamente.

Contemplando seu perfil, ponderei sobre a temeridade daqueles homens cujas armas profanas haviam lhe derrubado metade do nariz. Que pensamentos devem ter passado pela cabeça da Esfinge quando esses bárbaros começaram a atirar! Primeiro, ficou assombrada, depois ofendida e, finalmente, deve ter voltado à sua antiga resignação filosófica. Os egípcios culparam os soldados de Napoleão por essa mutilação; os arqueólogos franceses a atribuem aos soldados mamelucos do século XVIII, que teriam usado o nariz como alvo em suas práticas de artilharia. No entanto, Napoleão jamais teria permitido tal profanação da mais antiga estátua do mundo. O pequeno corso era um grande homem, amante das artes, ardoroso admirador das grandes obras da Antiguidade, e extremamente ponderado para não ter percebido o valor e o significado da sonhadora de pedra do deserto. Os mamelucos certamente seriam menos escrupulosos, dada a aversão islâmica aos ídolos. Um historiador árabe até menciona um xeque fanático que, em 1379, tentou quebrar o nariz da Esfinge em seu zelo por Alá. A verdade, no entanto, é que o estrago começou a ser feito numa época muito anterior à dos mamelucos ou franceses, e os séculos posteriores apenas testemunharam sua conclusão. Durante o longo período que se estendeu desde a queda dos faraós até o século XIX, viajantes supersticiosos não hesitaram em se armar com martelo e cinzel para conseguir talismãs e lembranças às custas da Esfinge. Assim, parte da boca foi danificada por visitantes que vieram numa época e sob um governo que não apreciava monumentos e antiguidades como são valorizados hoje, quando os visitantes já não podem fazer o que querem, e as autoridades fornecem proteção vigilante à primeira obra de arte monumental do Egito.

Nem todos os viajantes ostentavam hábitos tão bárbaros. Alguns poucos, que chegaram desde o tempo dos monarcas gregos e romanos, não resistiram à tentação de gravar seus nomes nas laterais da Esfinge ou nas paredes do vale profundo onde ela se encontra, nomes que os curiosos ainda conseguem observar e decifrar em nossa era. No segundo dedo da pata esquerda, gravado tão superficialmente que mal é percebido pela multidão que chega e parte diariamente, há um soneto original e encantador dedicado à Esfinge e assinado por um célebre homem, ninguém menos que Arriano, o historiador de Alexandre, o Grande. Os belos versos gregos merecem um registro impresso:

"Os deuses eternos formaram teu corpo espantoso", diz uma aproximada tradução em prosa dos versos, "em sua solicitude por uma região queimada pelo calor, onde tu lanças tua sombra benevolente. Puseram-te como uma ilha rochosa no centro do grande planalto, cujas areias tu deténs. Esta vizinha, que os deuses deram às Pirâmides, não é como a de Tebas, a Esfinge de Édipo devoradora de homens; tu és a sagrada adepta da deusa Latona, a guardiã do benevolente Osíris, o augusto mestre da terra do Egito, o rei dos habitantes do céu como o Sol, semelhante a Vulcano".

A maior perda que a Esfinge sofreu nas mãos de seus miseráveis mutiladores talvez seja a de seu famoso sorriso, aquele sorriso gentil, inexplicável e insondável que representou um enigma para os antigos, geração após geração. Há sete séculos, quando a destruição ainda não era completa, Abdul Latif, o médico, filósofo e viajante de Bagdá, pôde fazer suas precisas e observadoras anotações sobre a cabeça colossal que encontrou em sua visita a um tiro de flecha das Pirâmides: "Seu rosto é belo, e a boca exprime graciosidade". Digno de citação, tal elogio, vindo de um homem cuja obra, *Sobre o Corpo Humano*, tornou-se um clássico entre os povos árabes durante séculos. "Um intelectual perguntou-me o que mais admirava entre tudo o que vi no Egito, qual objeto mais despertou minha admiração", comenta Abdul Latif, que iniciou suas viagens egípcias pouco antes de 1200 d.C., e como resposta ele apontou a Esfinge. Infelizmente, hoje seria difícil fazer esse elogio! O nariz foi mutilado, a barba quadrada foi quebrada, a boca foi sendo tristemente desfigurada e até mesmo as laterais do toucado estão visivelmente danificadas. A boca outrora amigável agora possui uma expressão meio irônica, quase entristecida e sarcástica. A velha Esfinge não mais sorri, permanece em seu lugar apesar de suas cicatrizes e ferimentos, em imperturbável desdém pelas eras.

∿∿∿

A estranha criatura, incorporando a força de um leão, o intelecto de um homem e a serenidade espiritual de um deus, silenciosamente nos ensina a verdade inexorável do necessário autocontrole, pelo qual o ser humano é capaz de suplantar o animal que há em seu interior e dominá-lo. Quem pode olhar esse grande corpo de pedra, cujas pernas e garras de predador estão ligadas à cabeça e à face de um nobre ser

A GUARDIÃ DO DESERTO

49

humano, sem deduzir essa lição elementar? Quem pode decifrar o simbolismo da serpente que se ergue acima do toucado, o ureu, emblema da soberania faraônica, sem perceber que a Esfinge não nos convoca a reinar sobre os outros, mas apenas sobre nós mesmos? A Esfinge, muda oradora de pedra, profere um sermão silencioso a todos que tiverem ouvidos para escutar.

As inscrições hieroglíficas nas paredes dos templos do Alto Egito como em Edfu, onde o deus é retratado transfigurando-se em leão com cabeça humana para derrotar Set, o satã egípcio, sugerem que a Esfinge representava uma divindade. Um fato igualmente curioso sugere que ela oculte um segredo arquitetônico e esconda algum mistério entalhado na pedra. Em diversas partes do Egito, pequenas reproduções da Esfinge foram posicionadas diante de seus respectivos templos, como protetoras e guardiãs da entrada, ou então leões foram esculpidos para proteger os portões dos templos. Até as chaves dos templos tinham a forma de um leão. A Esfinge de Gizé sozinha parece não ter um templo em sua retaguarda. O chamado templo da Esfinge, aquela estrutura em forma de fortaleza, de colunas quadradas de pedra avermelhada e imensas paredes maciças e lisas, não pertencia a ela, como as últimas escavações do professor Selim Hassan comprovaram de forma indiscutível e definitiva. Foi revelado agora que esse é, na verdade, o templo da Pirâmide de Quéfren, a segunda Pirâmide, à qual está conectado por meio de uma passarela íngreme e pavimentada, hoje completamente desenterrada. Além do mais, esse curioso santuário está na frente e não atrás da Esfinge.

O pequeno templo aberto, que Caviglia escavou entre o peito e as patas da Esfinge, hoje quase inteiramente desaparecido, foi construído posterirormente à estátua. É composto por três estelas de quatro metros de altura, que funcionam como paredes sem teto, duas das quais o tempo e as mãos gananciosas derrubaram e removeram. Mesmo o altar dos sacrifícios, que outrora dava para a entrada desse santuário e agora fica entre as patas da Esfinge, é obra dos romanos, embora feito de um pedaço de granito vermelho retirado de um templo próximo de Quéfren, muito mais antigo.

FIGURA 2.5. O chamado templo da Esfinge. Do acervo do autor.

Onde, então, está o verdadeiro templo da Esfinge?

Levantei um pouco a cabeça e olhei para atrás da estátua. E pude ver, do ângulo onde estava sentado, surgindo na luz da aurora, erguendo o seu ápice truncado ao céu, a maior construção do planeta, o enigma insolúvel de pedra do mundo, a primeira maravilha do universo, tanto para os gregos quanto para nós, aquele enigma dos antigos que continua a intrigar os modernos, a amiga digna da Esfinge.

A Grande Pirâmide!

Ambas, construídas nos tempos da Atlântida, são marcas inconfundíveis do misterioso continente e permanecem como legados mudos de uma raça de pessoas que partiu tão misteriosamente quanto sua terra.

Ambas lembram os sucessores dos atlantes das glórias daquela civilização perdida.

FIGURA 2.6. O altar de sacrifício em granito vermelho feito pelos romanos, posicionado entre as patas da Esfinge. Do acervo do autor.

E, então, o sol e a Esfinge se reencontraram e renovaram um glorioso compromisso, mantido diariamente ao longo de incontáveis anos. O céu passou rapidamente por todas as mudanças que acompanham o amanhecer egípcio; o horizonte mudou de rosa para heliotrópio, deste para violeta, do violeta para vermelho, antes de assumir aquele intenso azul sem nuvens, que é o dossel perpétuo do Egito. Sei agora que a Esfinge, como a Sentinela do deserto, era um emblema dos quatro seres sagrados, as Sentinelas silenciosas deste mundo, os quatro Deuses que realizam os preceitos da Divindade, os misteriosos Guardiões da Humanidade e de seu destino. Os homens que esculpiram a figura da Esfinge conheciam esses seres elevados, mas nós, pobres modernos, já os esquecemos por completo.

Um pouco cansado de minha longa vigília noturna, preparei-me para dizer adeus à cabeça desse Titã erguida sobre a areia. A compostura, a placidez magistral, a irradiação de repouso espiritual da Esfinge, de algum modo produziam em mim um sentimento sutil de desapego do mundo, para o qual mal consigo encontrar palavras. A Esfinge, tão antiga que assistiu à infância do mundo, mergulhada em ininterrupta contemplação, testemunhou civilizações ascenderem à glória, e depois caírem lentamente como flores murchas; testemunhou a agitação de invasores que vinham e partiam, vinham e ficavam. No entanto, manteve-se firme, absolutamente calma, completamente afastada de todas as emoções humanas. Certa indiferença pétrea às mutações do destino parece ter penetrado sob minha pele durante a escuridão noturna. A Esfinge nos alivia de todas as preocupações com o futuro, de todos os fardos do coração; ela transforma o passado num filme de cinema, ao qual se pode assistir com desapego, impessoalmente.

Sob o límpido céu de safira, dei minha última olhada naquela fronte larga, naqueles olhos profundos, naquelas faces cheias, naquele imenso toucado saliente, feito para imitar os reais de linho dobrado com faixas horizontais atravessadas, uma larga entre duas mais estreitas. Olhei novamente para os vestígios rosados que ainda marcavam as faces da Esfinge, reminiscências do que os antigos viram, cuja forma foi revestida com calcário liso, e cuja superfície foi colorida com um vermelho opaco.

Se a força de um leão e a inteligência de um homem mesclavam seus simbolismos nesse corpo deitado, não há nada nem de bestial nem de humano nela, mas algo além e superior, algo divino! Embora nenhuma palavra tenha sido trocada entre nós, uma cura espiritual emanou da presença da Esfinge. Embora eu não tivesse ousado sussurrar naqueles grandes ouvidos, tão surdos à agitação do mundo, sentia-me perfeitamente compreendido. Sim, havia algo sobrenatural naquele ser de pedra, que chegava ao século XX como uma criatura de um mundo desconhecido. Mas aqueles pesados lábios selados ocultam segredos da Atlântida. Se a luz do dia agora me revelava toda a Esfinge, também ampliava o seu mistério.

Estiquei meus pés com cãibras sobre as areias e então me levantei devagar, com uma palavra de despedida ao seu rosto impassível. Em seu olhar fixo no leste, sempre atento aos primeiros raios de sol, decifrei novamente o símbolo promissor de nossa ressurreição, tão certa e inescapável quanto o nascer do sol.

"Tu pertences ao que é Imortal e não somente ao tempo", murmurou a Esfinge, quebrando enfim seu silêncio. "Tu és eterno e não meramente de carne perecível. A alma no homem não pode ser morta, não pode morrer. Ela aguarda, envolta na mortalha, em teu coração, como eu aguardei, envolta nas areias, em teu mundo. Conhece a ti mesmo, ó mortal! Pois Alguém habita em ti, como em todos os homens, que surge e presta testemunho de que EXISTE um Deus!"

3

A PIRÂMIDE

Hoje, os faraós não são mais do que fantasmas, espíritos sutis, etéreos, que habitam Amenti, a Terra Escondida, mas as pirâmides ainda estão conosco; memoriais sólidos e volumosos, que se tornaram parte permanente do planalto rochoso sobre o qual foram construídas. O antigo Egito continua a atrair a atenção e o interesse do mundo moderno, principalmente porque nos deixou esses estupendos testemunhos de sua existência, testemunhos mais tangíveis e materiais do que quaisquer outros legados pelos impérios aniquilados do Oriente.

Plínio, o romano, escreveu em algum lugar que as três Pirâmides espalharam pelo mundo sua reputação e, agora, dois mil anos após essa declaração, podemos dizer sem hesitar que o tempo nada subtraiu dessa reputação. Recentemente, escrevi a amigos que vivem reclusos numa península remota do sul da Índia, homens que dificilmente cruzam a longa cordilheira de montanhas vizinhas, que raramente perturbam ou foram perturbados pelo mundo, e contei-lhes sobre algumas pesquisas que estava fazendo na Grande Pirâmide. Não foi necessário explicar-lhes onde ficava e o que ela era; sabia que a conheciam e, ao receber a resposta, comprovei que a minha suposição sobre esse modesto povo indiano estava correta. A fama das Pirâmides havia viajado ainda mais longe do que no tempo de Plínio. De fato, sua notoriedade é tal que me pergunto quantos magnatas do turismo não cobiçaram aquelas faces triangulares, lamentando que tão magnífica publicidade fosse desperdiçada! Talvez não esteja tão distante o dia em que algum engenhoso empreendedor ofereça cem mil piastras anualmente ao governo egípcio pelo direito de construir um grande painel na face norte da Grande Pirâmide, em que teremos o duvidoso prazer de ler em inglês, francês e árabe, a determinação para lavarmos o rosto com um sabonete cuja fama hoje não seria menor do que a da própria Pirâmide!

Esses antigos monumentos que desafiam o tempo despertam o interesse dos eruditos e atraem a curiosidade do leigo, em parte porque emergem do abismo dos séculos e em parte porque seu imenso tamanho entorpece até mesmo uma geração familiarizada com estruturas colossais. Quando vislumbramos pela primeira vez as pirâmides, parecemos chegar a uma época estranha e remota, cuja idade se expressa adequadamente na estranheza dessas silhuetas desconhecidas; ficamos surpresos ao considerar como as mãos de homens primitivos puderam erguer aquelas monumentais montanhas artificiais em um planalto desértico, rivalizando com as criações da própria natureza.

Quando os conquistadores gregos entraram no Egito pela primeira vez e avistaram essas incríveis edificações, apontando seus picos pontiagudos para o céu do deserto, contemplaram-nas em silêncio e recuperaram o fôlego; e quando os sábios gregos dos tempos de Alexandre elaboraram pela primeira vez sua lista das sete maravilhas do mundo, colocaram as pirâmides no topo. Hoje, das sete maravilhas, elas são as únicas que ainda sobrevivem.

Mas idade e tamanho, por mais impressionantes que sejam, não constituem a única indicação para tamanha honraria. Há fatos sobre a primeira e maior das pirâmides, pouco ou bem conhecidos, que podem nos fascinar tanto quanto fascinaram os gregos.

Quando invadiu o Egito, Napoleão levou consigo pesquisadores e especialistas que foram encarregados de fazer o mapeamento do território, estes fixaram a Grande Pirâmide como o meridiano central a partir do qual marcariam as longitudes. Após terem mapeado o Baixo Egito, ficaram surpresos com a aparente coincidência desse meridiano dividir em duas porções idênticas a região do Delta, formada pela foz do Nilo

A PIRÂMIDE

e constituindo praticamente todo o Baixo Egito. Ficaram ainda mais surpresos quando descobriram que duas linhas diagonais, traçadas da Pirâmide em ângulos retos entre si, cercam por completo a área do Delta. E ficaram mais assombrados ainda quando a reflexão lhes revelou que a posição da Grande Pirâmide não era apenas adequada como meridiano central para o Egito, mas também para todo o globo, *pois a Grande Pirâmide fica exatamente na linha divisória do mapa-múndi!*

Esse fato surpreendente resulta de sua posição; se uma linha vertical for traçada através dela, a área situada a leste da linha será igual à situada a oeste. O meridiano da Grande Pirâmide é o zero natural de longitude para todo o globo. Sua posição na superfície da Terra é, portanto, única. E, em perfeita sintonia com essa posição, seus quatro planos inclinados fazem face aos quatro pontos cardeais.

Essa posição geográfica extraordinária para um monumento construído pelo homem é uma coincidência insignificante ou uma realização deliberada – e, vindo de uma raça tão astuta e inteligente quanto os primeiros habitantes do Egito, somos forçados a aceitar a segunda opção. Que a maior construção de pedra do mundo esteja situada em sua linha central, atinge a imaginação com força convincente! Que a mais extraordinária de todas as estruturas construídas sobre a superfície do globo esteja plantada em tal ponto é, de fato, algo para se pensar!

Segundo informam os guias e os manuais, a Grande Pirâmide foi construída por Khufu, o faraó da IV Dinastia, chamado Queóps pelos gregos, que queria um túmulo de primeira linha e verdadeiramente original, digno de um rei, e isso bastaria para explicar a construção. Para uma teoria prática, conveniente e convencional, essa noção de que a Pirâmide não seja nada além de um túmulo grandioso é, sem dúvida, a mais comum que se encontrará. Essa teoria conta com o apoio de todos os grandes nomes da egiptologia, da arqueologia e história antiga; devemos curvar a cabeça em respeito diante das autoridades ortodoxas e aceitar suas determinações.

Há teorias heterodoxas também. As noções que foram formuladas ao redor dessa antiga construção – e são muitas – vão do completamente improvável ao cientificamente plausível, porque as pirâmides são grandes e importantes o suficiente para se tornarem um alvo fácil para os excêntricos.

O chefe dos engenheiros de uma ferrovia australiana dedicou tempo e trabalho reunindo muitas medidas e dados para provar que as pirâmides foram projetadas para serem usadas em levantamentos topográficos! Em Paris, reuni uma entusiasmada troca de correspondência entre um professor francês e dois ilustres egiptólogos, em que o primeiro buscava demonstrar que o real objetivo das pirâmides era comemorar simbolicamente o fato de o rio Nilo ter sido criado artificialmente em alguma época remota! Alguns engenhosos historiadores enxergam as pirâmides como gigantescos celeiros onde José, o filho de Jacó, havia armazenado o milho destinado a alimentar as pessoas durante os anos de escassez. Se esses historiadores se aventurassem dentro das pirâmides, teriam descoberto que o espaço vazio disponível para armazenamento mal seria capaz de guardar grãos o suficiente para alimentar as pessoas de uma rua qualquer.

Cinquenta anos atrás, o astrônomo Proctor apresentou um argumento interessante em prol de sua teoria de que as Pirâmides foram construídas para propósitos de observações astronômicas, fornecendo lugares adequados para observar e anotar as posições e movimentações de estrelas e planetas. No entanto, observatórios tão caros nunca foram construídos antes nem jamais o serão!

Engenhosos e divertidos também são os argumentos que consideram o sarcófago de pedra da Câmara do Rei apenas como uma fonte batismal, cheia de água quando a usavam. Outro grupo, no entanto, declara que esse sarcófago era preenchido com grãos e não água, porque seu propósito era servir como unidade de medida para todas as nações do mundo.

É igualmente inconcebível que vastos tesouros de ouro e joias fossem escondidos em seus recessos, porque o gasto colossal de construí-la teria custado a própria fortuna que se pretendia guardar!

Outros teóricos estavam certos de que as pirâmides originalmente foram gigantes faróis, construídos para o benefício dos navios que navegavam o Nilo! Segundo o Monsenhor Persigny, eram imensas barragens, erguidas para defender casas, túmulos e templos contra as areias invasivas do deserto, o que só pode fazer rir os egípcios modernos.

A PIRÂMIDE

∧∧∧

Mas há propagandistas obstinados de outras teorias aparentemente plausíveis e que, de fato, encontraram ampla aceitação em certos círculos da Inglaterra e da América do Norte. São interessantes, até mesmo fascinantes, e habilmente elaboradas, mas até que ponto são verdadeiras?

Essas teorias identificaram um significado peculiar nas medidas internas da Grande Pirâmide; notando em suas câmaras, corredores e galeria, uma escrita simbólica e uma declaração profética pertinente ao nosso tempo, enquanto alegam ter encontrado a chave correta para decifrar sua mensagem. O comprimento, a altura e a largura dessas passagens, câmaras e soleiras seriam presságios mudos de outro terrível Armagedom. Brincam com um arranjo incrível de dados e ligam a raça anglo-saxônica, as tribos perdidas de Israel, os livros da Bíblia e os primeiros egípcios numa estranha mistura.

"Quando medimos as passagens do interior da Grande Galeria", declaram, "descobrimos que nos dão em polegadas o número exato de anos necessários para nos situar no momento atual. A Grande Galeria tem 1883 polegadas [quarenta e sete metros] de comprimento; somando trinta e um a esse número − os anos indicados pela Pirâmide como os do ministério redentor de nosso Senhor − chegamos a 1914, o ano em que estourou a Grande Guerra". Essa é uma amostra típica dessas declarações.

Eles estão convencidos de que a Pirâmide não foi construída para beneficiar seus construtores, e sim dada num gesto altruísta em benefício das eras futuras, com especial menção à chamada era do milênio. Confiantes, aguardam o advento do Messias, a maior revelação indicada na Pirâmide.

Como os meus amigos, eu gostaria de poder acreditar nessas coisas. E também gostaria de poder iluminar meu coração com suas grandes esperanças. Mas a razão, à qual devo sempre me ater, e o bom senso, que devo guardar como um tesouro, erguem-se e barram o caminho.

O homem cujos esforços incansáveis e pesquisas perseverantes contribuíram mais do que qualquer outra pessoa para criar essas teorias foi Piazzi Smyth, antigo astrônomo escocês. A personalidade de Smyth era incrível: chegava aos limites do gênio inspirado, mas seu rígido dogmatismo escocês interferia e distorcia a mensagem que a sua intuição tentava comunicar ao intelecto.

Smyth passou um inverno inteiro na Pirâmide, medindo-a de uma extremidade à outra, verificando os ângulos e examinando cada detalhe da estrutura. Contudo, ele trazia consigo suas próprias teorias sobre a Pirâmide, e as medidas e os números precisavam se encaixar nessas teorias. Essas, assim como a Pirâmide, eram fixas; mas aquelas, ao contrário da Pirâmide, poderiam ser acomodadas ao que o astrônomo esperava provar. Smyth, é claro, trabalhou honestamente, entretanto foi cegado por seu partidarismo. Sei apenas que o falecido *sir* Ernest Wallis Budge, antigo mantenedor das Antiguidades Egípcias do Museu Britânico, não pôde aceitar suas medidas. Sei também que *sir* Flinders Petrie, decano dos arqueólogos ingleses no Egito, após um inverno de trabalho cuidadoso examinando as pirâmides, encontrou numa das medidas mais importantes do edifício uma diferença de cento e oitenta centímetros entre o seu cálculo e o de Piazzi Smyth. Conheço, por fim, outro homem, um engenheiro experiente, que recentemente reexaminou todas as dimensões externas e internas da Grande Pirâmide, apresentadas não apenas por Piazzi Smyth, mas também por seus principais sucessores modernos, e considerou não confiáveis vários dos cálculos efetuados por esses senhores. Segundo a curiosa história contada por Petrie, um decepcionado seguidor de Smyth o flagrou tentando desbastar a extremidade do granito na antessala da Câmara do Rei, para caber no tamanho exigido por sua teoria!

A imprecisão de seus números não é o único motivo pelo qual se deve ter um pouco de cautela em seguir esses entusiasmados pesquisadores. Muitos anos atrás, costumava-se considerar o ano de 2170 a.C. como a data da construção da Pirâmide, pois naquele ano certa Estrela Polar estava alinhada com o eixo da passagem de entrada, e acreditava-se que essa longa passagem escura foi construída num ângulo tal que a luz dessa estrela a iluminava. Todavia, em razão do grande movimento dos céus, chamado de precessão dos equinócios, as estrelas se deslocam de suas posições originais relativas ao nosso globo e não voltam ao mesmo ponto no céu até que 25.827 anos tenham se passado. Portanto, é possível afir-

A PIRÂMIDE

mar com uma lógica semelhante que a Grande Pirâmide foi construída 25.827 anos antes de 2170 a.C., quando a Estrela Polar veio novamente vigiar o eixo da passagem de entrada.

Na realidade, a passagem de entrada foi colocada em um ângulo apontando para o local que cada estrela ocuparia, durante alguns séculos, para vigiar o polo. Assim, o argumento de que foi fixado em Alfa, da constelação de Dragão, significa pouco, porque se deparou com outras estrelas também.

Um passado mais distante era inaceitável, porque implicava que a raça humana era consideravelmente mais antiga do que os cinco ou seis mil anos de existência que nossos teóricos acreditavam ter sido atribuídos ao homem pela Bíblia, por isso se agarraram ao valor mais próximo. Todos os egiptólogos rejeitaram com razão a data mais próxima, cientes a partir das inscrições e dos registros históricos descobertos de que a Pirâmide não poderia ter sido construída numa data tão recente.

A Bíblia é uma coleção de livros mais complicada e mais profunda do que parece à primeira vista. Os primeiros cinco livros – sobretudo o Livro do Gênesis – não podem ser lidos corretamente sem a devida chave, que, infelizmente, foi perdida há muitos séculos.

Os homens interpretam mal os registros bíblicos e violentam sua razão num esforço para absorver o que esses registros nunca pretenderam ensinar. Foi assim que chegamos à incrível situação do século passado, quando os geólogos descobriram que os depósitos terrestres de animais fossilizados indicavam ser impossível atribuir ao mundo a idade de seis mil anos, outros teólogos proeminentes sustentaram seriamente a ideia de que Deus havia enterrado de propósito aqueles fósseis para testar os fiéis!

Se os nossos teóricos da Pirâmide também não tivessem lido equivocadamente a Bíblia, poderiam ter aceitado uma data mais antiga, e talvez se aproximado bastante da verdade, pois o sólido corpo de pedra da Pirâmide é bem capaz de ter suportado as investidas de trezentos séculos: sua força e estabilidade são tais que permanecerá de pé quando todas as outras construções da terra desmoronarem.

O motivo para essa escola ter ganhado amplo terreno talvez possa ser encontrado em suas atividades proféticas. As palavras dos profetas hebreus foram curiosamente misturadas com as dimensões da Grande Pirâmide para prever o início de guerras e a queda de governos, a reconstituição da Igreja cristã e o retorno de Cristo, as mazelas econômicas do mundo, a missão divina dos povos de língua inglesa, o cataclismo terrestre e marítimo, e assim por diante.

Lembremos, porém, que o próprio Piazzi Smyth considerou 1881 como o ano do milênio. Recordemos, também, que maio de 1928 durante muito tempo foi o mês dado por essa escola como o mais fatídico da história mundial, mas transcorreu sem intercorrências. O mês mais fatídico foi então transferido para setembro de 1936, que, segundo disseram, havia realmente sido indicado pelas dimensões da Pirâmide. Em todo caso, nem o Armagedom nem o Milênio seriam vistos naquele dia. Logo a data foi alterada para 10 de agosto de 1953. Mais uma vez, a previsão acabou sendo incorreta.[1]

Não é fácil para qualquer racionalista aceitar a alegação de que essa estrutura maciça foi construída com custos e mão de obra sem precedentes, não para o benefício dos povos existentes ou próximos, nem mesmo para o benefício da posteridade egípcia, mas para o benefício de gerações que chegariam quase cinco mil anos depois e que habitariam continentes estrangeiros. Mesmo admitindo que esses teóricos tenham notado corretamente algumas das proporções matemáticas e características internas da Grande Pirâmide, parece que saíram pela tangente e mergulharam numa infinidade de profecias que não têm coerência com aqueles dados. A essência de sua teoria é que Deus teria persuadido os antigos egípcios a escrever uma mensagem na pedra para a nossa época. Porém Ele poderia ter comunicado essa mensagem hoje de maneira direta, simples e bem-sucedida por meio de um profeta humano, em vez de correr o risco de que essa enigmática mensagem de pedra não fosse lida, como aconteceu ao longo dos séculos passados, nem compreendida, como parece acontecer facilmente no nosso.

Ainda que essas excêntricas teorias sejam inaceitáveis, devemos respeitar a motivação sincera de seus propagadores, a quem podemos até mesmo ser gratos pelo interesse que despertaram no significado espiritual desse fabuloso monumento.

A natureza do verdadeiro propósito da Pirâmide e do significado simbólico da Esfinge são dois dos enigmas mais fascinantes e interessantes que o Egito legou para seus habitantes e visitantes, ainda que sejam os dois mais difíceis de resolver.

∧∨∧

Então o arranha-céu egípcio foi erguido apenas para guardar o corpo mumificado do faraó, como dizem os nossos manuais e como os dragomanos árabes em suas túnicas pretas contam aos turistas? Tamanha quantidade de pedra calcária teria sido extraída das pedreiras de Tora, na vizinhança, e das jazidas de granito da distante Siena (atual Assuã), apenas para guardar um único cadáver embrulhado em linho? Mais de dois milhões e duzentos mil metros cúbicos de pedra foram laboriosamente arrastados e trabalhados sob o ardente sol africano apenas para satisfazer os caprichos de um único rei? Foram usados dois milhões e trezentos mil blocos, cada um pesando cerca de duas toneladas e meia, cuidadosamente cimentados, para abrigar o que poucos blocos poderiam fazer tão bem? E, finalmente, Josefo, o historiador hebreu, estava certo quando declarou as Pirâmides como "monumentos vastos e vãos"?

Pelo que sabemos sobre o poder dos faraós e das crenças dos egípcios após a morte, tal coisa é bem possível, embora seja pouco provável. Nenhum túmulo, nenhum corpo, nenhum acessório funerário jamais foi encontrado dentro da Grande Pirâmide, até onde os cuidadosos historiadores sabem: apesar da tradição segundo a qual um dos califas costumava manter um sarcófago de madeira decorada de uma múmia na porta do palácio, que teria sido trazido da Pirâmide. Nas paredes internas da Pirâmide, assim como em todos os outros túmulos do Egito, não há longas inscrições hieroglíficas, baixos-relevos esculpidos ou pinturas representando a vida do falecido. A estrutura interior é simples, desprovida dos adornos que os faraós adoravam exibir em seus túmulos, livre da ornamentação que se esperaria encontrar se esse fosse um dos túmulos mais importantes do antigo Egito.

Talvez a evidência mais conclusiva de que aquele era o túmulo de um monarca pagão é a caixa de granito vermelho vazia e destampada, que fica

FIGURA 3.1. Caixa de granito desprovida de inscrição, na Câmara do Rei.

no fundo da Câmara do Rei. Obviamente, esse era o sarcófago do rei, diz o egiptólogo, dando a questão por resolvida.

Mas por que as laterais desse sarcófago não trazem os habituais textos convencionais e as representações religiosas? Por que não há neles qualquer tipo de palavra ou inscrição hieroglífica? Todos os outros sarcófagos geralmente carregam algum memorial escrito ou ilustrado indicando seu uso; e por que esse não, se era dedicado a um dos mais célebres reis do Egito?

Por que foram construídos dutos de ar de mais de sessenta metros de comprimento, ligando ao lado externo o jazigo que continha esse suposto sarcófago? Múmias não precisam de ar fresco, e os trabalhadores não precisariam voltar a entrar na câmara depois de coberta. Em lugar nenhum do Egito, vi outra câmara real, construída para servir de sepulcro aos mortos da família real, que possuísse dutos de ventilação.

Por que esse suposto caixão foi colocado em uma sala a quarenta e cinco metros de altura, quando a prática egípcia era cortar a sepultura na rocha abaixo do nível do solo? A tradição era e, na verdade, ainda é depo-

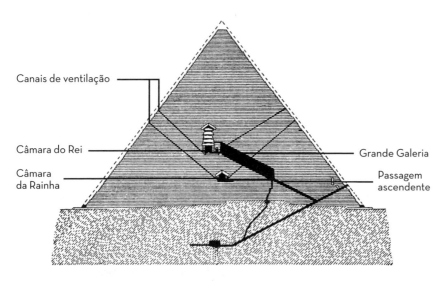

FIGURA 3.2. Plano secional do interior da Grande Pirâmide. Do acervo do autor, com acréscimo das legendas.

sitar os mortos debaixo da terra. "Tu és pó e ao pó voltarás" – sempre foi a mensagem da natureza ao homem.

Por que aquele imponente salão, a Grande Galeria, teria sido construído com mais de nove metros de altura para dar acesso à Câmara do Rei, quando uma continuação da passagem ascendente, que tem apenas pouco mais de um metro de altura, serviria igualmente bem para esse propósito e seria menos trabalhosa por apresentar menos complicações do que a Grande Galeria?

Por que uma segunda câmara, a chamada Câmara da Rainha, foi construída perto da primeira? Os faraós nunca eram enterrados perto de suas rainhas, e não seriam necessárias duas sepulturas para uma única múmia. Se a Câmara da Rainha contivesse as convencionais pinturas e inscrições murais dos túmulos egípcios, sua existência como antessala poderia ter sido justificada, mas tem as paredes tão nuas e desprovidas de ornamentos quanto a Câmara do Rei. Por que teriam equipado a Câmara da Rainha com dutos, embora suas bocas estivessem seladas quando foram encontradas? Por que os construtores se deram o trabalho de ventilar esses dois túmulos? Vale a pena insistir: os mortos não respiram.

Não! A inteligência de quem procura a causa verdadeira desse imenso dispêndio de tempo, trabalho, material e dinheiro, ao recusar-se a aceitar as teorias proféticas ou funerárias, deve se afastar em busca de alguma outra explicação.

∧∧∧

Meditei longamente sobre o misterioso propósito das Pirâmides e passei longas horas tropeçando nos escombros rochosos que as cercam ou vagando pelas passagens escuras e câmaras sombrias que repousam em seu interior. Muitas vezes me sentava nos blocos de calcário branco na base da Grande Pirâmide, debaixo do calor intenso do sol da tarde ou sobre a areia macia que fica a leste, e ponderava sobre o problema. Escalei fileira atrás de fileira de blocos de alvenaria, procurando atentamente por pistas, examinando cantos e estudando a disposição geral das três construções. Nos escuros túneis raramente visitados da segunda e da terceira Pirâmide, perturbei grandes lagartos e baratas enormes. Em suma, trabalhei tão intensamente em minha pesquisa que, no fim, estava mais acostumado com essas antigas estruturas, essas lembranças de pedra da mais antiga raça do Egito, do que com os aposentos do meu novo apartamento no Cairo.

Quanto mais me familiarizava com seus detalhes, mais os admirava; e quanto mais compreendia seu projeto peculiar, mais percebia sua notável excelência técnica.

A engenhosidade envolvida em extrair os imensos blocos de pedra, transportá-los e içá-los na posição desejada, numa época em que não havia mecanismos a vapor ou elétricos para erguer esses legados triangulares da Antiguidade remota, demandava e recebia a minha admiração. Nenhuma grua a vapor foi usada para deslocar sobre trilhos de aço e alçar aqueles portentosos blocos de pedra no lugar, pois tanto o vapor quanto o aço eram desconhecidos naquela época.

Certamente, se qualquer faraó tivesse desejado deixar um túmulo duradouro para a posteridade, não poderia ter escolhido uma forma arquitetônica mais durável que a pirâmide. A imensa base, as faces inclinadas e o vértice estreito protegeriam o seu sepulcro contra o vento, a areia e o tempo melhor do que qualquer outra forma, enquanto a massa sólida do interior ofereceria a maior resistência possível à profanação dos homens.

Embora os impressionantes arranha-céus de Nova York tenham agora superado a Pirâmide, permanece o fato de que, durante toda a história conhecida do mundo até recentemente, a Pirâmide continuou sendo a mais alta estrutura feita pelo homem, eclipsando todas as outras, uma maravilha para os antigos e um enigma para os modernos.

Rapidamente descobri, assim como todos os outros investigadores antes de mim, que a construção interna da primeira Pirâmide era ainda mais complexa que a das outras duas, além de ser mais interessante, por mais que, comparativamente, se proclame que seu imenso tamanho é sua maior importância. Não demorou muito, portanto, para que eu concentrasse todos os meus estudos posteriores nela, convencido de que deveria conter o verdadeiro segredo das Pirâmides.

Conheci a Grande Pirâmide sob a luz maravilhosamente mutável do Egito. Ao amanhecer, os primeiros raios a tocavam com um tom prateado; o sol poente a deixava com um pálido violeta; enquanto, sob a luz misteriosa da lua cheia, cada pedra da base ao ápice parecia se banhar em uma fosforescência azulada, tingida de prata.

FIGURA 3.3.
As Pirâmides e o Nilo ao amanhecer.
Fotografia do autor.

Contudo, a Grande Pirâmide que vemos hoje não é a que os antigos viram. A deles estava coberta com uma fina camada branca, lisa e polida de calcário em cada uma das quatro faces, que refletia os raios do sol com um brilho intenso, justificando seu antigo nome egípcio: *A Luz*. As bases e as laterais dos blocos foram trabalhadas de tal forma a se obter uma superfície lisa, sendo encaixados com precisão mosaica, que mal se podia ver as juntas cimentadas. O surpreendente e fulgurante triângulo de pedra, deitado sobre a tapeçaria amarela do deserto, resplandecia como um espelho gigantesco, visível, portanto, à enorme distância sob o forte sol oriental. Até o final do século XII, essas pedras brancas ainda estavam no lugar, exibindo em sua superfície hieróglifos que tiraram da pena de Abdul Latif esta descrição pitoresca:

> As pedras foram gravadas com caracteres antigos, hoje indecifráveis. Nunca conheci em todo o Egito quem os decifrasse. As inscrições são tão numerosas que, se copiadas, as que se encontram apenas na superfície das duas Pirâmides ocupariam mais de seis mil páginas.

Sua superfície outrora lisa hoje já se desgastou, formando degraus, não sendo possível se ver nem mesmo uma única inscrição e, dos milhares de pedras que a revestiam, apenas alguns blocos na base permanecem no lugar. É evidente, a partir desses vestígios, que o material do revestimento foi retirado das colinas de Mokattam, a sudeste do Cairo. Dois anos após a visita de Abdul Latif, o Egito foi abalado por um grande terremoto que deixou a cidade do Cairo sob escombros. Então, os árabes foram à Grande Pirâmide em busca de material de construção para restaurar sua cidade destruída, assim como os turcos e os gregos outrora haviam transformado o nobre Partenon numa pedreira, levando a maior parte de suas pedras para construir suas casas. Avidamente, arrancaram os blocos de revestimento brancos, chanfrados e polidos, levando-os para o Cairo. Quantos antigos palácios, mesquitas e fortalezas da capital devem ocultar hoje em suas muralhas espessas as inscrições hieroglíficas que outrora recobriam as quatro faces da Grande Pirâmide? Parte da encantadora mesquita do Sultão Hassan,

A PIRÂMIDE

considerada a mais bela das trezentas mesquitas do Cairo, foi construída com esses blocos de revestimento.

Há pedras o suficiente na estrutura para construir as casas de uma cidade de tamanho razoável — tal é a imensa quantidade de material que ela contém, e eles teriam levado toda a Pirâmide também, mas descobriram que o custo, o trabalho e o tempo necessários para deslocar até mesmo um só daqueles blocos enormes que compõem seu corpo seriam tão completamente desproporcionais ao seu valor e a tarefa tão difícil, que logo desistiram da ideia, considerando-a impossível. Entretanto, essa lição só foi aprendida depois de removerem as fileiras superiores da alvenaria, privando a Pirâmide de seu vértice.

Também a entrada que os visitantes usam hoje não é a mesma usada pelos próprios egípcios. Essa entrada permaneceu um segredo guardado e mantido pela Pirâmide durante vários séculos, antes de sua redescoberta por um determinado rei árabe, que gastou uma fortuna e colocou um exército de trabalhadores em ação para arrancar, de suas mãos relutantes, o segredo da passagem fechada. As câmaras e passagens internas da Grande Pirâmide desafiaram tanto governantes gregos quanto romanos, assim como os egípcios não iniciados. E, com a partida dos romanos, por mais que a lenda da entrada tenha persistido, sua localização se tornou desconhecida.

Desde o momento em que a porta foi fechada e selada, séculos se passaram pacificamente pelo seu interior intocado até que a paz foi interrompida pelos homens em busca de seus lendários tesouros, e seu longo sono foi perturbado. Essa localização só foi determinada no ano 820 de nossa era, quando o califa Almamune reuniu seus melhores engenheiros, arquitetos, construtores e trabalhadores no pequeno planalto de Gizé e ordenou que abrissem a Pirâmide. "Ó rei, isto não pode ser feito!", disse-lhe o chefe de seus homens. "Certamente será feito", respondeu o califa.

Tiveram de trabalhar sem mapa ou plano, mas foram guiados por uma antiga tradição, segundo a qual a entrada se situava na face norte. Naturalmente, escolheram um ponto no meio daquela face para sua primeira tentativa, incitados pela presença vigilante do califa, que queria comprovar a veracidade das antigas lendas de que vastos tesouros foram escondidos na

Pirâmide por faraós esquecidos. A propósito, ele era ninguém menos que o filho do califa Harun al-Rashid, célebre personagem das *Mil e uma noites*.

Almamune não era um califa qualquer. Havia ordenado a seus estudiosos que traduzissem para o árabe os escritos dos sábios gregos; frequentemente, lembrava seus súditos das virtudes do estudo; visto que se deleitava nas discussões com os homens mais cultos do país.

Sua residência imperial era em Bagdá e, partindo dessa famosa cidade, ele foi para o Egito. Logo depois da tentativa de abrir a Pirâmide, retornou a Bagdá e lá viveu o resto de sua vida.

No entanto, os construtores da Grande Pirâmide, prevendo que um dia a cobiça humana violaria sua estrutura, inseriram uma entrada, localizada a vários metros do centro e numa altura mais elevada do que se esperaria ser logicamente o ponto de entrada. Como resultado, os homens de Almamune trabalharam por vários meses a fim de adentrar no interior da Pirâmide sem sequer encontrar sinal de uma câmara ou corredor; nada exceto a alvenaria maciça era visível. E se dependessem apenas de martelo e cinzel, sua empreitada teria durado tanto quanto o reinado de seu califa, e ainda mais. Contudo, foram astutos o suficiente para fazer pequenas fogueiras junto às pedras e, então, quando ficavam incandescentes, jogavam vinagre frio sobre elas até racharem. Hoje ainda é possível observar as superfícies carbonizadas e enegrecidas dos blocos que escaparam dos cinzéis há mais de mil anos. Dois ferreiros trabalhavam o dia inteiro afiando as lâminas, que perdiam o corte rapidamente em contato com as sólidas pedras, enquanto mecanismos de madeira auxiliavam os homens cansados a forçar a entrada. No entanto, ainda assim a abertura original, os corredores e as câmaras internas permaneceram ocultos.

O trabalho de escavar uma passagem tão estreita sufocava os homens com a poeira e o calor, a dificuldade de penetrar a massa de alvenaria sólida mais dura do mundo, com as ferramentas primitivas disponíveis até então, fatigava-os quase além do suportável, enquanto o completo fracasso, que era a única recompensa por seus esforços, os desanimava a ponto do desespero. Haviam cavado um túnel por mais de trinta metros e, enfim, estavam a ponto de abandonar suas ferramentas e se amotinar,

A PIRÂMIDE

recusando-se a continuar tão inútil trabalho, quando o som de uma pedra pesada saindo do lugar chegou a seus ouvidos – vinha do interior, um pouco além do ponto mais distante que haviam penetrado.

O destino interveio no jogo. A partir de então, trabalharam com gosto e zelo, logo abrindo o caminho até a passagem da entrada original. A Grande Pirâmide havia sido reaberta.

Foi, então, bem fácil subir essa passagem e encontrar a porta oculta: escondida com tamanha engenhosidade que jamais poderia ser descoberta por fora. Após tantos séculos, a porta secreta não funcionava mais; estava irremediavelmente emperrada. Hoje, não há mais essa porta, foi perdida na pilhagem geral que se deu após o terremoto no Cairo. Era a porta digna de ser instalada na abertura da mais misteriosa construção que os antigos egípcios haviam erguido, uma tampa de pedra móvel, giratória, única e que recebera o mesmo acabamento externo, de modo a se confundir perfeitamente com o revestimento de pedra ao redor. Fechada, era impossível detectá-la em meio à superfície externa. Ao ser aberta, girava sobre si mesma no comprimento, revelando uma cavidade. Seu mecanismo era bem equilibrado, o centro de gravidade ficava apoiado sobre um pivô, a fim de contrabalançar sua grande massa. Só podia ser aberta com um forte empurrão em uma das extremidades, seguido de um puxão forte o suficiente para levá-la para fora de seu encaixe e subi-la. Isso permitia que o visitante se esgueirasse por sua abertura, rastejando até a passagem logo atrás. O mecanismo giratório de pedra se deslocava para trás em seus pivôs, ocultando a entrada novamente.

Além disso, uma pesada porta de madeira barrava o caminho adiante. E, após essa obstrução, outras dez portas precisaram ser atravessadas antes de se chegar à Câmara do Rei. A maioria delas era de madeira, enquanto outras eram de pedra. Todas, no entanto, já desapareceram.

ᴧᴧᴧᴧ

Uma vez dentro do corredor da entrada original, os homens de Almamune descobriram que seu trabalho ainda estava longe de terminar. A passagem dava para um beco sem saída, barrado por um bloco imenso de granito. Parecia improvável que a abertura e a passagem tivessem sido

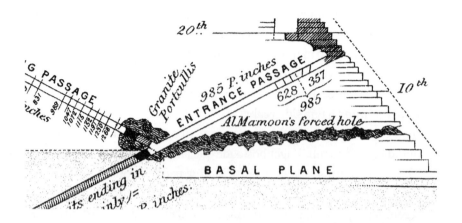

FIGURA 3.4. O túnel aberto à força por Almamune perto da passagem de entrada. Desenho de Piazzi Smyth.

FIGURA 3.5. A face norte da Grande Pirâmide com (1) a antiga entrada logo acima e (2) a entrada aberta à força por Almamune. Fotografia do autor (com legendas adicionadas).

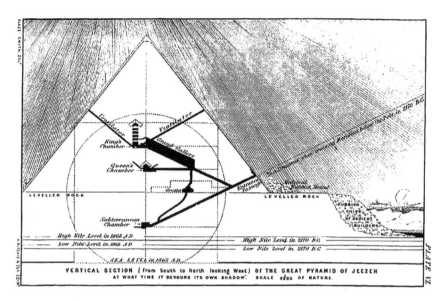

FIGURA 3.6. Corte transversal de todas as passagens conhecidas da Grande Pirâmide, desenhado por Piazzi Smyth.

construídas apenas para terminar numa parede; por isso tentaram abrir caminho pela imensa barreira de granito, mas fracassaram. As ferramentas à sua disposição eram incapazes de perfurar essa pedra; os construtores das Pirâmides devem ter vasculhado todo o Egito em busca da pedra mais dura da região, até encontrar aquela em particular.

Para a sorte dos invasores, o material ao lado do bloco de granito escuro era calcário branco, uma pedra muito mais macia e, por isso, mais fácil de extrair. Atentando para esse fato, eles abriram um túnel paralelo ao bloco de granito. Depois de mais alguns metros, chegaram ao fim do bloco e à outra passagem. Ficou então evidente que a entrada para essa segunda passagem havia sido bloqueada de propósito em algum momento por aquela gigantesca tampa de granito, em formato cônico, pesando toneladas, que se encaixava com perfeição nessa abertura.

Na primeira passagem descia-se e na segunda subia-se, por exemplo, vinte e seis graus. Os oficiais e trabalhadores de Almamune subiram por um corredor íngreme, que tinha menos de um metro de altura e pouco mais de um metro de largura. A luz das tochas nada revelava além de paredes nuas, até chegarem a um ponto que prosseguia na horizontal. Esse ponto era, na verdade, uma bifurcação, onde a passagem encontrava outro corredor ascendente, sete vezes mais alto, com um duto estreito descendente que se perdia nas profundezas da Pirâmide.

Continuando pela passagem horizontal, curvados e com a cabeça voltada para o chão, os intrusos chegaram finalmente a uma grande câmara que, para sua decepção, estava completamente vazia. Suas paredes nada ostentavam de especial, nem sequer uma inscrição ou algo parecido, apenas uma grande fenda à esquerda oferecia a promessa de se encontrar tesouros, para recompensar seus esforços. Para entrar, precisaram subir numa plataforma e então seguir por uma passagem rústica e tão baixa que foram obrigados a rastejar como cobras. Mas a passagem terminava abruptamente no núcleo sólido de alvenaria da Pirâmide. Por mais que, posteriormente, essa passagem tenha sido ampliada, o único tesouro encontrado consistia em blocos de calcário.

Voltando à bifurcação, começaram a explorar o longo e elevado corredor, que mais tarde receberia o nome de Grande Galeria. Seu teto era peculiar, inclinado, constituído por sete camadas sobrepostas. O piso subia precisamente no mesmo ângulo da passagem que levava à Galeria. Os homens começaram a escalar por aquele piso liso e escorregadio, ladeado por paredes de granito polido que levavam a uma ladeira ininterrupta de mais de quarenta e cinco metros, cujas laterais foram forradas com bancos de pedra entalhada. No final da Galeria, de repente um degrau alto bloqueou o caminho. Eles subiram e caminharam por um piso plano que levava à passagem baixa e estreita antes da antecâmara. Mais alguns passos, curvados sob uma sólida porta levadiça, entraram numa grande câmara situada exatamente no centro da Pirâmide, equidistante de todos os lados. Essa sala foi denominada "Câmara do Rei", assim como chamaram a primeira sala descoberta de "Câmara da Rainha". Contudo, esses nomes nunca foram usados pelos antigos egípcios.

A Câmara do Rei era murada com blocos quadrados de granito escuro de tamanho imenso. Seu teto era formado por nove enormes vigas do

A PIRÂMIDE

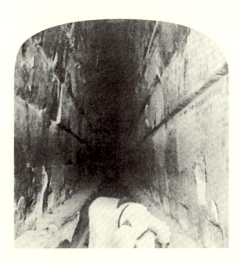

FIGURA 3.7. A longa e íngreme Grande Galeria.

mesmo material, hoje conhecidas como as maiores pedras de toda a Pirâmide. Uma delas sozinha pesa setenta toneladas. Como os construtores conseguiram colocá-las nessa posição, a sessenta metros acima do nível do solo, sem contar com a ajuda de modernos guindastes a vapor ou elétricos, é um problema sobre o qual nossos arquitetos são capazes de teorizar, mas não de resolver.

O califa Almamune e seus homens mais uma vez ficaram profundamente decepcionados. Pois, salvo um sarcófago de pedra aberto, a Câmara estava inteiramente vazia. O caixão não continha nada além de pó.

Parecia inacreditável que os antigos egípcios tivessem construído um túmulo vazio tão prodigioso como essa Pirâmide sem qualquer propósito, pensaram eles, então rasgaram freneticamente parte do assoalho de pedra, escavaram um dos cantos do espaço e cortaram em vão as paredes sólidas em sua busca feroz por tesouros escondidos. Mas não conseguiram derrotar a argúcia daqueles astuciosos construtores do passado e acabaram se retirando perplexos, desgostosos e desalentados.

Havia mais dois lugares que restava explorar: a continuação subterrânea da passagem da entrada original e o poço profundo e estreito. O primeiro os levou a um pequeno túnel, pelo qual era preciso descer rapidamente, correndo o risco de escorregar, pois fora construído com rocha sólida numa extensão de não menos que cento e seis metros. Terminava numa câmara grosseiramente entalhada, cujo teto, de tão baixo, dava para tocar com as mãos, e cujo piso rochoso inacabado era tão irregular que precisavam escalar para atravessá-lo. Esse recinto foi batizado de "Fosso". Não continha nada além de pó e escombros. No lado oposto, uma outra pequena passagem foi entalhada na rocha; era possível adentrá-la apenas rastejando como cobra, com o rosto muito próximo do chão. E mesmo esse túnel subterrâneo não levava a lugar algum, pois terminava abruptamente numa sólida parede de rocha.

O que restava era o poço. Era quase perpendicular, e podia ser explorado com a descida de um homem por vez, suspenso por cordas, rumo ao breu de suas profundezas. A dezoito metros de profundidade, foi encontrada uma pequena câmara, uma ampliação do poço toscamente esculpida. Então, continuava a partir do piso da câmara, levando a uma descida aparentemente infinita. Parecia ser um poço profundo e, de fato, os homens estavam convencidos de que era. Sua exploração nunca foi completada.

De todo modo, o vasto tesouro que em sua imaginação preenchia a Pirâmide não existia.

Assim terminou a grande aventura do califa Almamune em reabrir a Grande Pirâmide. Os historiadores árabes eruditos de hoje oferecem muitas versões dessa história, mas esses são os fatos autênticos.

∿∿∿

Séculos se passaram sobre o topo encurtado da Pirâmide, após o filho de Harun al-Rashid abrir um buraco na face norte. Lendas a envolveram com supersticioso pavor e a cercaram de horrores fantasmagóricos, de modo que os árabes temiam seu interior como temiam a lepra. Poucas almas aventureiras ousaram explorar seu coração e profundezas novamente. Na maior parte do tempo, suas passagens escuras e câmaras vazias permaneceram imperturbáveis, em majestoso silêncio. O martelo e o cinzel dos escavadores voltaram a ressoar dentro da antiga construção somente na segunda metade do século XVIII, quando as areias ao redor da Pirâmide foram pisadas por europeus impassíveis, racionais e não supersticiosos.

O engenhoso Nathaniel Davison, cônsul de Sua Majestade britânica em Argel, na década de 1760, tirou um longo período de férias e foi para o Egito, onde voltou seu olhar sagaz para a Grande Pirâmide. Davison sabia que os antigos egípcios costumavam enterrar joias com seus mortos ilustres, e também conhecia a opinião geral segundo a qual as Pirâmides não passavam de tumbas gigantescas.

Davison havia percebido, na passagem aberta da Câmara do Rei, um eco curioso que voltava sempre que ele gritava mais alto. Suspeitou – e com razão – que, em algum lugar atrás das placas de granito dessa lúgubre sala, haveria outra câmara. Era bem possível, e até provável, que dentro daquela câmara houvesse uma múmia embrulhada em linho e acompanhada de suas joias.

O cônsul reuniu alguns trabalhadores e pôs mãos à obra. O piso da Câmara do Rei havia sido escavado, sem sucesso, por Almamune séculos antes; o eco da voz de Davison parecia vir de cima; por isso, voltou sua atenção para o teto. Uma análise cuidadosa do desenho da Câmara e de suas passagens adjacentes mostrava que a melhor maneira de penetrar o que estava acima era forçando uma abertura pelo percurso superior da parede leste da Grande Galeria, e assim adentrar pela lateral de qualquer câmara que houvesse ali. Arranjando uma escada alta para examinar o local, ficou surpreso ao descobrir que a abertura já existia, então rastejou por ela.

O que encontrou foi uma câmara de seis metros de comprimento. Estava situada exatamente acima da Câmara do Rei. O teto era tão baixo que Davison precisou procurar de joelhos o tesouro que o atraía. O espaço estava completamente vazio.

Davison retornou a Argel, ganhando nada além da problemática honra concedida pelos arqueólogos que vieram depois, ao atribuir seu nome à câmara recém-descoberta.

Nos primeiros anos do século XIX, ele foi sucedido na Pirâmide por um estranho explorador, que era um arqueólogo místico e sonhador. Esse homem era o capitão italiano Caviglia, que dedicou tanto tempo à antiga construção que ele mesmo se tornou, em suas próprias palavras, *tout-à-fait pyramidale* [absolutamente piramidal]. Lorde Lindsay o encontrou em sua visita ao Egito e, numa carta para a Inglaterra, escreveu o seguinte:

"Caviglia me disse ter levado seus estudos de magia, de magnetismo animal, entre outros, a tal ponto que quase o mataram, disse, 'levaram-me ao extremo daquilo que é proibido ao homem saber e foi apenas a pureza de minhas intenções que me salvou'... Ele tem estranhas ideias sobrenaturais. Diz que seria extremamente perigoso disseminá-las".

Enquanto estava envolvido em seu trabalho arqueológico, Caviglia viveu por um tempo na Câmara de Davison e transformou aquele recinto sombrio em moradia!

Caviglia não limitou seu trabalho apenas à Grande Pirâmide. Fez descobertas na Segunda e na Terceira, explorou jazigos funerários na região entre as pirâmides e a Esfinge, e desenterrou alguns sarcófagos interessantes e relíquias menores do antigo Egito.

Por volta da época em que uma bela jovem foi inesperadamente coroada como Vitória, Rainha da Inglaterra, o destino enviou ao Egito um galante oficial britânico, um perfeito cavalheiro inglês e rico mecenas do Museu Britânico, três atributos reunidos na figura cortês do coronel Howard Vyse. Ele empregou centenas de trabalhadores na mais extensa série de escavações que as três Pirâmides e toda a região ao redor jamais viu nos últimos mil anos, ou seja, desde a época do califa Almamune. Contratou os serviços de Caviglia por um tempo, mas o temperamento nervoso do italiano e a personalidade convencional, completamente oposta do inglês, entraram em conflito, e logo eles se separaram.

O coronel Vyse doou dez mil libras esterlinas de seu patrimônio para as escavações egípcias, enquanto apresentava resultados tangíveis para o Museu Britânico. Caixas de relíquias interessantes atravessaram o mar, no entanto, sua maior descoberta continuou no Egito. Na parte superior da Grande Pirâmide e imediatamente acima da Câmara de Davison, Vyse descobriu quatro câmaras, embora não sem dificuldades e muitos perigos; seus operários, enquanto escavavam uma pequena passagem superior na sólida estrutura, frequentemente se expunham a quedas de nove metros de altura. Essas câmaras

A PIRÂMIDE

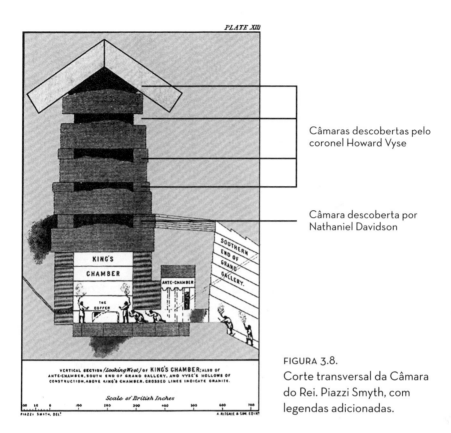

FIGURA 3.8.
Corte transversal da Câmara do Rei. Piazzi Smyth, com legendas adicionadas.

eram tão baixas e estreitas quanto a primeira. E também estavam vazias e empoeiradas.

Após estudar o teto, e descobrir que era feito de vigas de pedra calcária em forma triangular sobre a câmara mais alta, tornou-se claro o propósito da série de cinco câmaras baixas. Haviam sido construídas para aliviar a pressão esmagadora que os milhares de toneladas da alvenaria maciça acima delas inevitavelmente exerciam sobre o teto da Câmara do Rei, agindo como um mecanismo de amortecimento. Além disso, no caso de um improvável, mas possível, terremoto partir o corpo da Pirâmide, as câmaras também protegeriam a Câmara do Rei contra a precipitação dessa alvenaria sobre o chão. No caso de um terremoto, elas agiriam como um arranjo admirável de amortecedores para absorver o choque do desmoronamento, evitando assim que a Câmara do Rei fosse esmagada pela enorme massa de pedra acima. A passagem de milhares de anos sobre as Pirâmides provou a excelência e a engenhosidade desse plano arquitetônico.

Algo curioso que Vyse encontrou foi a primeira e única série de hieróglifos descobertos dentro da Pirâmide desde que o revestimento externo com as inscrições foi removido. Eram as marcas feitas pelos pedreiros nas faces ásperas das pedras na construção das cinco câmaras. Entre essas marcas, estavam os cartuchos, pictogramas em moldes ovais, de três nomes reais, Khufu, Khnum Khufu e Khnum. Esses nomes não foram inscritos, mas traçados em tinta vermelha, como costumavam ser as marcas dos construtores no antigo Egito.

Os egiptólogos podiam apenas arriscar suposições sobre o significado do nome Khnum, pois jamais tinham ouvido falar de qualquer rei egípcio assim chamado, e não puderam dar uma explicação adequada da presença desse nome. Mas sabiam muito bem quem era Khufu: o faraó da IV Dinastia, a quem os historiadores gregos posteriores infelizmente deram o nome de Quéops. A descoberta de Vyse finalmente estabeleceu para eles a época da construção da Pirâmide: Khufu a ergueu, e mais ninguém.

No entanto, em parte alguma da Pirâmide foi encontrada a múmia de Khufu.

4

UMA NOITE DENTRO
DA GRANDE PIRÂMIDE

Os gatos adormecidos do Cairo abriam seus olhos verdes, bocejando prodigiosamente, e com graciosidade espreguiçavam-se, esticando ao máximo suas patas macias. A noite chegava, dando início à atividade própria da natureza felina – conversar com os amigos, procurar comida, caçar ratos, brigar e flertar. Com o anoitecer, também começava uma das mais singulares atividades da minha vida, ainda que silenciosa.

Propus a mim mesmo passar uma noite inteira dentro da Grande Pirâmide, ficando sentado, desperto e alerta, durante doze horas na Câmara do Rei, enquanto a lenta escuridão se movia pelo mundo africano. E ali estava eu, enfim, acomodado no mais insólito abrigo já construído em nosso planeta.

Não fora tarefa fácil chegar até ali. Descobri que, embora acessível ao público, a Grande Pirâmide não era propriedade pública, pertencia ao governo do Egito. Não era possível entrar e passar uma noite nada convencional no melhor de seus recintos, tanto quanto não é possível entrar na casa de um estranho e passar a noite em seu melhor dormitório.

Para visitar o interior da Pirâmide é preciso comprar um bilhete por cinco piastras do Departamento de Antiguidades. Otimista, fui até o Departamento e solicitei permissão para passar uma noite dentro da Grande Pirâmide. Se tivesse pedido permissão para ir à Lua, provavelmente o semblante do oficial que ouviu o meu pedido não revelaria tamanha estupefação.

FIGURA 4.1. A Grande Pirâmide, o verdadeiro templo da Esfinge. Do acervo do autor.

Justificando-me, dei uma breve explicação do meu pedido. A surpresa deu lugar à diversão, e ele sorriu. Senti que me considerava um candidato digno de entrar para certa instituição na qual poucos gostariam de ingressar. Finalmente, falou:

"É a primeira vez que fazem um pedido semelhante. Acredito que não esteja em meu poder concedê-lo".

Enviou-me a um outro funcionário superior do mesmo Departamento. A cena cômica anterior repetiu-se mais uma vez. Meu otimismo começava a se esvair.

"Impossível!", declarou o segundo oficial com tom gentil, porém firme, acreditando que tinha diante de si um maluco inofensivo. "Lamento, mas isso é algo sem precedentes..." dando de ombros, sem terminar o que dizia.

Levantou-se de sua cadeira para me fazer sair da sala.

Foi então que minha formação como editor e jornalista, há muitos anos adormecida, mas não apagada, irrompeu em ação. Comecei a argu-

UMA NOITE DENTRO DA GRANDE PIRÂMIDE

mentar com ele, persisti em minha solicitação de outras maneiras e me recusei a sair da sala. Por fim, conseguiu se livrar de mim, dizendo que a questão não era da competência do Departamento de Antiguidades. Pertencia à competência de quem, perguntei então. Sem ter muita certeza, ele achou melhor eu recorrer à polícia.

Percebi que meu pedido era, na melhor das hipóteses, excêntrico – na pior, suficiente para me taxarem de louco. No entanto, não poderia abandoná-lo. A determinação de realizá-lo havia se tornado uma obsessão.

Na delegacia descobri uma Seção de Licenças. Pela terceira vez, pedi permissão para passar uma noite dentro da Pirâmide. O oficial, não sabendo o que fazer comigo, me encaminhou ao seu chefe, que me solicitou um tempo para considerar a questão. Quando voltei no dia seguinte, fui encaminhado ao Departamento de Antiguidades!

Voltei para casa, momentaneamente, sem esperança de alcançar meu objetivo.

Contudo, "as dificuldades são feitas para serem superadas", diz o ditado, cuja banalidade não diminui sua verdade imortal. Meu próximo passo foi conseguir uma entrevista com o cordial comandante da polícia da cidade do Cairo, El Lewa Russell Pasha. Saí de seu escritório com uma autorização por escrito, solicitando ao delegado da área em que a Pirâmide se situa que me concedesse toda a assistência necessária para a realização do meu propósito.

E assim, no início de uma noite, apresentei-me na delegacia de polícia de Mena ao chefe local, o major Mackersey. Assinei um livro que me foi entregue e que responsabilizava a polícia por minha segurança até o dia seguinte. Um oficial foi destacado para me acompanhar até a Pirâmide e dar instruções ao policial armado de sentinela do lado de fora da edificação, para guardá-la durante a noite.

"Corremos o risco de deixá-lo sozinho lá dentro a noite inteira. O senhor não vai explodir a Pirâmide, vai?", disse com humor o major Mackersey, enquanto nos despedíamos com um aperto de mãos.

"Prometo não apenas isso, mas também que não irei fugir com ela!"

"Sinto, mas teremos de prendê-lo lá dentro", acrescentou. "Sempre fechamos a entrada da Pirâmide ao anoitecer com uma grade de ferro. Então o senhor será nosso prisioneiro durante doze horas."

"Excelente! Hoje, nenhuma acomodação poderia ser mais desejável para mim do que tal prisão."

∧∨∨∧

O caminho que leva às Pirâmides passa por uma estrada sombreada pela copa das albízias. Em suas margens, casas aparecem em raros intervalos. A estrada serpenteia gradualmente pela lateral do planalto onde as próprias Pirâmides foram construídas, terminando num declive acentuado. Enquanto subia a estrada, pensava em todos os viajantes que tomaram essa mesma direção ao longo de vários séculos, poucos, se tanto, embarcaram numa missão tão curiosa quanto a minha.

Subi a pequena colina na margem ocidental do Nilo, rumando até onde a Grande Pirâmide e sua boa companheira, a Esfinge, mantêm silenciosa vigilância sobre o norte da África.

O monumento gigante surgia à minha frente, à medida que eu caminhava pela areia misturada com pedras. Mais uma vez, admirei os flancos triangulares e inclinados desse monumento arquitetônico, o mais antigo que o mundo hoje tem conhecimento, e os blocos enormes que se estendem da base ao vértice, em perspectiva decrescente. A perfeita simplicidade dessa construção, completamente livre de qualquer ornamento, e a ausência de curvas em meio às linhas retas em nada diminuíam a monumental grandeza dessa criação.

Entrei na silenciosa Pirâmide pela abertura feita pelo califa Almamune em sua lateral e comecei minha exploração daquela estrutura titânica, não pela primeira vez, é verdade, mas pela primeira vez em tal inusitada aventura que me trouxe de volta ao Egito. Após avançar um pouco, cheguei ao final dessa abertura horizontal e alterei minha rota, passando pelo corredor da entrada original da Pirâmide.

Com a lanterna em mãos, a cabeça quase nos joelhos, desci a longa, baixa, íngreme, estreita e escorregadia continuação do corredor. Essa postura desajeitada era desconfortável ao extremo, e a inclinação do chão de pedra obrigatoriamente acelerava a minha descida.

UMA NOITE DENTRO DA GRANDE PIRÂMIDE

Queria iniciar minha estadia na Câmara do Rei com uma exploração da região subterrânea da Pirâmide, cujo acesso nos últimos tempos havia sido barrado por uma porta levadiça de ferro, que impede o público em geral de entrar nessa região sombria e quase ser sufocado. A antiga expressão latina *Facilis descensus averni*[1] voltou-me inesperadamente à memória, mas desta vez havia um humor sarcástico e sinistro nessas palavras. Sob o facho amarelado da lanterna, não vi nada além da rocha entalhada a partir da qual o assoalho havia sido cortado. Quando finalmente cheguei a uma pequena cavidade à direita, aproveitei a oportunidade para adentrá-la e endireitar meu corpo por alguns minutos. Descobri que aquela entrada nada mais era do que o término do duto quase perpendicular, o chamado Poço, que descia a partir da junção da passagem ascendente com a Grande Galeria. O antigo nome ainda permanece porque, durante quase dois mil anos, acreditou-se haver água no fundo. Somente após Caviglia limpar a massa de escombros acumulados descobriu-se que o fundo estava perfeitamente seco.

Essa entrada era mais estreita do que a passagem que eu acabara de atravessar; pouco atraente e toscamente escavada, que se abria na rocha sólida. Descobri pequenos nichos nas laterais, paralelos entre si, que serviam de apoio para os pés e as mãos numa subida um tanto perigosa.

O caminho seguia, irregular e tortuoso, ao longo de uma distância considerável até alcançar uma grande câmara toscamente cavada em forma côncava, agora chamada Gruta, que marcava o nível do planalto rochoso sobre o qual a Pirâmide havia sido construída. A Gruta foi parcialmente feita pela ampliação natural da fissura existente na rocha. Era evidente que o Poço havia sido talhado na alvenaria e não construído com blocos, como todas as outras passagens subterrâneas. Essa parte do Poço se alargava em diâmetro e, portanto, era mais difícil de subir do que a parte mais estreita sob a Gruta.

Finalmente, emergi da abertura tortuosa e irregular que formava a boca do Poço, e me encontrei no canto noroeste da Grande Galeria.

Quando e por que ele foi aberto no corpo da Pirâmide? A pergunta veio à tona automaticamente e, meditando sobre isso, a resposta apareceu. Ao encerrar uma época da história da Pirâmide, fechando a entrada das câmaras superiores e da Grande Galeria com três gigantescos tampões de granito, os antigos egípcios precisavam criar uma rota de fuga para si próprios, senão jamais conseguiriam sair da Pirâmide.

A partir de minha própria pesquisa, sabia que o Poço e a Gruta foram escavados ao mesmo tempo que a construção da Pirâmide, mas na época a profundidade do Poço era inferior à da Gruta. Durante milhares de anos não houve ligação direta entre as passagens superiores e subterrâneas.

Quando a Grande Pirâmide cumpriu seu misterioso propósito, os responsáveis a selaram. A vedação havia sido prevista pelos construtores que deixaram o material necessário no local, e até fizeram um rebaixamento na extremidade inferior da passagem ascendente para guardar os três tampões de granito.

Empenhados em sua tarefa, os últimos ocupantes cortaram a rocha maciça na seção inferior do Poço como sua rota de fuga. Concluída a obra e realizada a retirada, bastava bloquear com segurança a saída das seções recém-cortadas, no ponto em que ela se une à passagem descendente, e depois subir a rampa de noventa metros até a entrada original. Assim, o Poço, construído originalmente como acesso à Gruta, no final tornou-se um meio de deixar a Pirâmide fechada.

Retornei pela rota mais fácil para o longo túnel inclinado, que conecta o interior com o mundo exterior, para retomar minha jornada descendente rumo ao planalto rochoso de Gizé. Certa feita, num canto, um vulto ampliado foi repentinamente lançado em meu caminho, de tal modo que recuei sobressaltado, até perceber que era a minha própria sombra. Nesse misterioso lugar, esperava-se tudo; nada era demasiado estranho acontecer. Escorregando e rastejando a distância restante comparativamente curta, fiquei aliviado ao me encontrar no final da descida num terreno plano, mas dentro de um túnel ainda menor. Avançando, arrastei-me por cerca de dez metros e cheguei à entrada da câmara mais estranha que já havia visto – o chamado Fosso. Tinha cerca de quinze metros de largura de uma parede à outra.

Aquela cavidade sombria, localizada exatamente no centro da Pirâmide, dava aos olhos a impressão de uma tarefa abandonada às pressas; parecia ser uma câmara cuja escavação na rocha maciça havia sido subi-

UMA NOITE DENTRO DA GRANDE PIRÂMIDE

tamente interrompida. O teto havia sido bem esculpido, mas o chão era irregular, como uma trincheira bombardeada. Os antigos construtores egípcios costumavam trabalhar de cima para baixo abrindo os espaços na rocha, por isso terminavam o piso por último; o motivo para esse piso ter ficado inacabado — numa época em que pelo menos uma vida inteira de trabalho era dedicada à construção da superestrutura que se erguia acima do nível da rocha — é um enigma arqueológico que ninguém ainda conseguiu desvendar. A propósito, assim como toda a Pirâmide em si é realmente um enigma.

Acendi minha lanterna na escuridão túrgida da cripta e concentrei um feixe de luz no centro do piso. Aproximei-me e espiei por cima de um buraco profundo e escancarado, testemunho mudo da presença de caçadores de tesouros que haviam escavado, infrutífera e laboriosamente, um fosso dentro do Fosso. Senti o toque desagradável das asas de um morcego quando passou voando sobre a minha cabeça, grasnando no recinto abafado. Reparei que a luz perturbava o sono de três outros morcegos, pendurados de cabeça para baixo nas laterais mal entalhadas do buraco. Afastei-me, despertando mais dois morcegos pendurados no teto. Alarmados e confusos pela luz que eu lançava impiedosamente sobre seus olhos, revoaram também grasnando, e então desapareceram na escuridão da passagem de entrada.

Escalei o piso irregular, alcancei a outra extremidade da câmara, onde um minúsculo túnel plano se apresentava na parede. Era largo o suficiente para permitir que alguém entrasse apertado, mas tão baixo que dava apenas para rastejar de barriga para baixo. O chão estava coberto com uma camada da poeira de vários milênios, e a jornada era tudo menos agradável. Suportei apenas com o propósito de examinar o final do túnel. Após penetrar quase vinte metros na rocha, descobri que o túnel terminava de súbito; aparentemente também nunca foi concluído.

Quase sufocado, fui tateando meu caminho de volta e retornei ao Fosso abafado, dei uma última olhada de relance no espaço e comecei minha jornada de volta à região superior da Pirâmide. Quando cheguei ao início da passagem baixa, que se inclinava numa linha perfeitamente reta por cento e seis metros de rocha maciça, antes de continuar como um corredor construído, atravessando a alvenaria, me estiquei no chão e olhei pela fenda aberta para o céu escuro, como através de um gigantesco telescópio sem lentes. Lá estava a Estrela Polar, um ponto prateado cintilante no céu azul-escuro. Verifiquei a direção com minha bússola de pulso, que indicava, certeira, para o norte. Esses primeiros construtores não apenas haviam realizado um trabalho imenso, mas também preciso.

Arrastando-me de volta pela passagem íngreme, finalmente alcancei o corredor horizontal que conduz à Câmara da Rainha. Mais alguns passos, e estava sob o arco inclinado de seu teto com ápice no centro. Examinei os dois dutos de ventilação que subiam as paredes de baixo para cima. Aqui estava a prova clara de que essa câmara nunca foi um túmulo, e sim concebida para ser usada. Muitos ficaram perplexos com a descoberta desses dutos, em 1872, quando se descobriu que terminavam a doze centímetros da própria Câmara e, pelo visto, não foram originalmente cortados através das paredes. Em seu estado, tal como foram descobertos, portanto, não serviam para passagem de ar; por isso acredita-se que tiveram algum outro uso desconhecido. A melhor explicação é que, em determinado momento, cumpriram seu propósito e, como o restante das passagens superiores da Pirâmide, seus orifícios foram completamente fechados por novos blocos de pedra.

Waynman Dixon, engenheiro civil então empregado em algumas obras próximas à Pirâmide, por acaso descobriu esses tubos de ventilação enquanto examinava, por curiosidade, as paredes da Câmara da Rainha. Dixon percebeu que uma das paredes, que parecia oca num determinado ponto, também parecia levemente rachada. Quebrando o local, a doze centímetros da superfície, encontrou um pequeno duto; então, pelo mesmo processo, descobriu outro duto na parede oposta da Câmara. Ambos os dutos se estendem pelo corpo da Pirâmide, o que foi provado por meio de varetas de sondagem inseridas ao longo de seus sessenta metros de comprimento.

Voltando ao corredor horizontal, caminhei até o ponto onde este encontra a Grande Galeria. Então subi devagar por quarenta e cinco metros até chegar ao topo dessa ladeira íngreme. Uma leve fraqueza, resultante de três dias de jejum, começou a me perturbar conforme subia

UMA NOITE DENTRO DA GRANDE PIRÂMIDE

a inclinação. Por fim, descansei por alguns segundos no degrau de um metro de altura, que marcava o fim da subida, alinhado exatamente com o eixo vertical da Pirâmide. Mais alguns passos à frente pela antecâmara, agachei-me sob o bloco de granito que se estende das paredes chanfradas e barra a saída desse corredor horizontal, e cheguei à sala mais importante da Pirâmide, a famosa Câmara do Rei.

/\/\/\

Aqui também a presença de alguns tubos de ventilação, cada um com cinquenta e oito centímetros quadrados, derrubava a teoria de que se tratava de um túmulo. Suas aberturas para a sala nunca foram fechadas, como as da Câmara da Rainha, mas haviam sido obstruídas com pedras soltas, que o coronel Vyse precisou retirar para determinar a natureza desses dutos. Era extremamente provável que essa operação de obstrução tenha sido executada ao mesmo tempo que todas as outras tentativas de ocultar os arranjos internos da parte superior da Pirâmide.

Lancei a luz da lanterna sobre as paredes nuas e o teto plano, contemplando de novo o encaixe preciso entre os blocos de granito polido, e então observei as paredes, examinando cuidadosamente cada uma das pedras. As rochas de coloração rosada da distante Siena (atual Assuã) haviam sido divididas em duas para fornecer esses blocos. Aqui e acolá os caçadores de tesouro haviam marcado o chão e a parede em suas vãs buscas. Na face leste do chão, parte das pedras que revestiam o piso havia desaparecido e a terra batida ocupava seu lugar, enquanto na face noroeste um buraco profundo e retangular permanecia vazio. Um longo bloco de pedra áspera, que outrora fizera parte do piso e cobria esse buraco, estava encostado na parede de um lado, deixado ali talvez por primitivas mãos árabes. Paralelo a ele, a poucos centímetros de distância, estava o sarcófago de lados planos, semelhante a um caixão: um objeto solitário e sem tampa, que era a única coisa encontrada nessa sala nua, colocado exatamente na linha norte-sul.

O bloco deslocado do piso oferecia um possível assento, por isso sentei-me nele com os pés cruzados, e lá me acomodei pelo resto da noite.

À minha direita coloquei o chapéu, o casaco e os sapatos; à esquerda repousei a lanterna ainda acesa, uma garrafa térmica com chá quente, e outra com água gelada, um caderno de notas e uma caneta Parker. Um último olhar ao redor da câmara, um último vislumbre do sarcófago de mármore perto de mim, e então apaguei a luz.

Ao meu lado, mantive uma poderosa lanterna elétrica, pronta para ser acesa.

O súbito mergulho na completa escuridão trouxe consigo a reflexão sobre o que aquela noite traria. A única coisa que se podia fazer nessa insólita situação era esperar... e esperar.

Os minutos lentamente se arrastavam, enquanto aos poucos fui "percebendo" que a Câmara do Rei possuía uma densa atmosfera, própria do lugar, uma atmosfera que só poderia chamar de "psíquica". Deliberadamente, havia me tornado receptivo na mente, passivo em sensibilidade e negativo em atitude, para ser um registro perfeito de qualquer manifestação suprafísica que pudesse acontecer. Queria evitar a interferência de qualquer preconceito na recepção de algo que viesse a mim de uma fonte imperceptível aos cinco sentidos físicos do homem. Gradualmente fui diminuindo o fluxo de meus pensamentos, até minha mente entrar em estado de semivacuidade.

E a quietude que envolveu o meu cérebro me tornou consciente da quietude que envolvia a minha vida. O mundo, com sua agitação e barulho, estava agora tão completamente distante, como se não existisse. Nenhum som, nenhum sussurro, veio até mim da escuridão. O silêncio é o verdadeiro soberano no reino da Pirâmide, um silêncio que começou na Antiguidade pré-histórica e que nem o murmúrio dos turistas podia realmente quebrar, pois a cada noite retornava com uma completude inspiradora.

Tomei consciência da atmosfera poderosa da sala. É uma experiência perfeitamente normal e comum para as pessoas sensíveis a de se tornar consciente da atmosfera de casas antigas, e a minha própria experiência começou com algo desse tipo. A passagem do tempo aprofundou-a, ampliando a sensação de imensurável antiguidade que me cercava, e me fez sentir como se o século XX estivesse escapando sob os meus pés. No entanto, seguindo minha autodeterminação, em vez de resistir a essa sensação, permiti que se tornasse mais forte.

Uma estranha impressão de que não estava sozinho começou a se insinuar insidiosamente sobre mim. Sob o manto da completa escuridão, senti que algo animado e vivo pulsava em existência. Era um sentimento vago, mas real, e isso, junto à sensação crescente de retorno ao passado, constituía a minha consciência de algo "psíquico".

Porém nada nítido ou definitivo emergiu dessa vaga e generalizada sensação de uma vida misteriosa que pulsava na escuridão. As horas foram correndo e, contrariando minhas expectativas, o avanço da noite trouxe consigo um frio cada vez maior. Os efeitos do jejum de três dias para ampliar a minha sensibilidade agora se revelavam num crescente calafrio. O ar gelado penetrava a Câmara do Rei pelos dutos estreitos de ventilação e, em seguida, rastejava pela fina barreira de minhas roupas leves. Meu corpo gelado começou a tremer sob a camisa fina. Levantei-me e vesti o casaco que havia tirado algumas horas atrás por causa do calor intenso. Assim é a vida no Oriente em certas épocas do ano — calor tropical durante o dia e brusca queda de temperatura à noite.

Até hoje ninguém descobriu a entrada desses canais de ventilação do lado de fora da Pirâmide, embora a área aproximada de suas posições seja conhecida. Alguns egiptólogos chegaram a duvidar de que os canais, de fato, chegavam ao lado de fora, mas o completo resfriamento do ar durante minha experiência finalmente resolveu a questão.

Sentei-me pela segunda vez em meu assento de pedra e me entreguei de novo ao opressivo silêncio, semelhante à morte, e à escuridão sombria predominante na câmara. Com a alma receptiva, esperei e ponderei. Sem qualquer motivo em particular, lembrei-me de algo irrelevante, de que, em algum lugar ao leste, o Canal de Suez seguia seu curso reto entre areias e pântanos, e o majestoso Nilo formava a espinha dorsal dessa terra.

A estranha quietude sepulcral daquela sala e o caixão de pedra vazio ao meu lado não eram muito reconfortantes para os nervos, enquanto a interrupção de minha vigília parecia ter levado à irrupção de uma outra coisa também, pois logo descobri que a sensação de uma vida invisível ao meu redor com rapidez evoluiu para a completa certeza. Havia algo pulsante e vivo em volta de mim, embora eu ainda não pudesse ver absolutamente nada. Com essa descoberta, a percepção da minha situação isolada e insólita de repente me dominou. Lá estava eu, sentado sozinho num estranho recinto, empoleirado a mais de sessenta metros de altura, bem acima de todos os habitantes do Cairo, cercado pela mais completa escuridão, trancado e aprisionado numa curiosa construção, nos limites de um deserto que se estendia por centenas de quilômetros, enquanto do lado de fora dessa construção – provavelmente a mais antiga do mundo – repousava a sombria necrópole, repleta de túmulos de uma antiga capital.

O grande espaço da Câmara do Rei tornou-se para mim – que havia investigado a fundo os fenômenos psíquicos, os mistérios do oculto, a magia e feitiçaria do Oriente – um lugar povoado de seres invisíveis, com espíritos que guardavam essa construção milenar. Por um momento, era de se esperar que alguma voz fantasmagórica surgisse do silêncio onipresente. Agradeci aos antigos construtores por aqueles estreitos canais de ventilação que traziam um suprimento constante, ainda que minúsculo, de ar fresco para esse antigo recinto envelhecido. O ar percorria cerca de noventa metros antes de chegar ao interior da pirâmide; mesmo assim, ainda era bem-vindo. Sou um homem acostumado à solidão – na verdade, fico feliz em desfrutá-la –, mas havia algo incomum e assustador na solidão dessa câmara.

A escuridão onipresente pressionava a minha cabeça como um peso de ferro. A sombra de um medo indesejado tremeluziu dentro de mim. Afastei-o imediatamente. Sentar-se no coração desse monumento do deserto não exigia coragem física, mas sim força moral. Provavelmente, nenhuma serpente sairia dos buracos e fendas, e nenhum andarilho sem lei escalaria seus degraus e entraria na calada da noite. Na verdade, os únicos sinais de vida animal que encontrei foram um camundongo assustado, que se deparou comigo no início da noite na passagem horizontal e tentou em vão encontrar refúgio entre as paredes lisas de granito, num esforço frenético para escapar do feixe de luz da minha lanterna; dois lagartos verde-amarelados, incrivelmente velhos, agarrados ao teto de uma abertura estreita que se estende para o interior da Câmara da Rainha; e, finalmente, os morcegos no túnel subterrâneo.

UMA NOITE DENTRO DA GRANDE PIRÂMIDE

É verdade também que alguns grilos haviam sibilado bastante quando entrei na Grande Galeria, mas logo cessaram. Tudo havia acabado agora, e um silêncio ininterrupto mantinha a Pirâmide em seu mudo cativeiro. Não havia nada de natureza física que pudesse ferir alguém aqui e, no entanto – uma vaga inquietação, um sentimento de olhos invisíveis me observando, voltava mais uma vez. O lugar possuía um mistério onírico, uma irrealidade fantasmagórica...

∧∧∧

Há vibrações de força, som e luz que estão além do nosso alcance normal de detecção. Canções alegres e discursos austeros ouvidos pelo rádio atravessam o nosso mundo para chegar aos ouvintes, que jamais poderiam detectá-los sem a sintonização adequada de seus aparelhos de recepção. Deixando o estado de mera espera receptiva, assumi a condição mental plenamente concentrada, focalizando toda a minha atenção num esforço para penetrar o sombrio silêncio ao meu redor. Se, como resultado, minha faculdade de percepção foi temporariamente aguçada acima do normal pela intensa concentração interior, quem sabe não me seria possível detectar a presença de forças invisíveis?

Sei apenas que, ao "sintonizar" por meio de um método de atenção interiorizada, aprendido muito tempo antes dessa segunda visita ao Egito, percebi forças hostis invadindo a câmara. Havia algo lá fora que sentia como maligno, perigoso. Um pavor inominável tremeluziu em meu coração e retornou novamente logo após ser repelido. Seguindo ainda meu método de concentração intensa, focada e introspectiva, esse sentimento seguiu sua tendência usual e se transformou em visão. Vultos começaram a correr de um lado para o outro na sala sem sombras; gradualmente tomaram uma forma mais definida; e de repente semblantes malignos apareceram bem perto do meu rosto. Imagens sinistras surgiram claramente diante dos olhos da minha mente. Então uma aparição sombria avançou e, olhando-me fixa e assustadoramente, ergueu as mãos num gesto ameaçador, como se buscasse inspirar-me temor. Espíritos milenares pareciam ter saído da necrópole vizinha, uma necrópole tão antiga que as múmias já haviam se desfeito dentro de seus sarcófagos de pedra; os vultos que se agarravam a elas fizeram sua indesejável subida ao local da minha vigília. Todas as lendas de fantasmas malignos que assombram a área em torno das Pirâmides voltaram--me à memória com os mesmos detalhes desagradáveis relatados pelos árabes da aldeia não muito distante. Quando contei a um jovem amigo árabe da minha intenção de passar uma noite na antiga construção, ele tentou me dissuadir.

"Cada fragmento do chão é mal-assombrado", me advertiu. "Há um exército de fantasmas e espíritos naquele território."

Agora podia ver que a advertência não era em vão. Figuras espectrais começaram a rastejar para dentro e ao redor do recinto escuro onde eu estava sentado, e a indefinível sensação de desconforto, que havia tomado conta de mim mais cedo, agora se justificava plenamente. Em algum lugar no centro inerte do meu corpo, meu coração batia como um martelo. O temor do sobrenatural, que espreita no fundo de todo coração humano, me tocava outra vez. Medo, pavor, horror, persistentemente, apresentavam-me suas faces malignas. Involuntariamente, cerrei os punhos com força. Mas estava determinado a prosseguir. Embora as formas fantasmagóricas que se moviam pelo recinto me despertassem um sentimento de alerta, acabaram por convocar em mim toda reserva de coragem e resistência que pudesse reunir.

Meus olhos estavam fechados e, no entanto, essas formas cinzentas e vaporosas que pairavam no ar atravessavam a minha visão. E com elas sempre vinha uma implacável hostilidade, uma determinação monstruosa de impedir a realização de meu propósito.

Um círculo de seres hostis me cercava. Seria fácil encerrar tudo acendendo a luz ou pulando e correndo alguns metros para fora da câmara, de volta para a entrada trancada, onde o guarda armado poderia me oferecer apoio. Era uma provação que impunha uma forma sutil de tortura, atormentando a alma enquanto deixava o corpo intacto. Porém, algo em mim, igualmente implacável, me intimava a levar isso a cabo.

Finalmente chegou o clímax. Criações elementares monstruosas, horrores malignos do submundo, formas de aspecto grotesco, insano,

UMA NOITE DENTRO DA GRANDE PIRÂMIDE

imundo e diabólico se reuniram ao meu redor e me afligiram com inimaginável repulsa. Em alguns minutos, vivenciei algo que lembrarei para sempre. Essa cena incrível permanece vívida, fotografada em minha memória. Nunca mais repetiria tal experimento; nunca mais eu pernoitaria dentro da Grande Pirâmide.

Tudo terminou de forma surpreendentemente repentina. Os malévolos invasores desapareceram na obscuridade de onde emergiram, o reino sombrio dos que partiram, levando consigo seu rastro de horrores nocivos. Meus nervos meio abalados experimentaram um extremo alívio, como um soldado sente quando um violento bombardeio termina de súbito.

Não sei quanto tempo se passou antes que eu tomasse consciência de uma nova presença na câmara, alguém amigável e benevolente que estava na entrada e me observava com olhos gentis. Com sua chegada, a atmosfera mudou por completo – e para melhor. Algo puro e são o acompanhava. Um novo elemento passou a atuar em meu extenuado e suscetível ser, acalmando-o. Ao se aproximar de meu assento de pedra, vi que estava acompanhado por outra figura. Ambos pararam ao meu lado e me lançaram um grave olhar, impregnado de significado profético. Pressenti que um momento crucial de minha vida se aproximava.

Em minha visão, a aparição desses dois seres apresentou uma inesquecível imagem. Suas túnicas brancas, seus pés calçados em sandálias, seu aspecto sábio, suas figuras delgadas – tudo isso retorna imediatamente aos olhos de minha mente. Além disso, trajavam os paramentos inconfundíveis de seu ofício, Sumos Sacerdotes de um antigo culto egípcio. Uma luz tremulava ao redor, e de maneira misteriosa iluminava parte da sala. Na verdade, pareciam mais do que homens, exibiam o semblante luminoso de semideuses, pois suas faces traziam uma calma monástica sem igual.

Imóveis como estátuas, fitavam-me com as mãos cruzadas sobre o peito, permanecendo em absoluto silêncio.

Estaria eu em alguma quarta dimensão, consciente e desperto em alguma época distante do passado? Minha percepção do tempo teria regredido aos primeiros dias do Egito? Não, impossível, pois logo percebi que eles podiam me ver e agora estavam prestes a se dirigir a mim.

As figuras esguias se inclinaram, uma delas se aproximou do meu rosto, seus lábios pareciam se mover, seus olhos reluziam um fulgor espiritual e sua voz ressoava em meus ouvidos.

"Por que vieste a este lugar procurando evocar os poderes secretos?", perguntou-me. "Os caminhos dos mortais não são suficientes para ti?"

Não ouvi essas palavras com meu ouvido físico; certamente nenhuma vibração sonora perturbou o silêncio da câmara. Parecia ouvi-los como um surdo que, usando um fone de ouvido, pode ouvir as palavras soando em seu tímpano artificial; porém com a diferença de que ressoavam no interior do tímpano. De fato, a voz que veio a mim pode ser entendida como voz mental, porque certamente foi ouvida dentro de minha cabeça, mas isso daria a impressão errada de que se trata de um mero pensamento. Nada poderia estar mais distante da verdade. Era uma *voz*.

"Não, não me bastam!", respondi.

"A agitação das multidões nas cidades conforta o coração inquieto do homem. Volta, mistura-te com teus companheiros e logo esquecerás o leviano anseio que te trazes até aqui", disse-me.

"Não, isso é impossível", repliquei novamente.

"O caminho do Sonho te levará para longe do cerne da razão. Alguns passaram por isso – e voltaram loucos. Retorna agora, enquanto ainda há tempo, e segue então o caminho destinado aos pés mortais", assim insistiu.

"Devo seguir esse caminho. Não há outro para mim agora", murmurei balançando a cabeça.

Então, a figura sacerdotal deu um passo à frente, aproximando-se de mim, e se curvou novamente na direção onde eu estava sentado.

Vi seu rosto envelhecido delineado na escuridão ao redor.

"Aquele que tem contato conosco perde o parentesco com o mundo. És capaz de caminhar sozinho?", sussurrou em meu ouvido.

"Não sei", respondi.

"Que assim seja. Tu escolheste. Vive então pela tua escolha, pois não há retorno. Adeus", da escuridão vieram essas suas últimas palavras, e ele partiu.

Fiquei a sós com o outro espírito, que até então havia apenas desempenhado o papel de testemunha silenciosa.

UMA NOITE DENTRO DA GRANDE PIRÂMIDE

∧∧∧

Aproximou-se, ficando agora diante do sarcófago de mármore. Seu rosto revelou ser de um homem extremamente velho. Não me atrevi a adivinhar sua idade.

"Meu filho, os poderosos senhores dos poderes secretos cuidaram de ti. Serás conduzido à Sala do Conhecimento esta noite", explicou-me serenamente. "Deita-te nesta pedra! Nos velhos tempos, seria ali, sobre um leito de juncos de papiro", e apontou para o sarcófago em formato de caixão.

Não me ocorreu nada senão obedecer ao meu misterioso visitante. Deitei-me com as costas rentes à pedra.

O que aconteceu imediatamente depois ainda não me é bem claro. Era como se ele tivesse me dado inesperadamente uma dose de algum anestésico de ação lenta, pois todos os meus músculos ficaram tensos e, em seguida, uma letargia paralisante começou a dominar meus membros. Meu corpo inteiro ficou pesado e entorpecido. Primeiro, meus pés ficaram cada vez mais frios. A sensação evoluiu para uma espécie de congelamento que se movia em níveis imperceptíveis pelas pernas e alcançava os joelhos, de onde continuava sua jornada acima. Era como se tivesse afundado até a cintura num monte de neve ao escalar uma montanha. Meus membros inferiores ficaram totalmente anestesiados.

Senti-me entrando numa condição de semitorpor, e um misterioso presságio de morte iminente penetrou em minha mente. Isso não me perturbou, no entanto, pois há muito me libertara do antigo medo da morte e chegara a uma aceitação filosófica de sua inevitabilidade.

Enquanto essa estranha sensação de calafrio continuava a tomar conta de mim, passando por minha trêmula coluna e dominando todo o corpo, senti a consciência afundando em algum ponto central do cérebro, à medida que a respiração se tornava cada vez mais superficial.

Quando o calafrio atingiu o meu peito, paralisando totalmente o resto do corpo, algo como um ataque cardíaco sobreveio, mas logo passou e eu sabia que a crise suprema não estava longe.

Se pudesse mover a mandíbula enrijecida, daria risada deste pensamento que me ocorreu:

"Amanhã, encontrarão meu cadáver dentro da Grande Pirâmide – e esse será o meu fim".

Estava convicto de que todas as minhas sensações se deviam à passagem do meu próprio espírito da vida física para as regiões além da morte.

Embora soubesse perfeitamente que estava passando por todas as sensações da morte, qualquer resistência minha havia desaparecido.

Por fim, minha consciência concentrou-se apenas na cabeça, e houve um último turbilhão vertiginoso em meu cérebro. Tive a sensação de ser pego por um tufão tropical, como se tivesse passado por um buraco estreito; senti um pavor momentâneo de ser atirado no espaço infinito, entreguei-me ao desconhecido – e estava *Livre!*

Nenhuma outra palavra é capaz de expressar a prazerosa sensação de libertação que se apoderou de mim. Transformei-me num ser mental, uma criatura de pensamento e sentimento, porém sem a desvantagem obstrutiva do pesado corpo de carne no qual fora aprisionado. Havia saído do meu corpo terreno, feito um fantasma, como um homem morto saindo de seu túmulo, certamente sem entrar em qualquer tipo de transe. Meu senso de existência era, de fato, intensamente mais vívido do que antes. Acima de tudo, com essa migração para uma dimensão superior, senti-me feliz e languidamente *livre* nessa quarta dimensão em que havia penetrado.

A princípio, encontrava-me deitado na mesma posição horizontal do corpo que acabara de desocupar, pairando acima do bloco de pedra. Então veio a sensação de uma mão invisível me virando sobre os calcanhares, após me empurrar um pouco para a frente, me colocando devidamente de pé. Por fim, tive a sensação curiosa de estar em pé e flutuando ao mesmo tempo.

Olhei para baixo, para o corpo de carne e osso abandonado, que jazia deitado imóvel sobre o bloco de pedra. O rosto inexpressivo estava voltado para cima, os olhos semiabertos, porém as pupilas reluziam o suficiente para indicar que as pálpebras não estavam fechadas de verdade. Os braços estavam cruzados sobre o peito – certamente não era uma postura que me lembrasse de ter assumido. Alguém teria cruzado aquelas mãos sem que eu percebesse o movimento? As pernas e os pés estavam estendi-

UMA NOITE DENTRO DA GRANDE PIRÂMIDE

dos lado a lado, tocando-se. Lá estava minha forma aparentemente morta, a forma da qual eu havia me retirado.

Notei que um discreto feixe de luz prateada era projetado desse novo *eu* sobre o ser cataléptico deitado no bloco. O fenômeno me surpreendeu, mas maior ainda foi meu espanto ao descobrir que esse misterioso cordão umbilical psíquico contribuía para iluminar o canto da Câmara do Rei, onde eu pairava; iluminando as pedras das paredes com uma suave luz, semelhante à do luar.

Eu era apenas um fantasma, uma criatura incorpórea peregrinando no espaço. Entendi por que os sábios egípcios de outrora, em seus hieróglifos, representaram a alma do homem na forma simbólica de um pássaro. Tive a sensação de que minhas dimensões haviam aumentado, como se tivesse um par de asas. Teria subido e flutuado acima de meu corpo abandonado, assim como um pássaro sobe aos céus e sobrevoa em torno de um ponto cercado por um grande vazio? Sim, o símbolo do pássaro era uma alegoria verdadeira.

Sim, eu havia alçado voo, desvencilhado minha alma de seu invólucro mortal, me duplicado, deixado o mundo que por tanto tempo conheci. Experimentei a sensação de tornar-me etéreo, de uma intensa leveza, nesse corpo duplicado que eu agora habitava. Ao olhar para baixo, para a pedra fria onde meu corpo repousava, uma ideia singular surgiu em minha mente, uma percepção sem igual me sobrepujou, dizendo em breves e silenciosas palavras:

> "Este é o estado de morte. Agora sei que sou uma alma, que posso existir à parte do corpo. Sempre acreditarei nisso, pois o experimentei".

Essa noção me deteve ferrenhamente, enquanto pairava acima do meu corpo abandonado e vazio. Havia provado a sobrevivência do modo que me parecia mais satisfatório — ao morrer de fato e depois continuar vivo! Permaneci olhando os restos mortais deixados para trás. De certo modo, me fascinavam. Aquela forma descartada era algo que durante tantos anos havia considerado ser eu? Percebi então, com total clareza, que não passava de uma massa de matéria carnal desprovida de inteligência e de consciência. Contemplando aqueles olhos inertes, percebi a ironia daquela situação. Meu corpo carnal havia aprisionado o meu verdadeiro ser, mas agora eu estava livre. Fui levado de um lado para outro neste planeta por um organismo que durante muito tempo confundi com meu verdadeiro eu.

A força da gravidade parecia ter desaparecido, e literalmente eu flutuava no ar, com a estranha sensação de estar ao mesmo tempo em pé e levitando.

De repente, o velho sacerdote apareceu ao meu lado, grave e imperturbável. Com os olhos voltados para cima, seu rosto ainda mais enobrecido, num tom reverente entoou a prece: "Ó Amon, Ó Amon, que estás no Céu, volta tua face para o corpo do teu filho, e cura-o no mundo espiritual. Está consumado". E voltando-se para mim, falou:

"Tu aprendeste agora a grande lição. *O homem cuja alma nasceu do Eterno jamais pode morrer.* Proclama essa verdade em palavras conhecidas pelos homens. Ei-lo!"

E do espaço vi surgir o rosto quase esquecido de uma mulher, em cujo funeral estive há mais de vinte anos; depois o semblante familiar de um homem que tinha sido mais do que um amigo e a quem vi ser enterrado há doze anos; e finalmente, a imagem meiga e sorridente de uma criança conhecida, que havia morrido em uma queda acidental.

Os três me olharam com um semblante tranquilo e suas vozes cordiais soaram mais uma vez ao meu redor. Conversei brevemente com os assim chamados mortos, que logo se desvaneceram e desapareceram.

"Como tu, eles também vivem, assim como esta Pirâmide, que testemunhou a morte de muitos, vive", disse o Sumo Sacerdote.

"Sabe, meu filho, que neste antigo templo está a história perdida das primeiras raças da humanidade e da Aliança que fizeram com o Criador por meio do primeiro de Seus grandes profetas. Sabe, também, que outrora homens escolhidos foram trazidos aqui para serem mostrados nessa Aliança, para que pudessem retornar aos seus semelhantes e manter vivo o grande segredo. Leva consigo a advertência de que, quando os homens abandonam o Criador e olham para os seus semelhantes com ódio, como os príncipes atlantes na época da construção desta Pirâmide,

UMA NOITE DENTRO DA GRANDE PIRÂMIDE 101

eles são destruídos pelo peso de sua própria iniquidade, assim como foi destruído o povo de Atlântida."

"Não foi o Criador que submergiu a Atlântida, mas o egoísmo, a crueldade, a cegueira espiritual dos habitantes daquelas ilhas condenadas. O Criador ama a todos; mas a vida dos homens é governada por leis invisíveis determinadas por Ele. Leva, pois, contigo essa advertência."

Surgiu em mim um grande desejo de ver essa misteriosa Aliança, e o espírito deve ter lido o meu pensamento, pois logo disse:

"Todas as coisas vêm no seu tempo. Ainda não, meu filho, ainda não".

Fiquei decepcionado.

Ele me olhou por alguns instantes.

"A nenhum homem do teu povo foi permitido contemplá-la, mas porque és versado nesses temas e vieste a nós com boa vontade e compreensão no coração, receberás alguma satisfação. Vem comigo!"

E então algo estranho aconteceu. Tive a impressão ter entrado em estado de coma, minha consciência se apagou momentaneamente e, quando dei por mim, havia sido transportado para outro lugar. Estava numa longa passagem iluminada por uma luz tênue, embora não houvesse nenhuma lanterna ou janela visível: imaginei que a iluminação viesse do halo que emanava de meu companheiro, combinado com a irradiação do luminoso cordão etéreo e vibrante que se estendia atrás de mim, mas percebi que isso não bastava para explicá-la. As paredes foram construídas com pedras brilhantes cor de terracota rosada, finamente unidas entre si. O piso descia no mesmo ângulo de inclinação da passagem de entrada da Pirâmide. A alvenaria tinha bom acabamento. A passagem era quadrada e bastante baixa, mas não desconfortável. O interior era tão claro como se uma lâmpada estivesse acesa, porém não consegui localizar a fonte dessa misteriosa iluminação.[2]

O Sumo Sacerdote pediu-me para segui-lo pela passagem. "Não olhes para trás", advertiu-me, "nem vires a cabeça". Caminhamos por um trecho da rampa e vi uma grande câmara, como um templo, se abrindo na extremidade oposta. Sabia perfeitamente bem que estava dentro ou embaixo da Pirâmide, mas não tinha visto aquela passagem ou câmara antes. É evidente que era secreta e até então não havia sido encontrada.

Não pude conter minha empolgação com essa surpreendente descoberta, e uma grande curiosidade para saber onde e qual era a entrada tomou conta de mim. Finalmente, tive de virar a cabeça e olhar rapidamente para trás, ávido por encontrar a porta secreta. Não havia entrado no local por um acesso visível, no ponto mais distante vi o que deveria ser uma abertura, mas fechada com blocos quadrados aparentemente cimentados. Estava olhando para uma parede nua; então, rapidamente fui tragado por uma força irresistível até que toda a cena se apagou e encontrei-me flutuando no espaço novamente. Ouvi as palavras "ainda não, ainda não" ecoando, e momentos depois vi meu corpo inerte e inconsciente, deitado sobre a pedra.

"Meu filho", murmurou o Sumo Sacerdote, "não importa se descobrirás a porta ou não. Busca apenas dentro da mente a passagem secreta que te levará à câmara oculta em tua alma, e então terás descoberto algo realmente digno. O mistério da Grande Pirâmide é o mistério do teu próprio ser. As câmaras secretas e os antigos registros estão todos contidos em tua própria natureza. A Pirâmide ensina que o homem deve voltar-se para dentro, deve aventurar-se no âmago desconhecido de seu ser para encontrar sua alma, assim como deve aventurar-se nas profundezas desconhecidas deste templo para encontrar seu segredo mais profundo. Adeus."

Um vórtice havia capturado minha mente; impotente, fui tragado cada vez mais para baixo; um pesado torpor me dominou, parecia me dissolver em meu corpo físico; fiz um grande esforço, tentando mover meus músculos enrijecidos, mas fracassei e, finalmente, desmaiei...

Abri os olhos assustado na negra escuridão. Quando passou a dormência, tateei em busca da lanterna e acendi a luz. De volta à Câmara do Rei, ainda tremendamente excitado, tão excitado, na verdade, que saltei e gritei, minha voz reverberou abafada. Mas, em vez de sentir o chão sob os pés, me vi caindo no espaço. Somente agarrando com as duas mãos a beirada do bloco de pedra, consegui me salvar. Percebi então o que havia acontecido. Ao me levantar, sem querer, fui parar na extremidade do bloco e meus pés estavam suspensos sobre o buraco escavado no canto noroeste do piso.

Levantei-me e me posicionei com segurança, apanhei a lanterna e apontei para o meu relógio de pulso. O vidro havia quebrado em dois lugares quando bati a mão e o pulso contra a parede ao pular, mas o mecanismo seguia seu animado tique-taque; e, então, ao notar a hora quase dei uma risada, apesar da solenidade do ambiente.

Pois era precisamente a hora melodramática da meia-noite, ambos os ponteiros apontavam exatamente para o número doze!

∧∧∧∧

Logo após amanhecer, quando o guarda armado abriu a grade de ferro, uma figura empoeirada, exausta, de olhar cansado, saiu cambaleando da entrada escura da Grande Pirâmide. Desceu pelos grandes blocos quadrados de pedra rumo à luz da aurora e, piscando os olhos, contemplou a plana paisagem familiar. Primeiro, respirou profundamente várias vezes. Então, ergueu instintivamente o rosto para Rá, o sol, e silenciosamente agradeceu a dádiva abençoada da luz concedida à humanidade.

FIGURA 5.1. Cairo, por volta de 1930. Do acervo do autor.

5

COM UM MAGO DO CAIRO

A vida no Cairo acontece em dois mundos. Indo para o leste, entra-se no antigo mundo árabe, a partir de sua praça central, a Ataba el Khadra, e indo para o oeste, retorna-se ao moderno mundo europeu. Vida curiosa essa em que o Oriente medieval e o Ocidente moderno, o colorido e a miséria orientais e o cinza e a esterilidade ocidentais encontram-se face a face, sob a pressão irresistível dos tempos.

Foi no Cairo que descobri uma abundância de médiuns e magos, profetas e astrólogos, feiticeiros e videntes, faquires e santos. Presentes ali em toda a sua variedade, apesar da reprovação e das restrições do governo, que mostrava seu desagrado proibindo a maioria de suas atividades por lei, sem hesitar em aplicá-la com certa frequência. Devo confessar que, apesar da minha simpatia por algumas dessas figuras, o governo tinha razão suficiente para impor tais restrições. Os charlatões se aproveitavam dos crédulos, a tagarelice de irresponsáveis era ouvida com admiração, e o valor que iludidos videntes se arrogavam era aceito sem crítica. Jamais se saberá o mal causado por oráculos cujas profecias foram tomadas como guias de ação, mas sua dimensão foi suficiente para forçar a intervenção do governo. Havia, porém, indivíduos cuja personalidade me interessava à parte de sua profissão. Um feiticeiro que imolou uma galinha diante de meus olhos por meio de sua magia e invocações; uma curandeira negra do Sudão que vaticinou com precisão que a Índia seria um país de grande sorte para mim e, na sequência, fez previsões totalmente erradas; um jovem egípcio, descendente de sírios cristãos, que acreditava firmemente ser a reencarnação do profeta Elias e levava uma vida de completa renúncia ao mundo, digna de um profeta; uma francesa no bairro europeu que, em transe hipnótico, conseguia ler com os olhos vendados; um estranho senhor que morava com seus seguidores numa grande casa ao lado de uma imensa mesquita, e era tão alheio a este mundo que passava a maior parte do tempo conversando em voz alta com espíritos; uma corajosa e ousada senhora que havia desafiado a proibição do rei Ibn Saud e gravado secretamente imagens cinematográficas da cidade sagrada de Meca, e que agora estava engajada em estudar assuntos sagrados com mestres angelicais; um famoso faquir, Tahra Bey, que enfiava uma adaga na garganta e apunhalava o peito acima do coração, saindo ileso e sem sangrar dessas desagradáveis proezas; e ainda alguns outros que capturaram meu interesse e chamaram minha atenção. Escrever sobre todos no espaço que disponho não me é possível, mas faço um breve relato neste parágrafo.

Outro aspecto da vida do Cairo que me fascinava era o religioso, pois durante mais de mil anos essa cidade foi o foco da cultura islâmica. Tão pouco o ocidental comum sabe da grande religião do islã, tão distorcidas são suas concepções a respeito, que considerei oportuno dedicar um capítulo inteiro ao islã tal como o conheci.

∧∧∧∧

O mago que realizou o estranho feito com a galinha terá de permanecer anônimo neste relato, pois prometi a um oficial do alto escalão do governo egípcio não conceder publicidade a ele. As razões para essa solicitação não precisam ser detalhadas aqui, mas as aceito como suficientes e por isso ele permanecerá incógnito.

Encontrei-o, numa tarde abafada, após inúmeras indagações e frequente vaivém. Caminhei por uma rua principal, pavimentada com pedras antigas; percorri aquele antigo bairro barulhento, pitoresco, abarrotado de vielas estreitas, que fica entre a mesquita de Al-Azhar e o som-

FIGURA 5.2. Curandeira sudanesa. Fotografia do autor.

brio cemitério de Bab el Wazir. Uma comitiva de camelos havia chegado à cidade. Pequenos sinetes foram amarrados em cada animal, de modo que o cortejo inteiro fizesse um alegre tilintar. Pelas ruas escuras, segui meu caminho, a pé e sozinho, tentando encontrar a casa do mago.

Atravessei um labirinto apinhado de vielas, tão estreitas que o céu parecia uma fenda irregular por entre os telhados das casas. A luz do sol sobre aquelas ruas assimétricas criava um jogo pitoresco de luz e sombra marcante.

Caminhei, enfim, pela rua sinuosa que levava à sua porta, através da poeira branca e espessa, soprada das ermas colinas de Mokattam, que vigiavam os limites da cidade próxima.

A casa era grande e medieval, a fachada construída com pedras retangulares de cores vibrantes. A parte superior ostentava janelas fortemente fechadas. Uma porta dupla pesada, esculpida e moldada, abria para dentro, levando a uma pequena antessala de teto alto, onde encontrei um par de cadeiras e uma mesinha de centro baixa, mas nenhum sinal de alguém presente. Espiei por outra porta uma sala adjacente, também não havia ninguém. Caminhei por uma pequena passagem

FIGURA 5.3. Ruas sinuosas no antigo Cairo. Do acervo do autor.

revestida de pedras até um pátio interno, repleto de pilhas de papéis e volumosos documentos, tão empoeirados que aquele pátio aberto parecia servir como depósito dos arquivos mais antigos do mago. Desconsolado, vaguei pelo lugar por alguns minutos, imaginando quando apareceria alguém, sem encontrar ninguém, voltei à rua e trouxe uma vizinha, que sozinha foi até a parte de cima da casa. Alguns minutos depois, desceu acompanhada por um jovem que deveria ter por volta de dezessete anos.

"O que o senhor deseja?", perguntou o jovem em tom suave e hesitante.

Quando mencionei o nome do mago, ele recuou surpreso. Era evidente que os europeus não faziam parte de sua clientela.

"Meu pai!", exclamou. "Por que motivo o senhor deseja vê-lo?"

Expliquei meu objetivo e entreguei uma nota de apresentação assinada. Quando viu o nome na parte inferior do papel, seus olhos se iluminaram em boas-vindas. "Venha! Sente-se".

Levou-me ao recinto ao lado da antessala e apontou, convidativo, para um divã coberto com um pano branco liso.

Desapareceu novamente no andar de cima, de onde logo retornou. Ouvi o som de passos lentos e arrastados, o jovem veio acompanhado de um homem corpulento, de cerca de sessenta anos, que ao entrar saudou-me tocando a testa.

A cabeça e os ombros estavam envoltos num xale branco, do qual escapava uma mecha de cabelos negros; o rosto era de feições grandes, de expressão amigável, com um espesso bigode e barba por fazer. Os olhos talvez fossem grandes, mas continuou fitando o chão e comprimindo as pálpebras para que parecessem menores. Insistiu para que eu permanecesse sentado e, então, ocupou uma poltrona grande e confortável.

∧∧∧∧

Olhei ao redor da sala, que, apesar de alta e fresca, continha uma coleção peculiar dos mais diversos objetos. As paredes eram decoradas com painéis retangulares, nos quais havia inscrições do Alcorão, numa bela caligrafia em vermelho sobre um fundo amarelo. Num recuo da parede, duas lontras pardas empalhadas repousavam; pilhas de documentos cobriam o peitoril das janelas e, a julgar pela poeira, há anos não eram tocados; um almanaque impresso em árabe repousava numa almofada ao meu lado; enquanto vários tinteiros vazios estavam distribuídos por toda parte.

Em palavras monossilábicas, o mago me disse o quão honrado estava em receber minha visita e me convidou para um lanche antes de prosseguirmos. Agradeci, mas conhecendo os hábitos dos anfitriões egípcios, pedi para não se preocuparem em me preparar café, pois era algo que nunca bebia. Ele sugeriu um chá persa, uma bebida deliciosa, que aceitei prontamente. E assim, enquanto o prestativo empregado desaparecia rumo ao bazar mais próximo, tentei estabelecer uma conversa amigável com aquele senhor. Meus esforços fracassaram, pois, além dos meros monossílabos ditados pela etiqueta egípcia, ele não dizia nada sobre si mesmo. Em vez disso, virava o jogo, submetendo-me a um sutil interrogatório. Respondia às suas perguntas com espontaneidade e franqueza, de modo que, no momento em que o empregado chegou para servir as típicas sobremesas egípcias — grandes bolos fritos de farinha de trigo com mel, bananas, biscoitos e pequenos copos de chá persa —, sua postura reservada havia cedido um pouco. De fato, quando descobriu que eu não queria investigá-lo para ridicularizar seus métodos ou expor sua eventual charlatanice, tornou-se bastante simpático. Porém, sob seus modos, mantinha uma cautela constante, não querendo se arriscar a ceder a entrada em sua vida de um desconhecido bisbilhoteiro, vindo de uma terra estrangeira.

No entanto, ofereceu-se para fazer o meu horóscopo se lhe desse o meu nome, o nome do meu pai, a data e o local do meu nascimento. Tentei convencê-lo de que esse não era o motivo da visita e que, em todo caso, a adivinhação muitas vezes produz tantas contradições entre os oráculos que eu preferia desfrutar da bênção da ignorância a me dar ao trabalho de tentar reconciliar o que parecia irremediavelmente irreconciliável. O mago não se entregava tão fácil e declarou que, embora eu não quisesse, ele agora estava bastante interessado na minha pessoa para verificar a configuração do céu no momento em que nasci e fazer uma interpretação que, com sorte, satisfaria tanto a sua quanto a minha curiosidade. Cedi finalmente à sua insistência, fornecendo as informações solicitadas.

Pediu-me então para colocar a mão sobre uma folha de papel e, com um lápis, traçou o contorno da minha palma. Nesse esboço delineado, escreveu algumas palavras em árabe. Por que fez isso nunca descobri.

Toquei no assunto da magia, mas ele me repeliu com uma resposta evasiva. Disseram-me que era provavelmente o maior mago do Cairo, qualquer que seja o valor dado a essa recomendação.

Habilmente conduziu a conversa para outra direção, de modo que eu passasse o tempo falando sobre a vida na Europa.

"Volte em cinco dias", disse ao se levantar da poltrona.

Como esperado, voltei e, após as hospitalidades preliminares, o mago me entregou algumas folhas de papel ofício preenchidas com escrita árabe que, segundo me informou, continham o meu horóscopo em versos. Fui, assim, obrigado a aceitar algo que não havia pedido e a oferecer um pagamento que, após algumas recusas, ele aceitou.

Houve uma inesperada mudança em sua atitude. Prontificou-se a fazer-me uma demonstração de magia. "Dê-me seu lenço", disse. Entreguei-lhe, e ele me devolveu quase de imediato. "Muito bem! Agora rasgue-o ao meio". Rasguei-o. O mago, então, pegou uma das metades e escreveu algo nela com a pena, mergulhando-a num tinteiro sobre a mesa. Quando terminou de escrever, dobrou o pedaço de linho e, devolvendo-me, pediu que o colocasse sobre o cinzeiro de cobre que estava ao lado do divã.

Esperei a próxima demonstração com certo interesse. O mago apanhou um pedaço de papel e desenhou um grande triângulo; dentro dele, anotou sinais misteriosos, com letras árabes. Entregando-me o papel, pediu que o colocasse sobre a metade do lenço dobrado. Obedeci. Houve uma pequena pausa, murmurou algumas frases em linguagem incompreensível, enquanto fechava os olhos com força, e então de repente abriu as pesadas pálpebras.

Quase imediatamente o lenço rasgado pegou fogo e começou a queimar no cinzeiro ao meu lado. A chama subiu pelos ares, para minha surpresa, e produziu uma nuvem densa de fumaça que tomou conta da sala. Era difícil respirar, os olhos ardiam, levantei-me apressadamente para ir até a porta. Mas o mago estava lá antes de mim, chamou o empregado, e o fez abrir todas as janelas, para arejar o ambiente.

Se aquele foi um feito de magia genuína ou um belo ato de ilusionismo envolvendo o uso de produtos químicos inflamáveis, isso não me incomodava, pois não via muito sentido em toda a demonstração. Mas era evidente que o mago estava bastante orgulhoso dela.

"Como o senhor pôs fogo no lenço?", perguntei.

"Com a ajuda dos meus gênios", foi a resposta que nada explicava. Deixei o assunto para lá. Era a explicação usual que se ouve no Egito para tudo que seja, minimamente, sobrenatural.

"Volte daqui três dias", disse ele, "porém não se esqueça de trazer uma galinha branca. Percebo em você algo que me agrada, por isso prestarei um serviço sem lhe cobrar. Traga-me a galinha branca, com ela farei um encantamento para colocar o espírito de um gênio a seu serviço. Lembre-se, a ave não deve ser nova, nem muito velha, nem de qualquer outra cor."

Pensando nos curandeiros africanos que degolam galos brancos e depois vertem o sangue sobre a cabeça de seus clientes, recusei sua oferta magnânima. Insistindo, garantiu-me que a operação de magia que tinha em mente atrairia o auxílio de um poderoso gênio que trabalharia para o meu sucesso. Mas continuei recusando. Por fim, o mago me cercou e fui obrigado a dizer que tais cerimônias me repugnavam, e que preferia não me valer de seus supostos benefícios. Imediatamente, prometeu-me que não haveria derramamento de sangue e, com essa garantia, cedi.

∧∧∧

Mais uma vez, levantava pequenas nuvens de poeira enquanto caminhava pela estreita alameda que levava ao antigo casarão do velho mago. Dessa vez, vinha do mercado de aves, que fica perto, logo atrás da Praça Ataba el Khadra, com uma roliça galinha branca sob o braço direito. Podia sentir o quente palpitar de seu peito sob a mão e me perguntava que destino nefasto o mago havia designado para ela.

Quando cheguei, o rosto do mago havia perdido a gravidade habitual e se abriu num sorriso. Expressou seu contentamento com minha obediência à sua demanda. Pediu-me que colocasse a galinha no tapete, no centro da sala, e então passasse três vezes por cima de um incensário que estava no canto. Feito isso, e tendo atravessado a nuvem perfumada de incenso, acomodei-me no divã e fiquei observando o homem e a galinha. O mago tomou uma folha de papel e desenhou um pequeno quadrado, subdividindo-o em nove quadrados menores. Dentro de cada um, inscreveu um símbolo cabalístico ou uma letra árabe. Em seguida, começou a entoar algo como um encantamento místico quase inaudível, com os olhos fixos na galinha. De vez em quando, seus sussurros eram pontuados por um gesto de comando do dedo indicador da mão direita, estendido como se estivesse dando uma ordem. A pobre criatura ficou com medo e saiu correndo para o canto da sala, onde se refugiou sob uma cadeira. O mago então me pediu para apanhá-la e colocá-la de volta no centro da sala. Disse-lhe que não estava disposto a tocá-la de novo. Seu filho, que havia chegado e se juntado a nós, pegou a galinha e a colocou de volta no lugar de onde havia fugido.

COM UM MAGO DO CAIRO

Mais uma vez, ela se contorceu como se fosse correr de volta para o canto, quando o mago ordenou com uma voz firme para que voltasse.

A galinha parou imediatamente.

Percebi então que o corpo da ave estremecia, de modo que as penas se arrepiavam.

O mago me pediu para passar três vezes por cima do incensário, como fiz antes. Quando retornei ao divã, reparei que a galinha não mais olhava para o mago, mas voltava seus olhos redondos em minha direção, sem desviar o olhar.

Foi então que observei algo extraordinário. A respiração da pequena criatura ficou pesada e difícil; o bico permanecia aberto enquanto cada inspiração vinha de um arquejo profundo, como se a ave estivesse em luta constante para respirar.

O mago colocou o papel cabalístico no chão, próximo à galinha, e foi se retirando devagar da sala, detendo-se no vão da porta, de onde começou a murmurar seus estranhos feitiços, sempre atento à ave. Palavras incompreensíveis, quase cantadas, ditas em voz de comando, gradualmente aumentaram de tom, seguidas pelo esmorecimento da galinha.

Por fim, o animal enfraqueceu-se a tal ponto que suas pernas cederam e ele foi ao chão, apesar de ainda conseguir manter o corpo ereto. Dois minutos se passaram e então até mesmo isso se tornou impossível. Virou-se de lado e se estendeu no chão. E, então, seu espírito se revoltou contra seu destino, a galinha fez um tremendo esforço para se levantar novamente, apenas para cair exausta. Mais alguns instantes, seus movimentos foram diminuindo até cessarem completamente. A carne endureceu, a cabeça enrijeceu, então percebi que a pequena criatura de sangue quente, que havia trazido do mercado há apenas meia hora, era agora um cadáver. Levantei-me sem palavras diante de assombrosa visão. Havia um mal-estar em meu coração.

O mago pediu-me para colocar o meu lenço sobre o corpo da galinha.

"A magia foi bem-sucedida", disse de forma impressionante, "de agora em diante, o gênio que destruiu a vida dessa ave, como sinal de prontidão para lhe servir, trabalhará em seu benefício. Algumas vezes, quando realizo essa prática, a ave não morre, o que é um sinal de que o gênio se recusa a ajudar a pessoa."

FIGURA 5.4. Como o mago sacrificou a galinha. Do acervo do autor.

Meu assustador anfitrião manteve o olhar persistentemente fixo no chão, fato que observei durante toda a cerimônia. Seu comentário seguinte ofereceu uma explicação peculiar para isso.

"Enquanto recito encantamentos para evocar um gênio e quando o comando após a evocação, nunca olho para ele. Essa é uma das regras que devem ser obedecidas. Contudo, o sacrifício ainda não terminou. Escute! O senhor deve embrulhar a ave, levá-la consigo para casa e mantê-la embrulhada até amanhã. À meia-noite, da ponte Qasr el-Nil, atire-a nas águas do Nilo. Ao jogá-la da ponte, não se esqueça de fazer um pedido e um dia o gênio fará com que este se realize."

Meu lenço era muito pequeno para cobrir completamente a ave, por isso, depois de dar uma olhada na sala, peguei um exemplar do *Al Ahram* (*A Pirâmide*), um jornal popular do Cairo, e enrolei-o na ave semicoberta. Quando voltei para casa, entreguei o embrulho para meu jovem empregado árabe, com recomendações para não abrir e nem mesmo tocá-lo novamente até a noite seguinte. Mas o aviso foi desnecessário. Mencionei, de passagem, que era uma ave sacrificial imolada por um mago e que de forma alguma deveria ser comida. O empregado recuou assustado, e desde então evitava ao máximo ficar perto da ave.

Naquela noite, fui jantar num restaurante com dois amigos, um era norte-americano e o outro, egípcio, e lhes contei toda a história da ave e seu sacrifício mágico. Estavam certos de que havia sido imolada por algum outro meio que não a magia, não fiz julgamentos, mantive-me isento. Enquanto lhes contava os detalhes, davam gargalhadas e, pelo resto da noite, a galinha dominou a nossa conversa. Devo confessar que também me diverti com seus espirituosos gracejos às custas do mago ausente, alvo de suas piadas sagazes. De repente, as luzes do restaurante se apagaram, enquanto ainda estávamos no meio do jantar. Apesar dos esforços do proprietário, não foi possível restabelecer a iluminação e, por fim, ele mandou pegar velas e terminamos nosso jantar em meio à penumbra.

Meu amigo egípcio, um cético convicto que havia estudado na Sorbonne, perdeu por um instante seu brilhantismo e leveza de espírito.

"A culpa é do mago!" protestou, e detectei um tom de medo sob sua jocosa observação.

Claro que poderia ter sido apenas um mero incidente, um fio que tivesse queimado; no entanto, aconteceu sob circunstâncias que me lembraram dois outros episódios curiosos, cuja natureza era semelhante. O primeiro vem de minha própria experiência pessoal, o segundo ouvi do famoso romancista Robert Hichens, que conhecia o personagem principal em questão.

O primeiro caso ocorreu há muitos anos, quando eu estava investigando vários cultos que surgiram na Europa e na América. Um deles era liderado por um homem de caráter duvidoso, ex-clérigo expulso da Igreja, porém era alguém de notável erudição e de personalidade marcante. Minhas investigações revelaram que ele possuía um forte poder hipnótico, o qual usava para fins indignos e para extorquir dinheiro dos crédulos. Além de alertar as vítimas que conhecia, guardei essa descoberta comigo, convencido de que todo pilantra uma hora acaba encontrando Nêmesis. A conclusão veio quando, aparentemente por acaso, vi na rua, às dez da noite, alguém cujo marido eu conhecia bem. A mulher parecia tão perturbada que parei para conversar com ela e fiquei estarrecido ao saber que estava indo ao encontro do clérigo excomungado com quem, disse-me calmamente, iria passar a noite. Guiei-a até o poste mais próximo, onde ergui seu rosto para a luz e examinei o branco e as pupilas dos olhos. O que vi ali era indicativo suficiente de que estava completamente hipnotizada e, portanto, julguei ser meu dever quebrar a hipnose imediatamente e persuadi-la a voltar para casa.

No dia seguinte, visitei um amigo para consultá-lo sobre essa questão. Era um indiano, na verdade, ninguém menos que um amigo do segundo capítulo do meu livro *Índia Secreta*. Relatei a ele todos os detalhes do que havia descoberto sobre os danos causados por esse ex-clérigo às pessoas de natureza frágil, acrescentando achar que um homem tão perigoso não podia seguir seu caminho de espoliação livremente. O indiano concordou; de fato, ficou tão revoltado que se propôs a lançar uma maldição sobre o indivíduo. Eu sabia que o indiano era instruído nos caminhos da ioga nativa e da arte dos faquires orientais, e que uma maldição lançada de seus lábios não seria algo qualquer. Julgando tal ação um tanto excessiva, disse-lhe que poderia fazer como quisesse, mas que havia pensado numa saída mais branda, como ordenar o indivíduo a ir embora e nunca mais dar as caras. O indiano me aconselhou a fazer isso também, mas ele, de sua parte, executaria sim a maldição, e assim o fez.

Concluído o ritual, parti imediatamente para executar meu plano e fui em busca da vítima. Encontrei o pseudoprofeta na companhia de um grande grupo de discípulos, num pequeno salão onde uma cena de confusão indescritível estava ocorrendo.

O salão estava mergulhado em completa escuridão.

As pessoas se atropelavam tentando chegar à porta, ouvia-se gemidos e murmúrios dos que foram ao chão, enquanto, acima de toda gritaria e desordem, ouvia-se a voz estridente do mestre, carregada de medo e desespero:

"O diabo está aqui", gritou. "Isto é obra do demônio."

Acendi fósforos e o encontrei deitado sobre o tablado, aparentemente histérico.

Velas foram finalmente trazidas e seus discípulos o levaram para um hotel próximo, onde tentaram reanimá-lo com uísque, sua bebida favorita. Enquanto isso, tentei descobrir com os outros o que havia acontecido.

COM UM MAGO DO CAIRO

Estavam todos sentados em paz em suas cadeiras, ouvindo as palavras do líder, quando *todas* as lâmpadas elétricas de repente explodiram com a força de bombas, estilhaçando vidro em todas as direções. O salão escureceu no mesmo instante e, em meio à escuridão e ao caos resultante, ouviram o líder cair pesadamente sobre o tablado, aos gritos de pavor.

Segui-o até o hotel, entrei no saguão e escrevi um breve bilhete, que coloquei num envelope lacrado. Entreguei-o ao chefe de seus iludidos seguidores e solicitei que fosse dado ao líder assim que tivesse condições de ler.

O envelope continha um ultimato. O homem deveria abandonar a cidade dentro de vinte e quatro horas e nunca mais retornar, do contrário a polícia seria colocada em seu encalço.

Ele se foi. Em doze meses, soube da sua morte numa obscura vila rural.

Agora vejamos um pormenor curioso dessa história.

O salão havia mergulhado na escuridão no exato momento em que o ritual de maldição do meu amigo indiano chegava ao ápice!

O segundo incidente curioso diz respeito ao malfadado Lorde Carnarvon, financiador das escavações que levaram à abertura do túmulo de Tutancâmon. Todo mundo está familiarizado com a história dessa assombrosa descoberta, de como o infeliz colega contraiu septicemia logo após a abertura. Alguns também sabem que os antigos lançaram uma maldição sobre quem profanasse esse túmulo. A doença evoluiu com rapidez, e ele foi enviado ao Cairo, com a finalidade de receber o melhor atendimento médico que a cidade pudesse lhe oferecer.

O paciente foi mantido no Continental Savoy, um dos maiores hotéis do Cairo. Uma noite, pouco depois da sua chegada, um curto-circuito apagou todas as lâmpadas do hotel. Por quase uma hora, o lugar ficou mergulhado na escuridão. Quando a luz foi restaurada, a enfermeira de Carnarvon o encontrou morto na cama.

Contudo devo voltar à galinha.

À meia-noite, do dia seguinte, alguém sondava furtivamente a ponte Qasr el-Nil, no aguardo de uma oportunidade favorável para descartar a ave sacrificada. A tarefa não era tão fácil quanto parecia, pois a ponte se situa no coração do bairro europeu do Cairo: dava para um enorme posto de soldados britânicos de um lado, enquanto o quartel-general do alto comissariado britânico, muito bem guardado e policiado, ficava do outro lado. Lançar nas águas escuras um pacote misterioso, embrulhado em papel, de tal altura e a tal hora, levaria qualquer observador racional a uma única conclusão, isto é, que um assassino tentava se livrar de parte do tronco ou dos membros de sua vítima! Finalmente chegou o momento, o pacote foi atirado da ponte e, quando atingiu a água com um leve respingar, o visitante da meia--noite suspirou aliviado e, em segurança, afastou-se apressado.

Meu empregado árabe louvou Alá por meu retorno seguro. Parecia tão feliz quanto um gatinho ao capturar seu primeiro rato.

$$\wedge\!\wedge\!\wedge$$

Nas visitas seguintes, tentei obter do mago explicações mais detalhadas de seus feitos, de modo que pudesse descobrir se, afinal, não passavam de truques de ilusionismo. O homem, no entanto, falava pouco sobre o assunto e recaía em longos silêncios, como se estivesse envolvido em algum outro mundo — talvez o mundo dos seus gênios. Percebi que fazê--lo abrir aqueles lábios taciturnos seria de fato uma empreitada e tanto. Certa vez ao ser questionado, o filho do mago me falou que o pai nunca contava seus segredos a ninguém e que, há muito tempo, pedia para lhe ensinar a profissão, mas o pai se recusava, dizendo que era tão difícil quanto perigosa. Seus pais lhe contaram, como típico de algo que acontecia frequentemente, a história da invocação de um gênio por um mago que não conseguia mais afastá-lo, o resultado foi que o gênio se voltou contra o mago, causando-lhe graves danos. O garoto foi mandado para o estudo, comparativamente mais inofensivo, do direito.

Compreendi por que o mago não revelava se seus segredos eram genuínos ou falsos, pois exatamente esse mistério lhe conferia poder e reputação. Decidi não mais insistir. Era perfeitamente natural que relutasse em revelar informações das quais sua fama e fortuna dependiam.

Contudo, se não era possível romper sua reticência, refleti, enquanto me sentava novamente na sua sala empoeirada, talvez pudesse persua-

FIGURA 5.5. A ponte Qasr el-Nil, de onde foi atirada a ave sacrificada (veja o número 2 no mapa do Cairo, página 126). Eric Foxley.

di-lo a explicar as teorias gerais por trás desses segredos; talvez pudesse descobrir, direto da fonte, com um especialista renomado, o que significava toda essa conversa de gênios que tanto se ouvia no Egito. Enquanto conversávamos, podia escutar, vindo da janela fechada, as fortes batidas rítmicas de um tambor. Na casa vizinha, um curandeiro tentava expulsar do corpo de um doente, por meio de batuques e encantamentos, o gênio que supostamente o possuía e era o responsável pela doença.

"Seu povo não crê na nossa magia ancestral", interpôs sobre os meus pensamentos, "simplesmente porque emprega forças que não entendem, as forças dos gênios."

Permaneci em silêncio. Poderia compreender sua atitude oriental sem muita dificuldade; do contrário, nunca teria me interessado pelo Oriente.

Os gênios estavam por toda parte. Se um homem se via doente, sem sorte ou infeliz, supunha-se que um gênio maligno teria invadido seu corpo ou sua vida; se fosse afortunado ou poderoso, um gênio bom seria igualmente o responsável.

"O que são esses gênios?", perguntei por fim ao mago. Encontrei-o de bom humor.

"Saiba que essas criaturas invisíveis existem de fato, mesmo que o povo de hoje tenha perdido quase por completo a capacidade de vê-las", explicou. "Assim como existem animais no mundo da matéria, existem criaturas espirituais no outro mundo que não são humanas, nunca foram espíritos de homens mortais, mas nasceram diretamente no mundo espiritual. Assim são os gênios. Contudo, não os confunda com as almas dos animais, porque são de um caráter bastante distinto. Alguns quase têm a inteligência de um homem sagaz, outros são santos em bondade, enquanto muitos outros são verdadeiros 'filhos do diabo'. Os habitantes do mundo espiritual podem ser divididos em três classes principais: os gênios, os humanos e os anjos. Os anjos são, sobretudo, bons e jamais habitaram a terra. Os gênios são bons ou maus e também jamais habitaram a terra. Os humanos, claro, são os homens e as mulheres que habitaram a terra e saíram de seus corpos após a morte.

"Saiba ainda que, assim como se faz os animais servirem ao homem na terra, como o cão, o cavalo e o camelo são colocados para servir à sua vontade, também há certos tipos de gênios que podem ser designados para servi-lo, seja no mundo visível ou invisível. É claro que apenas certas ordens desses gênios podem ser submetidas ao comando de um mestre humano. A magia de antigamente consistia sobretudo — assim como a dos poucos magos verdadeiros de hoje — no conhecimento de como obter o serviço desses gênios. Em suma, era uma forma de espiritismo."

"Que métodos são usados para garantir esse comando?"

"Primeiro, é necessário aprender seus nomes antes de ser capaz de comandá-los. Em seguida, um encantamento deve ser escrito num papel, contendo o nome do gênio, certo trecho do Alcorão, um arranjo de números dentro de um diagrama — geralmente um quadrado duplo, mas às vezes um triângulo. Em terceiro lugar, emprega-se o auxílio da queima de incensos e perfumes, de composição variada de acordo com o gênio que se está invocando. Quarto, certas invocações ou 'palavras de comando', devem ser pronunciadas. Por último, há o poder obtido pela iniciação recebida pelo próprio mestre." O mago parou por um minuto, antes de prosseguir.

"Dominar essa habilidade exige uma aprendizagem dura e perigosa. A magia sempre foi e deverá ser uma arte para poucos. Posso lhe contar nossas crenças, como estou fazendo agora, mas revelar os segredos práticos, de real valor, é algo que jurei a meu próprio mestre jamais fazer, exceto a um pupilo aceito após muitos anos de estudo. Seria ruim para a humanidade se nossos segredos fossem revelados a todos, pois então homens perversos poderiam usá-los para prejudicar os outros em benefício próprio, enquanto nós perderíamos a posição de poder que sempre desfrutamos. Devo lhe dizer que, na verdade, até agora me recusei a aceitar um pupilo. Em algum momento, serei obrigado pelas leis que governam nossa fraternidade a iniciar alguém antes de morrer, de modo que esse conhecimento seja mantido vivo entre a humanidade. No entanto, como sei a data exata da minha morte, devo cumprir minhas obrigações quando for adequado."

O mago fez uma pausa. Fiquei contente por conseguir afastá-lo da sua hesitação, mas será que ele prosseguiria? Ofereci-lhe outro pretexto, dessa vez perguntando sobre sua própria iniciação.

"Deixe-me contar um pouco da minha história", respondeu. "Nasci há sessenta anos na cidade de Suag, província de Girga. Meu pai era um famoso mago e astrólogo profissional. Desde que me lembro, sua arte me atraía imensamente, me fascinava, na verdade. Ele notou minha vocação e disse-me que um dia me iniciaria e educaria para segui-lo na mesma profissão. Meu pai possuía vários manuscritos árabes antigos e livros raros de magia, os quais me deixava ler e estudar. Assim que fui iniciado, aos dezoito anos de idade, saí de casa e vim para o Cairo, onde ingressei na Universidade de Al-Azhar. Aqui me dediquei aos estudos literários e religiosos, guardando meus segredos apenas para mim. Trouxe comigo alguns manuscritos de meu pai e continuei a estudá-los em casa. Algo que aprendi foram os diferentes tipos de natureza humana, tornei-me um especialista capaz de saber num relance o caráter e os desejos de um homem.

"Deixei a Universidade aos vinte e oito anos, e passei a viver sozinho, praticando mais até me sentir forte o suficiente para ter completo comando sobre meus gênios. Foi então que adotei essa profissão e tornei-me conhecido. E, a menos que se obtenha esse poder, é melhor evitá-lo. Meus filhos me pediram permissão para aprender meu conhecimento, mas os direcionei para outros estudos, porque vi que lhes faltava a coragem necessária para ser um mago notável.

"Também pratiquei astrologia, e algumas personalidades egípcias me descobriram a tempo e com frequência vinham consultar sobre sua sorte. Príncipes, ministros, paxás e mercadores ricos pediram meus conselhos. Fui consultado por um ministro da Corte da Abissínia, e no ano passado recebi a visita da filha do imperador abissínio. Certa vez, o sultão do Marrocos enviou-me correspondências confidenciais por um emissário particular.

"Uma noite, quatro ladrões invadiram minha casa, tentando me matar e me roubar no escuro, mas os espantei com uma simples bengala. No dia seguinte, usei minha magia para descobrir seus nomes. Feito isso, reuni provas o suficiente para enviá-los à prisão por cinco anos.

"Não faz muito tempo, fui chamado a uma casa mal-assombrada onde cadeiras, tapetes e utensílios de cozinha eram arremessados à noite por seres invisíveis. Acendi meu incensário e recitei invocações aos espíritos. Em quinze minutos, alguns gênios apareceram. Eram o motivo da perturbação, ordenei que fossem embora e deixassem a casa em paz. Depois disso, os espíritos desapareceram, e a assombração cessou."

∿∿∿

O mago bateu palma e veio um empregado trazendo um prato com doces brancos gelatinosos, bolinhos e chá persa em pequenos copos.

"É possível tornar esses gênios visíveis para uma pessoa comum?", perguntei do outro lado da mesa.

"Sim, após longos preparativos e muito esforço, é possível. O ritual termina com a queima de incenso e invocações lentamente cantadas, em seguida, na sala escura, o gênio aparece na fumaça e fala em voz alta. Não pratico mais essa vertente da magia, pois estou ficando velho demais para esforços tão tremendos."

Fiquei mais uma vez maravilhado com esse curioso personagem que alegava ser capaz de entrar em contato com tão sobrenaturais criaturas. Era certamente tudo muito sobrenatural. E, no entanto, poderia ser muito humano também, pois, quando sua neta, uma menina de seis anos, graciosamente vestida, entrou de repente na sala, ele se abaixou e cobriu-a de beijos afetuosos e até condescendeu em brincar com ela por alguns momentos.

Retomei minha busca.

"E quanto aos perigos que o senhor mencionou anteriormente?"

Ele me lançou um olhar grave.

"É verdade. Os que exercem domínio sobre os gênios incorrem em certos riscos. Os gênios não são meros fantoches nas suas mãos, são seres com inteligência e vontade próprias; portanto, é sempre possível que se rebelem contra o homem que os escravizou. Por mais que sejam inteiramente obedientes ao seu mestre e o sirvam de bom grado, se o mago perder seu autocontrole e se sua vontade enfraquecer, ou se fizer mau uso dos seus poderes para propósitos malignos, ou se lhe faltar a mais alta coragem, então há sempre a possibilidade de que alguns de seus gênios se voltem contra ele e o ataquem, trazendo perturbações imprevistas, acidentes e até mesmo a própria morte. As maiores maravilhas podem ser reveladas com o auxílio de tais espíritos, mas quando o mago dominar tais servos apenas imperfeitamente, estes podem ser impiedosos para com ele caso se revoltem."

"O senhor acredita que os antigos egípcios sabiam desses gênios também?"

"Certamente, esse conhecimento era a parte principal do poder de seus sacerdotes. Os gênios eram usados como guardas dos mais importantes túmulos e tesouros; eram invocados nas cerimônias do templo e também usados para propósitos mais malignos."

Contei-lhe minha experiência na Grande Pirâmide, quando passei a noite na Câmara do Rei e, em minha visão, testemunhei dois espíritos sacerdotais e a passagem secreta.

"Dentro da Pirâmide, conectados à Esfinge, há uma ordem peculiar de gênios", comentou, "que foram capturados pelos antigos sumos sacerdotes egípcios e aprisionados ali para guardar certos segredos. Lançam um encantamento sobre a mente de quem possa penetrar nos lugares secretos, defendendo-os assim de intrusos. Sim, também acredito que haja passagens e câmaras secretas e registros ocultos contidos na Grande Pirâmide. Uma vez a visitei com o objetivo de investigá-los, mas, como os vigias não permitem a entrada na passagem subterrânea, acabei voltando decepcionado. Ainda assim, os gênios que guardam os segredos da Pirâmide e da Esfinge podem ser conquistados — só que para isso é essencial conhecer suas formas particulares, como invocá-los, seus nomes e sinais por escrito. Esse conhecimento, infelizmente, se perdeu com os antigos egípcios."

Levantei uma questão sobre os supostos poderes do mago. Ele concordou que eram limitados.

"Claro, não podemos alegar sermos capazes de tudo. Sabemos fazer certas coisas e não mais do que isso. Apenas Alá conhece e comanda tudo. Tentamos usar nossa arte, mas a palavra final é de Alá."

Vaguei pela rua empoeirada, sob a luz clara e perolada do céu do Cairo, carregando no bolso do paletó uma enorme ágata polida, marrom-avermelhada, em formato oval, que o mago me deu como lembrança e que, segundo ele, teria pertencido a um faraó. Enquanto meus dedos acariciaram sua superfície lisa, pensei no homem com quem havia conversado e nos servos invisíveis que, segundo ele, estavam prontos para obedecer à sua vontade. Para mim, era óbvio que aqui pisávamos um território perigoso, nos limites entre bruxaria, feitiçaria e magia negra.

Esses gênios eram antigas invenções infundadas? Não — não era difícil aceitar a teoria de que os reinos ocultos da natureza fossem habitados por outras criaturas além do homem; é possível se chegar a essa conclusão pelo mero raciocínio analógico. Era bem possível também que tais criaturas tivessem, em seus escalões, tanto aqueles de índole perversa e sombria quanto os pacíficos e benéficos. Se eram capazes de fazer tudo aquilo que o mago dizia, aí é outra história. A prolongada exposição ao sol do Egito poderia ter afetado seu cérebro; não consegui decidir de imediato.

Na Índia, um iogue havia misteriosamente restaurado a vida de um pássaro morto bem diante de meus olhos, embora essa reanimação fosse apenas temporária; aqui no Egito observei uma inversão igualmente surpreendente dessa proeza.

Não anotei tudo o que me disse, pois alguns homens são avessos a isso e eu sabia psicologicamente que o mago era um deles. Guardei suas frases na memória e as transferi para o papel no momento em que fiquei a sós – e como me pareceram estranhas então! Procurei investigar as formas de magia nativa. Esse foi o primeiro resultado curioso.

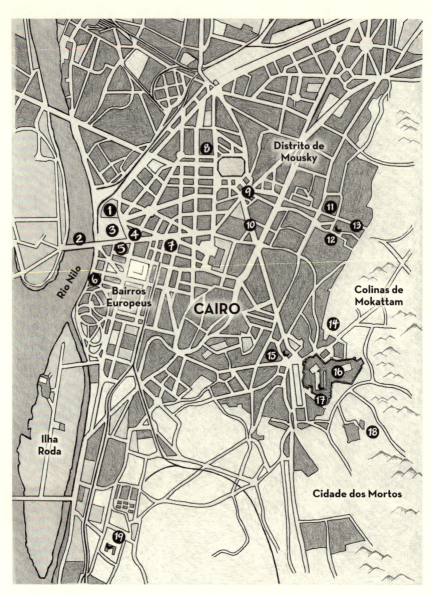

(1) Museu Egípcio, (2) Ponte Qasr el-Nil, (3) Quartel dos soldados britânicos, (4) Praça Ismailia, (5) Rua que leva ao quartel da Guarnição Britânica, perto da casa do hipnotizador, (6) Alto Comissariado Britânico, (7) Mercado de aves, (8) Hotel Shepheard, (9) Praça Ataba el Khadra, (10) Estrada Sharia Muhammad Ali, (11) Mercado Khan Khalil, (12) Mesquita de Al-Azhar, (13) Mesquita da Universidade de Al-Azhar, (14) Cemitério de Bab el Wazir, (15) Mesquita do Sultão Hassan, (16) Fortaleza, (17) Mesquita de Muhammad Ali, (18) Monastério Bektashi e (19) Mesquita de Amer.

FIGURA 6.1. Mapa do Cairo durante a estadia do autor no bairro europeu, por volta de 1930. Rosemarie Quebral Harris.

6

MARAVILHAS DO HIPNOTISMO

Às vezes, encontramos coisas onde menos esperamos, e foi durante minha estadia no bairro europeu do Cairo que descobri ali outra estranha manifestação das forças chamadas sobrenaturais, mas que a ciência poderá um dia explicar tão levianamente que não as consideraremos mais como tal.

Encontrei um jovem casal notável, residente numa rua que levava diretamente ao quartel da Guarnição Britânica. O Cairo é uma colmeia tão cosmopolita que um único bloco de apartamentos, frequentemente, abriga meia dúzia de nacionalidades diferentes. Os franceses predominam nesse bairro, e esse jovem casal vivia no Egito há muitos anos. O marido chamava-se *Monsieur* Eduard Ades, e a esposa era conhecida como *Madame* Marguerite. Ele tinha dom hipnótico, sendo ela uma pessoa excepcionalmente adequada para seus experimentos. Após anos de prática e treinamento, chegaram a certo grau de competência em seu poder de demonstrar as extraordinárias possibilidades, inexploradas na mente e no corpo humano. Testei-os de diversas maneiras e, embora a maioria dos nossos experimentos não fosse sensacional, sendo de interesse apenas para pesquisadores científicos, houve dois ou três feitos capazes de perturbar qualquer materialista obstinado que nunca tivesse explorado tais possibilidades.

O primeiro experimento que descreverei foi realizado sob condições de teste, para testemunhá-lo, convidei a cética esposa de um proemi-

FIGURA 6.2a. e 6.2b. *Monsieur* Eduard Ades e a esposa, *Madame* Marguerite. Do acervo do autor.

nente oficial britânico. Ela admitiu lhe parecer uma demonstração perfeitamente genuína, a qual nenhuma teoria ilusionista poderia explicar.

Estávamos, os quatro, sentados no modesto escritório de *monsieur* Ades. Este um belo homem de trinta e poucos anos. Sua cabeça era coberta por densos cabelos ondulados, a testa alta e inteligente, os olhos firmes e penetrantes, o nariz grego em sua retidão, falava com o ânimo típico de seu povo. De uma eloquência incomum, era capaz de manter uma torrente de conversas durante horas, as palavras escapavam-lhe da boca se sobrepondo apressadas. Toda a sua personalidade transmitia a impressão de força e poder.

Madame Marguerite, por outro lado, era tudo o que se podia esperar de uma boa voluntária para hipnose. Era gentil, sensível, calma, reservada e contemplativa. De estatura baixa, corpo cheio, olhos notadamente grandes, suaves e sonhadores. Movia-se languidamente.

Sentou-se numa cadeira de espaldar reto e, a seu lado, *monsieur* Ades começou a demonstração. Ele posicionou o polegar direito entre as sobrancelhas da mulher e o pressionou por dois minutos, enquanto observava atentamente seu rosto. Apenas isso, sem fazer nenhum

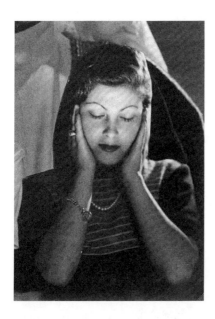

FIGURA 6.3. Voluntária de hipnose. Do acervo do autor.

passe com as mãos nem usar qualquer outro dispositivo comum à técnica hipnótica.

"Inicialmente, quando hipnotizava *madame* Marguerite, muitos anos atrás", explicou, falando rapidamente em francês, "usava um método complicado e precisava esperar um tempo considerável antes de ela passar para o primeiro grau do estado de transe. Trabalhamos juntos com tanta frequência que agora posso dispensar todos os outros preparativos e hipnotizá-la quase instantaneamente, embora nenhum outro hipnotizador pudesse obter o mesmo sucesso com ela. Olhem! Ela agora está hipnotizada."

O corpo da mulher havia se tornado rígido, seus olhos se fecharam e ela parecia ter perdido a noção do entorno. Pedi permissão para examiná-la, e levantando-lhe as pálpebras, encontrei os sinais convencionais de insensibilidade — os globos oculares voltados para cima do eixo estavam fixos numa posição anormal. Era a evidência científica de que havia entrado no primeiro grau do transe hipnótico.

Começamos com experimentos simples e modestos. *Monsieur* Ades ordenou que a esposa olhasse para o outro lado da sala. "Que cena horrível se vê", sugeriu a ela. "Veja como esta pobre pessoa está sofrendo. É triste que tal coisa aconteça, que tristeza!"

Madame Marguerite olhou para o canto mais distante da sala e tornou-se perturbada. Logo começou a chorar. Depois de alguns minutos, as lágrimas lhe caíam copiosamente pela face.

De repente, o hipnotizador ordenou que ela visse um alegre desfile, no outro canto, e sorrisse. Alguns segundos depois, sua perturbação foi atenuada, logo sorriu e finalmente irrompeu numa risada alegre e espontânea.

Então, se transformou numa criança de três anos, num soldado e num homem com o joelho ferido, identificando-se completamente com os novos personagens sugeridos.

Por sugestão de *monsieur* Ades, fechei bem os olhos dela com tiras adesivas, que trazia comigo, aplicando-as sobre as sobrancelhas, as pálpebras e as bochechas. De tal modo que lhe seria absolutamente impossível abrir os olhos. E, para aperfeiçoar as condições do experimento, amarrei-lhe uma faixa de veludo vermelho em volta dos olhos e da cabeça: a garantia era completa.

Ades me pediu para sussurrar em seu ouvido algumas instruções a serem executadas pela voluntária. De acordo, sussurrei: "Erga o braço direito". Voltando-se para a mulher e, mantendo seu braço direito a poucos centímetros do dela, ergueu o próprio braço, pedindo a ela que o imitasse.

Embora os olhos de *madame* Marguerite estivessem absolutamente fechados, de modo a não ter visto o que o hipnotizador fez, imediatamente ela levantou o braço direito, como ele havia feito!

Vindo até nós, ele pediu à visitante que sugerisse outro movimento. Ela sussurrou: "Cruze os dedos de ambas as mãos". Com os dedos cruzados, voltou à sua voluntária vendada, que o imitou sem hesitar!

∧∧∧

Agora chegava o experimento mais interessante. Ades colocou sua voluntária no segundo grau do transe hipnótico, tocando sua testa e lhe dando o comando em voz alta. Nesse estado, as forças latentes da mente subconsciente entram em impressionante atividade.

MARAVILHAS DO HIPNOTISMO

Ordenou que se sentasse junto à escrivaninha. Imediatamente ela obedeceu. A larga faixa vermelha em volta dos olhos tornava seu aspecto estranho. O hipnotizador nos pediu para selecionar aleatoriamente algum trecho de qualquer livro. Selecionamos uma obra científica francesa, abrimos por acaso na página cinquenta e três, marcamos um determinado parágrafo e o colocamos sobre a mesa ao lado dela.

Madame Marguerite pegou um lápis enquanto *monsieur* Ades colocava uma folha de papel diante dela. Com voz firme, ordenou:

"Agora, encontre o trecho escolhido no livro. Você o lerá sem dificuldade, depois transcreverá o que leu no papel a sua frente. Comece!"

A mulher hipnotizada ergueu o lápis no ar por um instante enquanto olhava através da faixa as páginas impressas, então começou a escrever no papel lenta e deliberadamente. Tendo escrito três ou quatro palavras, voltou ao livro e inclinou o rosto sobre a página, como se os olhos estivessem abertos e pudesse ler cada linha. Ficamos, porém, satisfeitos por termos tomado todas as precauções a fim de se evitar isso.

Ela continuou esse processo de leitura e anotação alternada, processo observado por nós com uma empolgação que mal podíamos disfarçar. Ades nos garantiu que ela estava copiando com precisão cada palavra do parágrafo. Ele permaneceu em silêncio o tempo todo.

Pedi-lhe que a mandasse sublinhar certas palavras: a segunda palavra da segunda linha e a terceira palavra da terceira linha. O comando foi dado e a observamos lentamente sublinhar as duas palavras.

O trecho foi finalmente concluído, e avidamente nos aproximamos da mesa e inspecionamos a folha escrita, comparando-a palavra por palavra com o original impresso. Lia-se:

> "Toutefois le danger scientifique est ici beaucoup moins du côté des statisticiens trop zélés que du côté de ceus qui tendent à conclure d'après leur intuition sur un nombre limité..."[1]

Uma referência à reprodução da folha com a caligrafia de *madame* Marguerite revela que sua cópia era surpreendentemente precisa e que ela sublinhou corretamente as duas palavras indicadas. Havia cometido um único erro: em vez de "statisticiens", escreveu "statistiques". Um equívoco curioso, mas compreensível.

Madame Marguerite não chegou a completar o parágrafo, porque julgamos suficiente o que havia escrito para demonstrar sua estranha faculdade.

Outro experimento interessante foi fazer com que escrevesse o mesmo parágrafo, mas usando a mão esquerda. Ela não é ambidestra, mas no estado hipnótico executou essa tarefa com facilidade.

Depois disso, uma série de números foram ditados por *monsieur* Ades para ela somar, números que fornecemos de antemão. A partir da imagem a seguir, que reproduz seus cálculos autênticos, nota-se que ela compreendeu errado os últimos números da primeira soma, isto é, 13, 103, e teve de recomeçar do zero. Embora estivesse rigorosamente vendada, era capaz de anotar as duas somas com os dígitos nas colunas adequadas e somá-las corretamente.

O experimento seguinte indicou as imensas possibilidades latentes que aguardam ser desenvolvidas em nós. A visitante trazida por mim tomou a mão da voluntária e se concentrou fortemente na imagem mental de seu marido. Pouco tempo depois, *madame* Ades descreveu o caráter, as habilidades, o temperamento e até mesmo a aparência física do homem ausente. O mais extraordinário foi sua declaração de que era um oficial do governo.

"Correto!", exclamou a senhora, surpresa com a leitura de sua mente.

Em outra ocasião, *madame* Marguerite estando nesse mesmo grau hipnótico, por vontade própria, se aventurou em perscrutar o meu futuro, no entanto, com resultados insatisfatórios ao extremo. Revoltei-me interiormente com a imprecisão de algumas de suas previsões, poucos meses depois, acabaram se revelando definitivamente erradas. Mas, quando tentou ler meu caráter, objetivos, aspirações e ambições, mostrou-se bastante correta. É evidente, portanto, que a leitura do futuro, aqui como em outros lugares, é e deve permanecer um procedimento extremamente duvidoso, embora se possa ler a tendência geral dos eventos resultantes do caráter de cada um.

Para o experimento final, a voluntária foi levada ao terceiro estágio de hipnose, uma condição mais profunda em que certas partes do corpo tor-

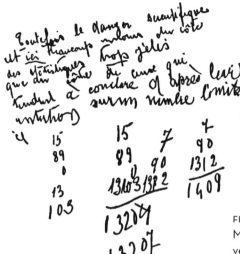

FIGURA 6.4. Cálculos de *madame* Marguerite com os olhos vendados. Do acervo do autor.

nam-se insensíveis à dor, possibilitando ao hipnotizador obter controle até mesmo sobre órgãos que funcionam involuntariamente.

Ades esfregou um pedaço de algodão sobre a palma da mão esquerda da voluntária, mostrou-nos uma agulha, e então cravou-a na parte carnuda da mão até sair do outro lado, projetando-se um centímetro para fora. Aparentemente ela não sentia dor: pelo contrário, quando foi sugerido que diante dela havia um comediante contando piadas, agitando-se começou a rir. Alguns minutos depois, o hipnotizador retirou a agulha. Nem uma única gota de sangue era visível nem sobre a pele nem na própria agulha! Apenas um minúsculo ponto escuro na palma indicava por onde a agulha havia passado.

∿∿∿

Questionei *monsieur* Ades sobre o hipnotismo.

Era um homem de boa formação, com diploma universitário, e havia sido professor de psicologia numa faculdade. Por isso, gostava de ser chamado de professor Eduard – uma vaidade natural e inofensiva. De modo geral, era por esse título que me dirigia a ele.

Quando lhe pedi explicação sobre suas demonstrações, voltou-me seu olhar penetrante e exclamou:

"*Monsieur*! Devo ser completamente franco com o senhor. Nós, na verdade, nada sabemos das forças misteriosas que causam o fenômeno do hipnotismo. Em todo caso, compreendemos a técnica que pode produzir esses fenômenos e sabemos sob quais condições teremos sucesso ou fracasso como resultado.

"Descobrimos que reside em todas as pessoas certo tipo de força que chamamos de influência magnética e que, em algumas delas – como em mim – essa influência foi desenvolvida com tamanha força que pode ser usada para afetar os outros da maneira notável que o senhor testemunhou. Por outro lado, requer pessoas que sejam naturalmente receptivas a ela, que cedam à sua vontade com a menor resistência. Quando descobri o meu próprio poder, passei a fortalecê-lo, até chegar ao ponto que o senhor viu hoje. E, apenas por meio de constantes experimentos com *madame* Marguerite, fomos capazes de realizar esses feitos. A princípio, demorava muito tempo para induzi-la na condição de hipnotizada e apenas graças a experiência e esforços contínuos conseguimos reduzir esse tempo para apenas alguns minutos.

"O que acontece quando ela está nessa condição? Torna-se uma espécie de sonâmbula", explicou, "de modo que, até mesmo o disparo de uma arma não seria capaz de despertá-la desse estado. Os doutores Preyer e Berger realizaram estudos especiais com sonâmbulos e descobriram que podiam ver muito bem com as pálpebras cerradas durante o estado de sonambulismo. Essa condição misteriosa prova que a consciência pode ser dividida e, de fato, existe o que os psicólogos chamam de subconsciente. E, pelo que parece, a partir de nossas demonstrações, esse subconsciente tem grande poder de clarividência, estando livre dos limites da matéria. É possível então fazer com o corpo aquilo que a pessoa em estado consciente acredita ser impossível. Isso mostra que nossa crença nas limitações é falsa, e que somos todos capazes de muito mais do que pensamos. O hipnotismo liberta a pessoa de tais noções limitantes."

"Como explica o fato de *madame* Marguerite ler o livro com os olhos vendados?"

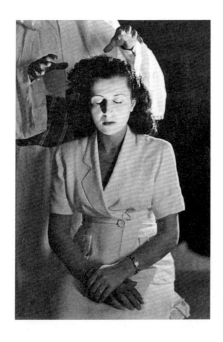

FIGURA 6.5. Voluntária de hipnotismo de Tahra Bey. Do acervo do autor.

"Digo apenas que não ousamos estabelecer limites ao poder do subconsciente, e que a clarividência parece ser uma de suas faculdades naturais. Em outras palavras, o subconsciente tem seu próprio poder de visão, audição e tato, que não depende dos órgãos físicos, como olhos e ouvidos, para seu funcionamento.[2] A condição hipnótica desvia a atenção da pessoa dos órgãos físicos – do corpo inteiro – e a concentra inteiramente no subconsciente, cujas faculdades misteriosas entram em jogo. Na verdade, não posso dizer muito mais do que isso. Posso apenas fornecer as condições necessárias e então observar essas faculdades agirem."

"Notei que o senhor não realiza passes com as mãos. Considera-os desnecessários?"

"Creio que podem ser necessários para alguns hipnotizadores, *monsieur*", respondeu energicamente, "mas posso dispensá-los. Confio inteiramente na minha força de vontade e nas sugestões orais que dou à voluntária. Minha experiência me faz crer que o verdadeiro segredo da hipnose está nesses dois métodos, sobretudo na sugestão transmitida com calma e autoridade, e que os passes magnéticos são necessários apenas para quem não se sente confiante o suficiente para dispensá-los."

$$\wedge\wedge\wedge$$

Todo ano, o Cairo abriga por uma temporada um homem que pode tranquilamente ser descrito como o mais famoso faquir do Egito moderno – o ilustre Tahra Bey. Muita controvérsia surgiu em torno de seus feitos: muitos críticos se esforçaram para golpear sua reputação, assim como ele fere o próprio corpo com flechas e facas; porém permanece o fato de que um grande número de pessoas ilustres consideram seus feitos convincentes, quando não, interessantes; que os reis Fuad, do Egito, Carlos, da Romênia, e Vítor Emanuel, da Itália, entre outros, o honraram com convites, enquanto Benito Mussolini o recebeu várias vezes no Palazzo Chigi; e que, em vez de se esquivar das investigações, ele geralmente as instiga. Por ter visto vários dos seus feitos sendo realizados por meia dúzia de faquires desconhecidos em diferentes partes da Índia e da África, não tenho dificuldade em acreditar que sejam possíveis. Ao mesmo tempo, por conhecer o homem, sei também que possui, de fato, os poderes que alega. Apenas quando se rebaixa, como infelizmente tem feito, para satisfazer a ânsia popular por encantamentos e sortilégios, acaba se entregando a uma atividade que não posso endossar. Talvez, no entanto, a culpa não seja dele. "O mundo me obrigou a comercializar meus poderes, a me tornar um artista quando queria ser um cientista", confessou-me tristemente durante um chá. Em todo caso, admiro-o por ter sido o primeiro faquir oriental com tais poderes extraordinários que se recusou a revesti-los com palavreado místico ou irrelevâncias religiosas. Tahra Bey quer que a verdade sobre as maravilhas dos faquires seja separada do absurdo com que foi tradicionalmente ornamentada. Sua atitude renovadora, moderna e sadia em relação às próprias realizações e a seus princípios subjacentes é única entre a ordem de seres humanos de mentalidade medieval, retrógrada, irracional e amante do mistério chamada faquires. Em suma, Tahra Bey busca substituir a superstição pela ciência.

FIGURA 6.6. Tahra Bey.
Do acervo do autor.

Antes que se possa compreender adequadamente seus feitos, é preciso entender o homem, e a melhor maneira de se fazer isso é conhecendo sua vida. Transcreverei aqui exatamente o que ele me contou. Mas primeiro, vamos conhecê-lo.

O que se espera é a figura esquálida e magra de um asceta. Em vez disso, imagine um homem baixo e de aparência distinta, com cabelos negros e pele morena, rosto grave, pacífico e com barba, às vezes usando um albornoz árabe e, outras vezes, um chapéu europeu de feltro macio. Sua estatura é levemente abaixo da média. Sente-se igualmente confortável em túnicas árabes ou em ternos europeus bem cortados. Seus olhos penetrantes e belos são excepcionalmente interessantes, porque as íris claras são nitidamente perceptíveis e dão profundidade e mistério às pupilas negras. Seus modos são sempre suaves e gentis, da mesma maneira é tão cortês e polido quanto qualquer outro bom egípcio. Sua fala é tão tranquila e humilde que ninguém pode adivinhar pelo tom de voz tratar-se de um homem que tem as mais misteriosas forças da natureza sob seu comando. Sereno e equilibrado, demonstra notável autocontrole, tal como sempre se observa em faquires realmente avançados. Fuma incontáveis cigarros ao longo do dia.

"Nasci em 1897, em Tanta, pequena cidade movimentada no Delta do Nilo, que guarda o túmulo do famoso faquir do século XIII, o xeque Sayid Ahmad el Badawi, visitado por peregrinos de todas as partes do Oriente. Minha mãe morreu no parto, e meu pai pertencia à raça dos coptas, os cristãos do Egito. Meu pai era familiarizado com os ensinamentos dos faquires, tinha amigos com tendências semelhantes; por isso cresci numa atmosfera favorável ao meu futuro trabalho. Desde cedo fui iniciado nos exercícios e práticas tradicionais dos faquires, sendo meu próprio pai um dos meus mestres. Quando ainda criança, problemas internos no país levaram à nossa mudança, de modo que meu pai, eu e um professor fomos para a Turquia, onde nos estabelecemos em Constantinopla. Lá recebi uma boa educação moderna, estudei medicina e obtive o título de doutor. Essa formação foi psicologicamente muito valiosa para mim, pois me permitiu submeter meus próprios experimentos psíquicos à análise científica. Abri uma clínica na Grécia e a conduzi por um tempo, e foi ali que realizei a façanha que considero a mais surpreendente de todas as que estão ao alcance dos faquires — a ressurreição. Aceitei ser enterrado por vinte e oito dias, sendo lançado ao próprio abismo da morte, do qual no final desse período retornei vivo e ileso. O arcebispo e outros dignitários cristãos se opuseram a mim e tentaram impedir minha façanha, porque imaginavam ver nela e nas doutrinas que elucidava uma ameaça à sua religião. No entanto, as autoridades governamentais me defenderam e responderam que, sendo médico, tinha o direito de ser enterrado se o desejasse. Minha formação científica e o diploma de medicina facilitaram meu caminho em outras ocasiões também.

"Visitei a Bulgária, a Sérvia e a Itália. Neste último país, consenti que os cientistas mais famosos investigassem minhas façanhas e permiti que me colocassem num caixão de chumbo. Fui completamente coberto de areia. A tampa foi lacrada e então me submergiram na água.

"Depois de meia hora, a polícia interferiu e encerrou a demonstração, que havia sido bem-sucedida até aquele momento, é claro. Então fui para a França, onde não apenas tive permissão para repetir o mesmo experimento como também, na verdade, pude expandi-lo. Durante vinte e quatro horas, permaneci no caixão debaixo d'água, o corpo em

FIGURA 6.7. Tahra Bey em transe dentro do caixão (na Itália). Do acervo do autor.

estado cataléptico, enquanto a polícia e outros vigiavam a demonstração o tempo todo, para garantir que não houvesse trapaça. Tenho duas fotos que foram tiradas no local. A primeira mostra o meu corpo rígido, em transe, sendo colocado no caixão; a segunda mostra o caixão sendo tirado da água onde ficou por vinte e quatro horas. Tive o prazer de propor esse teste e me submeter a ele, porque muitos críticos alegaram expor a performance de faquires indianos que se enterram vivos, uma performance que o senhor mesmo descreveu em seu livro sobre a Índia. Dizem que os faquires fazem preparações prévias escavando na terra um canal secreto de ar, e assim podem respirar. Sem dúvida, isso deve ocorrer no caso dos falsos faquires, que são meros conjuradores e ilusionistas, mas é totalmente desnecessário no caso daqueles que aprenderam os segredos genuínos de nossa arte e são capazes de entrar em transe à vontade. É por essa razão que organizei um teste debaixo d'água, onde as condições são transparentes e tudo pode ser controlado pelos observadores. Os médicos tinham um interesse especial por essa façanha e tentaram, por todos os meios possíveis, testar a sua autenticidade, com toda razão, mas, por ser baseado em leis naturais, não havia nada a temer.

"Embora me agradem os confortos da vida europeia, também sou apegado ao meu país e, por isso, faço questão de dividir meu tempo entre o Egito e a Europa. Gosto dos europeus e sou bem recebido e querido por alguns deles. Certa vez a Rainha da Espanha me enviou um telegrama convidando-me para visitar o seu país, chegou a mandar uma escolta oficial para me conduzir. Não sou vaidoso das minhas conquistas; o passado agora corre diante dos meus olhos como um filme maravilhoso. O verdadeiro faquir deve estar além da vaidade e da ganância; deve viver uma vida interior desapegada dos desejos mundanos excessivos. O senhor conhece os faquires do Oriente, e acredito que concordará que o meu caso é raro porque os outros, quando genuínos, não se dão ao trabalho de visitar a Europa e são orgulhosos demais para se submeter a investigações críticas; na verdade, pensam que é inútil mostrar suas façanhas, pois vocês, europeus, certamente atribuem isso a charlatanismo e malabarismo — em suma, a tudo menos às causas corretas. E, mais importante, eles não possuem meu conhecimento de línguas europeias — sei italiano e francês — e não me lembro de nenhum deles que tenha feito curso universitário de medicina e ciências e aceitado a educação moderna pelo que ela vale. Como o senhor deve ter notado, eles geralmente desprezam essa educação e a consideram um obstáculo. Evidentemente, não concordo com isso."

∧∧∧

Reuni um pequeno grupo de médicos e outros profissionais cujo interesse eram esses assuntos heterodoxos, e tivemos o privilégio de ver toda uma série de demonstrações surpreendentes, embora pavorosas, que Tahra Bey realizou com espantosa facilidade e rapidez.

O faquir havia deixado suas roupas europeias e trajava uma túnica longa de linho branco. Um albornoz árabe estava amarrado à sua cabeça com um duplo cordão azul e dourado. Uma estrela de cinco pontas gravada em ouro,

MARAVILHAS DO HIPNOTISMO

emblema da ordem na qual havia sido iniciado, pendia de uma corrente no pescoço, sobre o peito. Em torno da cintura, havia uma cinta dourada. Ele ficou com os braços cruzados sobre o peito. Pelo chão da sala, foram distribuídos os vários objetos e materiais a serem usados em sua demonstração – uma mesa carregada de adagas, longos alfinetes, facas, agulhas, espetos e cacos de vidro; sobre outra mesa repousavam uma tábua cravejada de pregos compridos e pontiagudos; um bloco pesado de pedra, uma balança e um grande martelo; uma ave branca e um coelho cinza, ambos amarrados pelos pés e deitados num cesto; duas lâminas reluzentes de foice; um par de cavaletes, um caixão comprido, uma caixa ainda maior e mais comprida, um monte de areia vermelha e um par de pás; algumas toalhas de mão e um punhado de algodão e outras miudezas. Um braseiro de incenso aceso espalhava no ambiente um suave perfume. Dois jovens sob seu comando atuavam como assistentes. Tahra Bey deu um passo adiante, mas permaneceu em completo silêncio. Parecia muito distinto sob a iluminação suave das lâmpadas elétricas.

Cada objeto foi cuidadosamente examinado, a fim de nos certificarmos de sua autenticidade e afastar de nossa mente qualquer suspeita de fraude, no que dizia respeito a isso.

O faquir tocou a nuca, e com os dedos pressionou com firmeza a pele ligeiramente acima; com a outra mão, pressionou as têmporas. Aspirou subitamente o ar pela boca, agitando o pomo de Adão da garganta. Num instante, seus olhos se fecharam e ele entrou em transe; soltando, ao mesmo tempo, um grito peculiar e repentino. Seu transe culminou abruptamente numa catalepsia tão rígida que, se seus assistentes não o tivessem apanhado nos braços, teria caído no chão como um morto.

Seu corpo estava rígido como um pedaço de madeira.

Para o primeiro experimento, ele foi despido até a cintura.

Um de seus assistentes fixou as longas lâminas de foice na parte superior de um par de cavaletes com os lados afiados voltados para cima. Sobre essas lâminas, Tahra Bey foi posicionado de modo que uma delas sustentasse os ombros; e a outra, os tornozelos. Enquanto estava nessas condições, um médico tomou seu pulso e ficou surpreso ao descobrir que registrava o valor excepcionalmente alto de 130.

O grande bloco de pedra foi trazido e pesado, registrando quase noventa quilos, um pouco mais de cem quilos e meio, em unidade britânica. Era um cubo de rocha sólida. Os assistentes o posicionaram sobre a barriga nua de Tahra Bey; um deles apanhou o martelo de ferreiro e desferiu vigorosamente vários golpes sobre o bloco. O corpo do faquir permaneceu tão tenso e rijo como se fosse de ferro, sem ceder em nada à enorme combinação de peso e pressão. Em determinado momento, a pedra se partiu em duas, caindo estrondosamente no chão. Apoiado por seus dois assistentes, Tahra Bey foi levantado e colocado em pé. Aparentemente não tinha a menor consciência do que havia acontecido e não sentia dor nenhuma. Os médicos o examinaram, interessados, e descobriram que as lâminas não haviam deixado a menor marca na sua pele! No entanto, o bloco de granito deixou uma mancha vermelha bastante visível em todo o abdômen.

Pelo efeito que sofreu, era como se tivesse deitado em um leito de flores. Lembrou-me das performances de iogues das ordens inferiores que conheci em Benares, que se sentam e dormem sobre estacas afiadas, e de quem me afastei com repulsa em vez de admiração.

Em seguida, foi colocado sobre uma tábua de madeira crivada de longos pregos pontiagudos com as extremidades voltadas para cima; um assistente pulou e ficou em pé em cima dele, com um pé no seu peito e o outro no abdômen. Porém, quando foi examinado de novo pelos médicos, suas costas nuas não mostravam a menor perfuração pelos pregos! Seu pulso agora registrava 132.

Foi posto em pé.

Observamos que as pálpebras do faquir tremiam enquanto os olhos abriam devagar. Após despertar, ainda girou por alguns instantes os glóbulos oculares. Parecia alguém que voltava de um sonho que o havia levado para muito longe. Durante a meia hora seguinte, aqueles olhos permaneceram estranhamente fixos. Aos poucos, voltava à vida. Fez um grande esforço para aspirar o ar, abrindo tanto a boca que notamos a língua enrolada no fundo da garganta. Após aspirar, enfiou o dedo na garganta e colocou a língua de volta à posição normal.

Emergiu por completo do estado cataléptico em que entrou tão rapidamente.

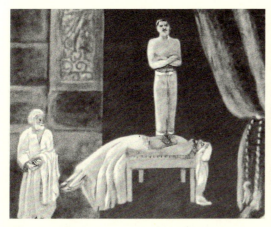 

FIGURA 6.8 (esquerda) O transe de Tahra Bey com os pregos. Do acervo do autor.
FIGURA 6.9 (direita) O faquir com a boca e o peito perfurados. Do acervo do autor.

Tendo descansado por alguns minutos, se submeteu a outros testes que provariam se sua pele era de fato insensível ou não à dor.

Pediu aos médicos que perfurassem seu maxilar com um par de longos alfinetes, ao que um deles prontamente atendeu, passando um alfinete por cada bochecha, em tal ângulo que a ponta atravessava a boca. Os médicos sabem que no corpo há regiões entre dois músculos ou dois nervos onde a carne pode ser perfurada sem causar ferimentos. Portanto, foram tomadas precauções nessa ocasião para selecionar os pontos realmente frágeis no rosto do faquir. Em seguida, atravessaram largos espetos por seu maxilar. Tahra Bey, totalmente acordado, percebia perfeitamente o que estava acontecendo, porém parecia não sentir nem um pouco a dor do procedimento.

Um teste mais assustador foi quando permitiu que outro médico enfiasse uma grande adaga em sua garganta na frente da laringe, com a ponta da lâmina reaparecendo após a adaga ter penetrado mais de dois centímetros da carne. Céticos, naturalmente e com razão, alguns dos médicos encarregaram-se de observar atentamente as pupilas de Tahra Bey, a fim de ver se contraíam ou dilatavam. Assim era possível estabelecer a presença ou a ausência de algum entorpecente no organismo; suspeitavam de que ele pudesse ter consumido alguma droga em segredo antes da performance, para se tornar insensível à dor. Descobriram, no entanto, que seus olhos estavam totalmente normais. Quando todas as armas foram removidas, não se via uma gota de sangue em sua pele. Tal cena foi tão estarrecedora que alguns médicos insistiram em cortar seu rosto com cacos de vidro e enfiar agulhas em sua garganta, mas, ainda assim, o faquir emergiu sem sangrar da provação. Flechas e alfinetes foram-lhe cravados no peito e nos ombros com o mesmo resultado.

Para demonstrar outra faculdade misteriosa que possuía, Tahra Bey permitiu que uma grande faca afiada fosse cravada em seu peito e depois retirada. A ferida não sangrou. Um médico desejou ver o fluxo de sangue para garantir que o faquir havia sido ferido de verdade. Imediatamente, o faquir fez o fluido vermelho escorrer até inundar o peito – uma visão bastante terrível. Quando o médico estava satisfeito, o egípcio interrompeu o fluxo de sangue por mera força de vontade – façanha que surpreendeu por demais os presentes. Dez minutos depois, a ferida estava praticamente curada.

Um dos assistentes trouxe uma tocha acesa e a passou em volta da perna esquerda do faquir, até a metade da coxa. Ouvimos o som da pele e da carne crepitarem de leve com o calor, porém o rosto permanecia sereno, impassível, inteiramente imperturbável.

Outro médico, ainda não convencido, acreditando que Tahra Bey havia tomado em segredo alguma droga poderosa, testou os batimentos cardíacos do faquir enquanto a chama era aplicada. Contudo, não foi registrada a menor alteração; se sofresse qualquer dor e a mascarasse ou até mesmo a dominasse por meio de uma vontade fenomenalmente forte, o coração, é claro, teria sofrido grande aceleração nos batimentos, o rosto teria empalidecido e outros sinais evidenciariam seu sofrimento oculto. Além do mais, se tivesse consumido um estimulante, como a cafeína, a respiração não teria permanecido normal como estava agora.

Outros experimentos incluíam a penetração na carne de longas flechas, logo acima do coração, e através dos braços até saírem do outro lado.

∧∧∧

MARAVILHAS DO HIPNOTISMO

Em seguida, Tahra Bey demonstrou ter domínio sobre os animais como, às vezes, os iogues indianos igualmente exibem. A seu pedido, eu havia trazido um coelho e uma galinha, e os coloquei dentro de um cesto em uma das mesas de demonstração. O faquir agora voltava sua atenção para eles.

Segurou o coelho e levou as patas traseiras até o pescoço.

O animal resistiu duas ou três vezes, mas o faquir pressionou o centro nervoso situado na nuca e fez alguns passes sobre ele com as mãos. Nisso, a pequena criatura se esparramou de costas, exatamente na posição em que foi deixada, como se tivesse morrido. Seus olhos permaneceram bem abertos e reparamos que, apesar da rigidez do corpo, se moviam de tempos em tempos, provando que o animal estava bem desperto, ainda que indefeso. Para testar, um de nós se aproximou e tocou num dos olhos do coelho com o dedo; de imediato o olho se fechou e reabriu, revelando que o animal estava plenamente consciente, ainda que incapaz de exercer sua vontade.

Tahra Bey deu um leve tapa na nuca do coelho, que saltou chiando e voltou a se apoiar sobre as patas, correndo alegre pela mesa. Estava totalmente ileso e nada havia sofrido em sua desagradável experiência.

O mesmo experimento foi realizado com a galinha, que respondeu com a mesma obediência do coelho. Tahra Bey podia colocá-la e mantê-la em qualquer posição pelo tempo que desejasse.

O faquir então nos informou que seu próprio corpo não era mais insensível à dor, já que essa insensibilidade não durava mais que um período de vinte a vinte e cinco minutos após seu primeiro transe. Em outras palavras, ele havia retomado a completa normalidade. "Se inesperadamente me apunhalassem com uma faca agora, sem dúvida, eu daria um grito de dor", confessou.

Chegamos ao experimento mais notável da noite: Tahra Bey seria enterrado vivo. Esse feito extraordinário foi realizado sob condições de verificação que não admitiam a menor dúvida quanto à sua autenticidade.

Disse-nos, de antemão, que fixaria a hora e o minuto exatos em que sairia do transe. Pediu-nos, portanto, que não o deixássemos enterrado por mais que uma hora e meia, pois predeterminaria seu despertar para cinco minutos após esse horário.

O caixão foi trazido para o centro do local, sendo o chão do aposento examinado antes disso. Era revestido por mosaicos de azulejo, como costumam ser os pisos egípcios, e não havia nada além do teto do outro apartamento abaixo, pois estávamos por acaso em um dos blocos dos modernos edifícios que estão surgindo por todo bairro europeu do Cairo. A possibilidade de haver algum alçapão secreto foi logo descartada, mas, para satisfazer nossas últimas dúvidas, um tapete comum foi colocado no chão. O caixão foi posicionado sobre este.

Tahra Bey passou por seus procedimentos usuais para entrar em estado de autocatalepsia. Pressionou com os dedos as artérias da nuca e o centro nervoso das têmporas. Curvou a língua para trás e bruscamente aspirou o ar. Em poucos minutos, ficou definitivamente cataléptico. A respiração parou, o fluxo sanguíneo cessou e o corpo inteiro entorpeceu. Caiu nos braços dos assistentes e, enquanto o sustentavam, os médicos o examinaram: os batimentos cardíacos e a respiração haviam cessado!

A boca, as narinas e as orelhas foram tapadas com algodão pelos assistentes, e seu corpo rígido como estátua foi colocado no caixão. Seria difícil dizer qual a diferença entre o caixão com Tahra Bey e um com qualquer morto. Certamente, não havia sinal de vida naquele "cadáver vivo" de rosto pálido.

Seus assistentes começaram a trabalhar com as pás, rapidamente cobrindo por completo o caixão com a areia vermelha e macia. A tampa de madeira foi trazida e firmemente pregada.

Em seguida, uma caixa maior de madeira foi trazida e colocada no tapete ao lado do caixão, que então foi erguido, transferido para a caixa e posicionado dentro dela. Os assistentes começaram a trabalhar de novo e cobriram com areia o caixão, preenchendo a caixa até a borda.

Nos acomodamos para a uma hora e meia de espera, enquanto Tahra Bey repousava imóvel dentro de sua tumba improvisada de areia. Havíamos examinado tudo que seria usado nessa demonstração e controlado cada passo da performance. Se ele sobrevivesse a tal teste, seríamos forçados a prestar tributo a seus extraordinários poderes.

Finalmente, decorrido o período predeterminado e, cumprida a nossa promessa, a areia foi removida com uma pá; e o caixão, desenterrado, levantado e destampado. Lá estava o faquir, estirado e rígido como um morto, sua pele opaca e cinzenta como a de um defunto. Para todos os efeitos, era um homem morto.

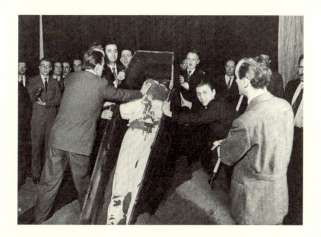

FIGURA 6.10. Tahra Bey sendo enterrado vivo sob a supervisão de cientistas e médicos. Do acervo do autor.

Depois de ser retirado, a rigidez cessou e o puseram sentado numa cadeira. Após alguns minutos, os primeiros sinais de vida retornaram. As pálpebras tremeluziram; então o ritmo da respiração tranquila se manifestou e, gradualmente, o corpo todo foi reanimado.

Dentro de doze minutos desde a saída do caixão, voltou ao normal e sentou-se, falando-nos de sua estranha experiência.

"Meu sono foi tão profundo que não sei nada do que fizeram comigo", nos disse. "Lembro apenas que fechei os olhos nesta sala e que, pelo misterioso processo de autossugestão, despertei no exato momento em que havia determinado."

Assim terminou nosso incrível experimento da noite com aquele homem extraordinário, capaz de fazer milagres em instantes!

Saí com a sensação de que a figura cambaleante do materialismo será sacrificada ainda neste século, uma vez que nunca fez muito para explicar o mistério da mente.

Cientistas pessimistas previram que o fim da Terra será um planeta congelado girando no vácuo. Talvez. O fim do homem, entretanto, não poderá ser tão desesperador quanto o fim de seu lar, *porque o homem é mais do que um corpo.*

7

ENTREVISTA COM O FAQUIR MAIS FAMOSO DO EGITO

Certa tarde, Tahra Bey fumava um de seus cigarros egípcios delicadamente perfumados, enquanto me revelava as teorias e os princípios subjacentes às suas notáveis demonstrações. Estávamos num suntuoso apartamento nesse bairro em desenvolvimento, que o Cairo herdou da Europa. O faquir havia me prometido contar o bastante, então com certa ansiedade esperei por suas próximas revelações. Consegui respostas certamente esclarecedoras para as minhas dúvidas.

É sempre interessante, e às vezes proveitoso, obter explicações de feitos sobre-humanos e extraordinários daqueles que realmente os demonstraram e não de professores eruditos que podem apenas teorizá-los.

"Devemos inicialmente reconhecer dentro de nós as grandes habilidades que todos possuímos", começou dizendo, "e até que isso seja feito, continuaremos de mãos e pés atados por limitações desnecessárias que nos impedem de explorar nossos maravilhosos poderes psíquicos e materiais. As pessoas, quando se defrontam com os fenômenos que posso produzir, acreditam ser algum tipo de ilusionismo ou algo inteiramente sobrenatural. Em ambos os casos, estão erradas. Parecem não compreender o fato de que esses fenômenos são perfeitamente científicos, obedecendo às leis da natureza. É verdade que estou usando leis psíquicas pouco compreendidas, mas, no entanto, são leis. Nada do que faço é arbitrário, sobrenatural ou contra essas leis. Daqueles que imaginam que sou uma espécie de ilu-

FIGURA 7.1. O ilustre Tahra Bey. Do acervo do autor.

sionista de palco, um conjurador, devo ter pena de sua mente estreita, de sua incapacidade de visualizar qualquer possibilidade mais elevada para a humanidade além da experiência limitada que lhes cabe."

Taquigrafei a última frase e olhei para cima, flagrando a expressão melancólica que por vezes tomava seus olhos místicos quando se referia aos críticos. Notava-se que preferia fazer amigos a inimigos, encontrar compreensão a causar equívocos.

"Quando introduzo alfinetes ou espetos no rosto, as pessoas pensam, por exemplo, que se não for um truque sagaz, então é porque estou entorpecido, ou se não for nada disso, então é porque uso minha força de vontade para resistir à dor. Se isso fosse verdade, então por que não há cicatrizes no meu corpo depois de profundamente cortado e ferido? O fato é que as pessoas não podem escapar do seu modo habitual de pensar; não podem compreender a possibilidade de minhas explicações serem verdadeiras. Deixe-as tentar cravar facas e espetos em sua própria garganta e rosto: logo verão a diferença. Podem continuar dizendo a si mesmas que nada sentem e podem tentar ao máximo não sentir, mas certamente sentirão."

Fez uma pausa nessa indignada observação.

ENTREVISTA COM O FAQUIR MAIS FAMOSO DO EGITO

"O senhor, no entanto, deseja minhas explicações. Os dois segredos – embora esse não seja o termo correto, mas há de servir – que me permitem realizar os meus feitos são, primeiro, a pressão sobre certos centros nervosos do corpo; segundo, a capacidade de entrar em coma cataléptico. Qualquer um que esteja apto e que se submeta ao longo treinamento pelo qual passei, para dominar e praticar com sucesso a aplicação desses dois segredos, poderá realizar os mesmos feitos. Sem tal aplicação, eu não afirmaria ter a coragem de resistir à dor desses feitos sem um murmúrio, pois não tenho a pretensão daqueles faquires hindus que, como o senhor vê, por volúpia procuram se torturar e suportam, por vontade própria, sofrimentos terríveis ditados pelas doutrinas do ascetismo. Afastei-me dessas doutrinas bárbaras e definitivamente condeno as exageradas práticas a que esses ascetas se submetem. As únicas coisas que compartilho com eles são: quanto à doutrina, viver uma vida interior de espírito desapegado e, quanto às práticas, o encurvamento da língua e a passagem para o estado cataléptico."

Falava com uma franqueza que, conhecendo o modo dos faquires orientais, me surpreendia. No entanto, lhe perguntei:

"Poderia, por favor, explicar melhor o seu primeiro segredo?"

"Sim", respondeu-me em voz suave. "Para ser breve, é desnecessário dizer-lhe que os nervos são os condutores da dor, mas é necessário salientar que, pela pressão em determinados centros nervosos, é possível desviar o sangue do cérebro, causando a sensação anestésica. Veja bem, não estou sugerindo nem por um momento que alguém deva praticar isso, porque, sem um longo e adequado treinamento, esses experimentos não orientados seriam apenas temerários e perigosos. Quando essa pressão é associada à concentração do pensamento, que leva ao estado de perda da consciência, bem como ao relaxamento completo dos músculos e nervos; quando isso se segue ao completo encurvamento da língua e à inalação brusca do ar, um coma cataléptico rígido certamente sobrevém. E então, por cerca de vinte e cinco minutos, a carne se torna total e automaticamente insensível à dor, não importando quão intensa ou atroz ela seja."

"Quais são os nervos em que o senhor aplica pressão?"

"Os principais são as artérias carótidas que irrigam a cabeça, os centros hipnóticos das têmporas e os nervos pneumogástricos. Mas, como dito, não se deve brincar com isso. Qualquer um que tentasse comprimir as carótidas, por exemplo, e conseguisse desviar o sangue do cérebro, provavelmente sentiria apenas um zumbido dentro da cabeça produzido pelo sangue que desce da nuca; cairia para trás desamparado e, inevitavelmente, desmaiaria. Posso fazer isso com bastante segurança porque fui treinado desde a infância por especialistas."

"E o encurvamento da língua?"

"Ah, é claro, o senhor viu na Índia entre os iogues. Quando eu tinha apenas quatro meses, meu pai começou a curvar minha língua para trás com o dedo. O resultado é uma espécie de ataque convulsivo. Quando isso se torna muito intenso, é sinal de que há exagero na prática e é necessário parar por um tempo. Hoje consigo curvar a língua para trás com facilidade; embora às vezes ainda tenha dificuldade de colocá-la na posição normal e preciso puxá-la com os dedos. Os hindus às vezes se prestam a exercícios de alongamento da língua para realizar essa difícil façanha de curvar a língua para trás e assim fechar a traqueia, impedindo a entrada de perigosos insetos ou mesmo germes, enquanto o corpo está indefeso enterrado."[1]

$$\wedge\!\wedge\!\wedge$$

"Ao se entrar em catalepsia, o que acontece?"

"Antes de entrar nesse estado, sempre determino de antemão o momento em que vou acordar. Quando o momento chega, desperto. Muitas pessoas empregam esse tipo de autossugestão de maneira simples, como quando dizem a si mesmas à noite que vão despertar numa determinada hora no dia seguinte, a tempo de irem ao trabalho. Isso prova que a mente subconsciente jamais dorme, é apenas a mente consciente que tem esse lapso, o que também explica por que os sonâmbulos costumam realizar ações inteligentes sem se lembrar depois do que fizeram.

"Retomando, o início do transe cataléptico provoca a cessação de duas importantes funções vitais – a respiração e a circulação sanguínea. Bem sabemos que a maioria das pessoas declararia que a morte inevitavelmente sobrevirá caso isso ocorra, mas não precisamos discutir esse ponto,

ENTREVISTA COM O FAQUIR MAIS FAMOSO DO EGITO 153

porque o senhor já deu testemunho público do contrário na Índia. Apenas os faquires podem parar o movimento do sangue e da respiração e ainda sobreviver. Basta dizer que toda a circulação do sangue cessa completamente quando estou em catalepsia. Na verdade, todo o ritmo da minha vida fica suspenso. É essencial enfatizar o fato de que essa não é a catalepsia por vezes obtida em experimentos hipnóticos com outras pessoas, porque em tais casos a circulação sanguínea é frequentemente intensificada. Por quê? Porque os métodos usados são totalmente distintos e não têm relação entre si. É possível observar essa diferença com maior clareza no método que emprega apenas a sugestão hipnótica, enquanto uso meios puramente fisiológicos, ou seja, a pressão dos nervos e o encurvamento da língua. A outra diferença é que minha insensibilidade à dor não dura mais de vinte e cinco minutos após despertar do segundo grau do transe. Não há tempo preestabelecido no caso de pessoas hipnotizadas. Estados hipnóticos induzidos por sugestão com frequência tornam o corpo do hipnotizado insensível à dor, é verdade, mas continuar insensível à dor após passar esse estado, como acontece comigo, é algo completamente diferente. Ainda assim, a diferença mais importante, afinal, é que me coloco em estado de transe inteiramente por minha própria vontade, ao passo que, qual hipnotizador é capaz de hipnotizar a si mesmo?"

"É notável que seu corpo não tenha cicatrizes, após as numerosas perfurações feitas ao longo de sua carreira. Como explica isso, doutor?"

"Para conseguir isso, há duas coisas que faço. A primeira é acelerar temporariamente a circulação sanguínea. O senhor sabe que os médicos descobriram que meu batimento havia subido para 130 durante o experimento daquela noite. Isso acelera meu coração, mas não o sobrecarrega, e sua rapidez não me causa fadiga. Essa velocidade do fluxo sanguíneo naturalmente ajuda a curar as feridas com uma rapidez incrível. Lembre-se de que faço isso por mera vontade. A segunda é elevar a temperatura do sangue a um calor febril. Isso destrói todos os germes que possam ter sido introduzidos nas feridas e, na verdade, as desinfeta. Minhas feridas nunca ficam supuradas e sempre cicatrizam por completo em poucos minutos e no máximo em algumas horas, nos casos mais graves."

Em seguida, abordei o seu maior feito — ser enterrado vivo.

Ele apagou o cigarro e imediatamente começou a acender outro.

"Não preciso lhe dizer que, há milhares de anos, tanto no Egito quanto na Índia, era comum se realizar esse mesmo feito", respondeu. "Naquela época, o materialismo universal que prevalece hoje mal havia começado: todos acreditavam na alma e, portanto, experiências como a minha eram bem compreendidas. Todos acreditavam na época, como os faquires hoje acreditam, que a alma guia, misteriosamente, a vida do corpo e a consciência da mente. Acreditamos que a alma pode viver à parte do corpo, e se os átomos químicos que o compõem retornam à terra na forma de carbono, potássio, hidrogênio, oxigênio, e assim por diante, então a alma, sua força vital, retorna à sua fonte, a Força Incognoscível, que é eterna. Não preciso lhe dizer, além disso, que o perigo do materialismo moderno é conferir falsos hábitos de pensamento que privam o homem dessa força incalculável, o poder da alma. Basta de teoria.

"Resumindo, posso dizer que, no mais profundo transe cataléptico, a vida física é suspensa, mas a centelha invisível da alma continua, no entanto, a funcionar. Demonstrar isso exige um treinamento longo e severo, que geralmente se inicia muito cedo. Mencionei que meu pai começou a me treinar quando eu tinha apenas quatro meses. Agora posso me permitir ser enterrado por alguns dias, se desejar, e sair ileso."

"Os céticos sempre levantam uma objeção", murmurei. "Perguntam como é possível continuar vivo embaixo da terra, sem respirar?"

"Vejamos um caso simples. Os pescadores de pérolas da costa leste da África conseguem ficar embaixo d'água, sem respirar, por oito ou nove minutos. Isso representa o maior recorde para seres humanos normais, até onde sei. Voltemo-nos agora para o reino animal. O sapo respira com rapidez, porém é capaz de ficar embaixo d'água, sem ar, por até quatro horas. Como isso é possível? Examine-o e descobrirá que seu corpo fica rígido. Na verdade, está cataléptico. Repare também que os olhos ficam fechados, mas não pelas pálpebras e sim por uma membrana especial protetora que evita os perigos do contato prolongado com a água. Veja a tartaruga marinha. Ela vive livremente no solo e, no entanto, pode passar várias horas embaixo d'água. Porém, se privar a tartaruga de ar, forçando-a a permanecer embaixo d'água contra sua vontade, ela ficará sufocada e morrerá. O motivo é que não teve tempo de se preparar para sua experiência subaquática. Os crocodilos, que têm poder semelhante de viver em ambos os elementos, hibernam sem respirar durante os meses de vitalidade diminuída. A ciência dificilmente consegue explicar como essas criaturas podem viver sem oxigênio. Certas espécies de morcego, é claro, fornecem casos bem conhecidos de hibernação durante o inverno, quando permanecem suspensos sem respirar.

"Deixe-me lhe dizer que a chave para as incompreensíveis proezas desses animais é que entram em um estado especial de catalepsia. E, se os animais conseguem fazê-lo, por que não os seres humanos, que afinal possuem um corpo animal? Se os seres humanos aplicarem essa solução, também poderão obter os mesmos resultados. Isso, nós faquires o provamos. Se eu não estivesse em transe cataléptico durante o experimento de ser enterrado vivo, teria sufocado em dez minutos. Há circunstâncias nas quais podemos viver sem respirar."

∧∧∧∧

Observei-o enquanto soprava a fumaça cinzenta de seu perfumado cigarro e perguntei:

"Se, como você diz, durante o período embaixo da terra, a alma é separada do corpo, então ela vai para o Além? E o que pode nos dizer sobre suas experiências nessa esfera?"

"Infelizmente, não posso dizer quase nada. Não desejo me passar por um homem que conhece os segredos do Além. Embora tenhamos despertado a tal ponto os poderes maravilhosos da mente subconsciente, há profundezas misteriosas que não conseguimos penetrar. O problema é que, quando nós faquires nos libertamos do corpo, passamos a uma condição semelhante à dos sonâmbulos, isto é, não temos consciência de nossa existência e, no entanto, existimos. Quando retornamos à vida corpórea, somos incapazes de lembrar nossa aventura aparentemente sobrenatural. Pode ser que tenhamos explorado as regiões do mundo dos espíritos, mas, como não lembramos nossas experiências, nada podemos dizer a respeito desse universo. Nosso sono é tão profundo quanto a hibernação dos animais de que lhe falei."

FIGURA 7.2 Tahra Bey.
Do acervo do autor.

Era, de fato, lamentável um homem que havia "morrido" não poucas vezes, como Tahra Bey, ser incapaz de fornecer qualquer relato, isso decididamente foi decepcionante. Se o completo vazio, a pura inconsciência, estava além do túmulo, isso era paradoxalmente, um vivo vazio. Expressei meu desapontamento com essa resposta negativa.

Tahra Bey a ignorou.

"Devemos respeitar os fatos como os encontramos", respondeu. "No entanto, acredito que retornei, como na morte real, para unir a minha alma à Alma Universal, à Força Incognoscível. Nesse sentido, acredito que somos imortais."

Perguntava-me como a Força Universal – ou Deus, se assim preferir – poderia ser um estado infinito de completa inconsciência, pois eu não conseguia conceber como um ser consciente – o Homem – poderia derivar a sua mente de um Ser inconsciente – Deus. Contudo, não trouxe o assunto à tona, pois isso nos levaria a uma discussão teológica, e estávamos lidando aqui com fatos científicos. Em todo caso, respeitei as explica-

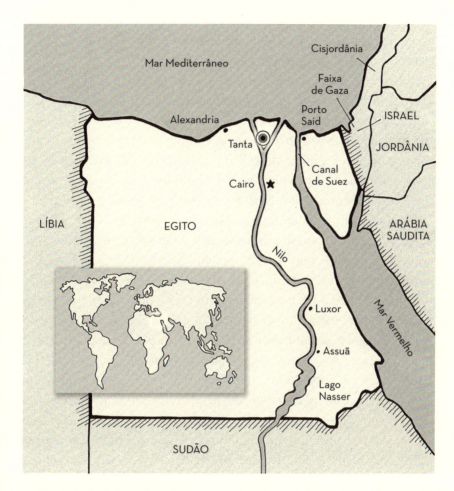

FIGURA 7.3. Terra natal de Tahra Bey, Tanta, no Delta do Nilo. Imagem de Rosemarie Quebral Harris.

ções francas do doutor Tahra Bey, pois estava certo de que descrevia suas experiências exatamente como ocorriam.

Contou-me a história de um curioso enterro. Um famoso faquir havia sido enterrado vivo, no ano de 1899, em Tanta, terra natal de Tahra Bey, estando determinado a acordar depois do dia 17 de maio de 1925. Quando chegou a data em questão, foi exumado e encontrado vivo. A carne estava em perfeitas condições e todos os órgãos estavam sãos, exceto pelo fato de ter perdido a capacidade de falar. Seis meses depois, o homem morreu.

"Por causa do desgaste sofrido pelo corpo embaixo da terra", disse Tahra Bey, "enterros prolongados encurtam a vida do faquir. Por outro lado, se um homem for enterrado por períodos breves, digamos, de um a três dias, o resultado é um efeito maravilhosamente revigorante e curativo. Os dervixes egípcios descobriram isso há séculos. Naquela época, eram encarregados de castigar certos criminosos que, em vez de serem condenados à morte, eram obrigados a passar longos períodos enterrados após os dervixes prepararem adequadamente seus corpos. O período que deveriam permanecer enterrados variava de acordo com a natureza do crime. Descobriu-se que, embora essa punição encurtasse suas vidas, por outro lado, eram miraculosamente curados de suas doenças, não importava quais fossem, enquanto estavam enterrados na areia quente. Minha explicação para isso é que tais inumações proporcionam todos os benefícios do repouso prolongado e do jejum. A cura pelo jejum, tão popular hoje, permite que a natureza se ponha para trabalhar e cure as enfermidades do corpo. Ser enterrado por alguns dias é equivalente a um jejum pelo mesmo período, com o benefício adicional do completo repouso para cada função corporal, algo que nossos órgãos sobrecarregados bem sabem valorizar. Essa profunda letargia de uma breve inumação põe em ação potentes forças curativas, provando assim o poder da alma sobre a matéria e a notável inteligência do nosso subconsciente."

"Mas não há perigo em ser enterrado vivo?"

Tahra Bey fez um gesto resignado com as mãos.

"Claro que há, mas, com as devidas precauções, podem ser evitados. O processo deve ser executado com o maior cuidado possível, pois aqui estamos lidando com a vida ou a morte. Houve um jovem faquir chamado Said, que encontrou a morte dessa maneira. Era um jovem muito promissor, de dezoito anos, que havia se dedicado, sem reservas, à vida de faquir e treinado o processo de autocatalepsia que o senhor me viu praticar. Decidiu um dia realizar o corajoso feito de ficar enterrado por não menos que seis anos. Bem, isso aconteceu, e seu corpo foi posto numa tumba especial. Para exercer algum controle sobre esse feito e ajudá-lo, alguns muçulma-

ENTREVISTA COM O FAQUIR MAIS FAMOSO DO EGITO

nos devotos abriam sua tumba a cada ano, durante o festival sagrado do Ramadã, examinavam o corpo e recitavam orações. Durante os dois primeiros anos, acharam o corpo em perfeito estado de preservação, mas na terceira vez que o desenterraram, desalentados, descobriram que vermes haviam penetrado no caixão, destruindo uma parte do corpo."

"Como o senhor explica isso, doutor?"

O faquir afastou-se de mim para olhar pela janela. Acompanhei seus olhos e vi que observava o Nilo, aquele maravilhoso rio que alimentou e deu sustento a milhões de pessoas ao longo de milhares de anos, que tomou o Egito em seus braços bondosos e paternais. Então, voltou-se para mim.

"Tenho duas teorias. A primeira é que os preparativos anteriores à inumação não foram executados corretamente. O faquir que vai passar por um período tão longo enterrado deve cobrir todo o corpo com uma cera macia, como se fizesse um molde de cera do corpo inteiro. Então, deve ser depositado em um caixão fechado e selado, do qual toda poeira foi removida com aspirador de pó. O pobre Said não tomou essas precauções. Minha teoria é que o buraco no caixão foi feito por uma cobra, de espécie pequena, mas poderosa, que existe no Egito; essa cobra teria rastejado para dentro, passado pelo corpo, entrado por uma das narinas, perfurando então o cérebro. Essa perfuração em Said teria permitido que o oxigênio entrasse no corpo. Atribuo parte da eficácia da catalepsia ao fato de privar o corpo de oxigênio. Tenho confiança de que, enquanto o oxigênio for mantido fora do corpo em transe, nenhum micróbio e mesmo nenhum verme o tocará. O resultado dessa entrada foi que Said perdeu a defesa cataléptica contra os vermes. Eles penetraram no caixão e começaram a nutrir-se de sua carne, abrindo caminho até os órgãos internos."

O doutor Tahra Bey pintou um quadro tenebroso dos perigos que aguardam o faquir que não conclui com sucesso a inumação voluntária. É fácil entender por que então os antigos egípcios, desejando preservar os corpos de seus reis, aristocratas e sacerdotes, não apenas os embalsamavam e mumificavam como também os encerravam em espessos sarcófagos de pedra, cujo granito quase indestrutível era impossível de penetrar.

"Depois disso o senhor compreenderá por que se deve considerar leviana a alegação de que, ao realizar minha inumação, há tubos secretos me transportando ar. Quando mais jovem, permiti ser enterrado por uma hora num jardim a céu aberto e dançaram sobre a minha cova. Contudo, meu objetivo não é surpreender ninguém como fazem os ilusionistas no palco, mas demonstrar que grandes poderes repousam, desconhecidos e incompreendidos, dentro de nós.

"Algumas vezes, já me aconteceu de falhar quando estava prestes a fazer uma demonstração, e sempre fui franco o bastante para admiti-lo. Entretanto, devido ao meu longo treinamento e experiência, essas falhas são raras."

∿∿∿

"Seria possível, doutor, realizar uma cirurgia invasiva sem anestesia durante um coma cataléptico?", perguntei.

"Acredito ser perfeitamente possível, mas nunca o testei. Certa vez, um médico sugeriu que meus ferimentos com adagas e alfinetes seriam apenas superficiais, e me perguntou se eu poderia suportar uma cirurgia sem sentir dor. Respondi que acreditava ser possível e estava disposto a me submeter a uma cirurgia, contanto que não fosse perigosa. Como o médico me respondeu que a lei do país proibia cirurgias desnecessárias e eu não estava doente, não levamos a questão adiante."

Havíamos percorrido o território de suas excepcionais experiências; agora eu queria abordar a sua opinião geral em relação a elas. Seu ponto de vista incomum era tão extraordinário entre os faquires do Oriente que procurei elucidá-lo ainda mais. Sorriu quando mencionei o assunto e não me deixou terminar a última frase. Respondeu gesticulando com as mãos:

"Gostaria de vê-los sendo submetidos a uma base científica, despidos de toda falsa sugestão e autossugestão, principalmente religiosas ou supersticiosas, com as quais no geral se misturam. Testemunhei os danos causados à verdade assim. Afastei-me completamente das tradições dos faquires. Nossa ciência é uma coisa, a religião é outra, e devem ser mantidas separadas. Não é que não acredite na religião — longe disso, vejo-a com respeito e como algo necessário à vida do homem, pois confere o poder moral. Entretanto, como o senhor notou na Índia, a tendência do homem em atribuir a Deus, aos espíritos e aos anjos aquilo que deriva apenas dos poderes anímicos de seu próprio subconsciente é tão forte que considero necessária uma completa ruptura, para que nossos ensinamentos sejam purificados da superstição e explicados cientificamente. Muitos faquires são vítimas da própria autossugestão, enquanto outros das sugestões dadas por suas tradições. São capazes de produzir feitos genuínos, mas falsas explicações teóricas. Veja os dervixes que dançam girando em estado hipnótico, e depois se cortam com adagas e facas, sem sentir dor. Podem iniciar esses feitos com elaborados rituais cerimoniais e a recitação de muitas orações – em minha opinião, todos desnecessários e simplesmente uma forma de criar autossugestão para se chegar a um estado no qual entro rapidamente e sem orações, apenas compreendendo as leis naturais envolvidas. Acredito que os faquires têm frequentemente usado seus feitos maravilhosos para impressionar a mente das pessoas, impondo a elas suas crenças religiosas. Adotaram uma atitude de mistificação para ampliar a força das impressões que causam. Tudo isso é fútil atualmente, após todo o progresso da ciência e da educação. Esses comerciantes de mistério deveriam estudar a ciência e explicar seus feitos cientificamente."

O doutor Tahra Bey tinha razão. A era do abracadabra ficou no passado. O mistério e a mistificação pertencem a uma época mais obscura que a nossa. Em nossos esclarecidos dias, a verdade deve ser dita diretamente, não pelos métodos tortuosos e desonestos da fábula e da ficção, do símbolo e da parábola, por insinuações ambíguas e sussurros que inspiram reverência.

"Mas e quanto aos faquires que alegam entrar em êxtase religioso?"

"Não nego que tenham passado por essa experiência, mas ela pertence à esfera da religião, que está além de minhas pesquisas experimentais. Tenho trabalho suficiente dentro do campo do qual me ocupo. Basta-me poder demonstrar como o subconsciente, a alma, sobrevive e retorna após o corpo passar por um estado equivalente à morte. Isso por si só é instrutivo o suficiente. Quem pode duvidar da existência da alma após essa experiência? Basta-me poder demonstrar os poderes maravilhosos dessa alma que sustenta o corpo, quando uma grande pedra é despedaçada sobre mim sem me causar dano. Quando um amigo meu, atleta treinado, achou que poderia imitar essa façanha e tentou fazê-la, teve a coluna vertebral quebrada. Havia desenvolvido o corpo, mas se esqueceu de desenvolver o poder do subconsciente. A esperança oferecida à humanidade pela natureza desse poder é tão sublime que, às vezes, penso na capacidade de despertar uma nova Era de Ouro. A ciência não pode mais ver as maravilhas do subconsciente apenas como produto da imaginação doentia; deve estudá-las a sério e com sinceridade, prestando tributo à Força Incognoscível que, mesmo incriada, criou o universo."

Assim, a eterna Esfinge da mente do próprio homem desafia nossa indagação e nos convida à investigação. Não precisamos temer. O homem, que se eleva do protoplasma ao paraíso, é um antigo enigma destinado a ser solucionado pela investigação moderna. O século XX confirmará amplamente essa previsão.

8

EM NOME DE ALÁ, O CLEMENTE, O MISERICORDIOSO!

Ajoelhei-me atrás de um dos imponentes pilares da mesquita e deixei as asas do coração voarem em silêncio ao alto, em reverente devoção ao Poder Superior, chamado Alá pelos homens ao meu redor, poder ao qual jamais fui capaz de atribuir qualquer nome, embora também concordasse em chamar Alá durante a minha estadia no Egito. Sabia que todos nos referíamos à mesma coisa, ao mesmo Ser Supremo que nos mantém na palma de suas mãos invisíveis, e eu poderia muito bem aceitá-lo independentemente do nome.

Não sei quanto tempo se passou até que alguém começasse a ler uma pesada e antiga edição do Alcorão, a escritura sagrada deixada por Alá para esta terra, numa salmodia que mal se ouvia. E, enquanto os agradáveis murmúrios em árabe eram entoados de seus lábios, levantei os olhos e vi de relance os que obedeciam à ordem do Profeta para se reunir no início do crepúsculo e lembrar por alguns minutos da Fonte Divina à qual devemos a vida e a existência. Havia um senhor de idade ao meu lado vestindo uma longa túnica de seda com listras brancas e azuis. Sua pele era cor de nogueira pálida e fornecia um excelente contraste à esplêndida fileira de dentes brancos. Tocou o macio tapete vermelho com a testa enquanto sussurrava suas preces e constantemente erguia-se para novamente repetir a prostração. Colocou as mãos sobre as coxas, continuou a sussurrar e, pouco tempo depois, tocou o solo com a testa mais uma vez.

Enquanto eu olhava ao redor, outro senhor de idade entrou e invocou a misericórdia de Alá, balançando no vaivém de suas devoções. Parecia extremamente pobre, e a túnica esfarrapada, que outrora havia sido branca, era agora cinza fosco, arriscando se tornar uma pilha de trapos.

O rosto vincado e cheio de cicatrizes parecia cansado da batalha que a vida e Alá lhe haviam imposto; no entanto, nesta venerável construção dedicada à tranquila devoção, que nos faz esquecer do mundo, com a mente concentrada na prece da tarde, alguns dos vincos desapareciam de sua pele, e uma serenidade recaía sobre seu rosto. Era possível ler seus sentimentos com grande facilidade. Por acaso, diziam:

"Ó Alá, o Vitorioso, Senhor do Perdão, em verdade, ordenaste que a vida de teu servo fosse árdua, porém certamente sabes o que é melhor para ele. É bom prostrar-me mais uma vez diante de ti e louvar-te. Como declarou teu Profeta, que a paz esteja com ele: 'Não temais, nem vos aflijais, mas regozijai-vos na esperança do Paraíso que vos foi prometido.' Louvado, portanto, seja Alá, o rei Todo-Poderoso, a Verdade!"

Aqui estava um homem que teve a coragem de entregar sua vida, cegamente, digamos, aos cuidados onipotentes de Alá; e era evidente que nunca se arrependeu disso, mas aceitava o que viesse, o bom e o mau, com a venerável expressão: "Inshallah!" (se Alá quiser!).

Virei o rosto e avistei um muçulmano devoto, que parecia ser um mercador recém-chegado de sua tenda. Permaneceu na postura prescrita, com o rosto voltado para o leste e os pés levemente afastados, as mãos abertas posicionadas em cada lado do rosto, tocando as orelhas, e então sonoramente pronunciou a saudação: "Alá é grandioso!" Baixou as mãos à cintura e murmurou por um instante o capítulo de abertura do Alcorão. Deslizou as mãos até os joelhos, inclinou o corpo de leve e, estendendo os dedos, disse: "Que Alá ouça aquele que O louva!" E assim continuou curvando-se para acompanhar sua prece, indo ao chão de vez em quando, conforme as posturas prescritas há mil e trezentos anos ao muçulmano ortodoxo. No fim, voltou a cabeça e olhou para trás do ombro direito, dizendo, como se quisesse se dirigir agora para o restante da congregação: "Que a paz esteja convosco, e a misericórdia de Alá". Voltando a cabeça para a esquerda, repetiu a mesma bênção.

EM NOME DE ALÁ, O CLEMENTE, O MISERICORDIOSO!

Permaneceu agachado por um tempo antes de se levantar e sair da mesquita em silêncio. Sua alma havia derramado o amor por Alá, e agora podia voltar em paz aos seus afazeres.

Havia outros também, todos homens, tão engajados em suas preces que pareciam absortos, sem revelar qualquer percepção do ambiente externo. "Olhos e pensamentos devem se concentrar em Alá", disse o Profeta Maomé, e essa norma era rigorosamente obedecida com louvável exatidão. Vinham aqui não para examinar seus irmãos nem para ser examinados, seu único propósito era Alá, e a Ele se entregavam com um fervor inesquecível para o estrangeiro que os observava com simpatia.

Com suas longas túnicas, os homens do Cairo se sentavam, se curvavam ou se prostravam perto dos homens de negócio vestindo traje europeu e barrete na cabeça; os pobres prestavam homenagem a Alá misturando-se aos ricos; e o erudito com a cabeça repleta de mil tomos não se importava de se sentar atrás do errante iletrado. A profunda reverência e a completa concentração não podiam deixar de impressionar o espectador. Tal era a democracia que Maomé havia estabelecido dentro dessas velhas paredes vermelhas, brancas e douradas, sob os sarracenos arcos pontiagudos daquela bela mesquita.

As mesquitas do Cairo guardavam uma impressionante beleza que me comovia inexplicavelmente, cada vez que me demorava dentro delas. Quem poderia olhar, da base ao capitel, a centena de requintadas colunas de mármore branco que emolduram o edifício e depois voltar os olhos para os nobres arcos da cúpula ornamentada em marrom e dourado, sem ser tomado por profunda admiração? Quem poderia contemplar os arabescos geométricos que adornam as pedras do arco principal sem sentir um verdadeiro deleite?

Levantei-me e fui embora com relutância. Calçado de chinelos, dei passos mais lentos enquanto olhava novamente a cena colorida. Havia um dossel cercado por parapeitos acarpetados, de onde um homem de barba branca entoava os versículos do Alcorão; o santo oratório ladeado por duas esguias colunas, e o púlpito delicadamente entalhado em madeira, cuja porta de nogueira incrustrada em marfim tinha uma antiga inscrição — tudo trazendo a marca da qualidade artística com a qual os

FIGURA 8.1. Pátio quadrangular de mármore da Mesquita de Ibn Tulun, com o minarete à esquerda e a fonte com a cúpula de mármore no centro. Foto de Pavel Szekely.

árabes enriqueceram o mundo. Ao redor das paredes, estendiam-se frisos com sentenças árabes em reluzentes letras douradas, tiradas do Alcorão, os formosos caracteres constituíam por si só uma decoração. A parte inferior das paredes era revestida com mármore multicolorido. Tudo era imensamente amplo, como se os construtores não economizassem espaço para a casa onde os homens pudessem se reunir para adorar Alá.

Atravessei o pavimento revestido de mosaicos, cheguei a um vasto pátio – de cerca de sessenta metros de largura – onde um retângulo de mármore jazia, sem cobertura, exposto aos ventos celestes. Quatro amplas colunatas o cercavam, encerradas dentro de altas muralhas ameadas, e o protegiam do mundo exterior tão eficazmente como se fosse um dos paradisíacos pátios do Alcorão e não a cidade barulhenta do Cairo. Tapetes macios recobriam o piso de ponta a ponta e, sobre eles, acocorados ou reclinados, havia pequenos grupos de homens de semblante grave – piedosos eruditos de turbante, talvez, ou pobres cidadãos desocupados, sem nada para fazer.

EM NOME DE ALÁ, O CLEMENTE, O MISERICORDIOSO!

Alguns rezavam, outros liam, outros dormiam, outros simplesmente se espreguiçavam. Pardais, chilreando, disparavam aqui e ali entre as colunas cilíndricas, vinham empolgados sempre que um dos eruditos deixava seus estudos de lado para lhes trazer comida.

No centro do pátio, havia uma fonte de mármore coberta e ornamentada, sua cúpula branca era sustentada por colunas cilíndricas e incrustada com pastilhas esmaltadas coloridas, enquanto as palmeiras erguiam suas copas elevadas a fim de formar um abrigo ao redor. O retângulo imenso apresentava uma imagem atraente de simplicidade, beleza e tranquilidade. A paz, assim como Alá, reinava soberana. Ouvia-se, é claro, o chilrear e o trinado dos passarinhos que há muito construíram seus ninhos sob os arcos e entre os capitéis esculpidos dos pilares – e sua incessante música suave fornecia um fundo excelente para o próprio silêncio. Perto da fonte havia um pequeno bebedouro com água fresca, onde os cantores alados se empoleiravam, limpavam as plumas e saciavam a sede. Lançavam-se sobre a superfície da água e realizavam suas abluções como verdadeiros fiéis que são, saindo em revoada depois para dar continuidade a seu ofício ancestral de cantar.

O sol radiante da manhã lançava enormes sombras esparsas no pátio aberto; os ociosos me observavam, com uma curiosidade momentânea no olhar, logo deixada de lado por não valer a pena o esforço mental, e então prosseguiam em sua graciosa ociosidade. A cena que vi hoje era exatamente a mesma que algum triunfante invasor cruzado, de elmo e armadura, deve ter testemunhado tantas centenas de anos atrás ao apear-se de seu cavalo empinado e entrar na velha mesquita. O Cairo tem passado por mudanças rápidas, mas suas numerosas mesquitas ainda estão de pé, como tantas torres fortificadas contra as quais os soldados modernos se lançam em vão. E talvez seja bom que tais lugares existam hoje, lembrando assim nossa apressada e atarefada geração de que a tranquilidade podia ser encontrada numa época quando os homens eram menos sagazes que agora. Sob a sombra das palmeiras ou das arcadas cobertas, eles poderiam se lembrar do abrigo de Deus ou desfrutar do luxo dos sonhos. Em todo caso, poderiam, se assim quisessem, encontrar um local agradável para ver a cidade em perspectiva e refletir sobre o verdadeiro valor da vida. Desfrutei da paz ancestral desse lugar.

FIGURA 8.2. Minarete da Mesquita Ibn Tulun. Foto de Khaled Mursi Hammoud.

À entrada desse amplo claustro, tirei os chinelos, pois era devidamente proibido pisar com os pés calçados o chão sagrado de uma mesquita e ali depositar a sujeira indesejada das ruas. Entreguei os chinelos a um atendente que surgiu de um recinto escuro da mesquita, desci os degraus de pedra cuja superfície plana, pisada por milhares de devotos, já havia se desgastado e ficado curva, e saí de novo na rua estreita e lotada.

∧∧∧

Dei alguns passos e parei, virando-me para contemplar a fachada e os arredores desse antigo templo consagrado à adoração de Alá. Era uma pena que parte do longo frontão estivesse oculto atrás de uma fileira de casas antigas, mas compensava a vista sobre os imponentes minaretes e o grande e pesado domo, sobre as reluzentes cúpulas abauladas, sobre as amplas janelas gradeadas; e, por fim, sobre os enormes portões de entrada trabalhados.

EM NOME DE ALÁ, O CLEMENTE, O MISERICORDIOSO!

FIGURA 8.3. Uma das mesquitas do complexo da fortaleza, por volta 1930. Do acervo do autor.

Os minaretes tinham nada menos que oito lados cada um, além de três balcões, e se elevavam das bases quadradas da mesquita, assim como se elevam os pensamentos e anseios dentro do próprio templo. Eram como dois longos dedos apontando para o céu. O topo das cúpulas era achatado e estranhamente lembrava os gigantescos turbantes brancos em comparação com a imensa cúpula central colorida. Reluziam, enquanto os observava, no sol escaldante até meus olhos arderem com o clarão. O topo dos muros com ameias se estendiam de modo a formar um quadrado perfeito. Os altos muros, bege e vermelho, mantinham do lado de fora o nosso mundo de negócios e trocas.

Baixei os olhos de novo. Aqui na rua, vendedores de doces e de iguarias turcas se alinhavam dos dois lados da entrada, expondo suas ofertas sobre mesinhas improvisadas ou até mesmo sobre um pano estendido no chão. Os vendedores ficavam pacientemente sentados, aguardando os clientes com uma expressão de plácido contentamento. Alguns mendigos agachavam-se perto dos degraus, e dois ou três fiéis paravam no caminho da mesquita para trocar algumas palavras. Um vendedor de limonada, trajando uma vistosa túnica carmim listrada, típica de seu ofício, carregando também um enorme vasilhame de latão pendurado e barulhentos copos, olhou para mim com curiosidade e depois se afastou. Um pitoresco senhor de barbas enormes, sentado em um burrinho cinzento, trotava próximo a mim com o seu fardo ancestral. A multidão habitual corria na rua de um lado para o outro. O calor da tarde tremulava no ar, enquanto o sol pairava na abóbada de um azul glorioso.

Dentro do recinto sagrado da mesquita reinava a paz dos séculos; do lado de fora, essa multidão fervilhava, se acotovelava e prosseguia ruidosamente em seus negócios. Assim são as duas faces da vida, ambas sob o abrigo das vastas asas de Alá.

∿∿∿

Ao anoitecer, eu caminhava pela Praça Ismailia quando vi um cocheiro deixar sua carruagem de aluguel e saltar a grade baixa de ferro, pintada de verde, que cercava um pequeno jardim municipal. Prostrou-se no chão debaixo do sol poente na direção de Meca, e prosseguiu rezando durante seis ou sete minutos, completamente alheio ao mundo. Estava absorto em sua devoção, sem olhar nem para a direita nem para a esquerda, visivelmente mergulhado em seu fervor religioso. Essa cena me tocou profundamente, tanto pelo seu efeito poético quanto pela evidência de lealdade espiritual. Um guarda, cuidando do trânsito na praça, o observou despreocupado e deixou que cometesse essa pequena transgressão, sem a menor interferência.

Outra noite, por volta das vinte e duas horas, vaguei pelas margens ermas do Nilo, para dar um passeio sossegado. Sob a luz elétrica de um solitário lampião, encontrei um rapaz com uma vassoura de bétula, era um jovem varredor de rua, funcionário municipal. Apoiado no poste de ferro, era evidente que estava descansando de sua labuta sob a cúpula daquele céu noturno lápis-lazúli. Cantava com alegria enquanto seus olhos míopes liam as páginas puídas de um pequeno livro, sob a luz do poste. Cantava com verdadeiro fervor e estava tão extasiado que não

EM NOME DE ALÁ, O CLEMENTE, O MISERICORDIOSO!

percebeu minha aproximação. Seus olhos brilhavam com o ardor de sua alegre veneração a Alá. Tomei a liberdade de dar uma olhada no seu livro e vi que era uma brochura barata do Alcorão. As roupas do rapaz estavam sujas e rasgadas, pois seu trabalho era mal remunerado, porém seu rosto era a própria imagem da felicidade. Era desnecessário lhe saudar com "a paz esteja contigo", pois ele já a havia encontrado.

Na terceira noite, alterei meu cardápio habitual e jantei num restaurante afastado da Mesquita de Muhammad Ali, nunca frequentado pelos europeus. Ficava no coração do bairro antigo e, por isso, mantinha bem os costumes tradicionais. Passei a conhecer e a respeitar seu proprietário, um homem de barrete vermelho e possuidor de um caráter íntegro e uma polidez inata, que não lhe brotava do bolso, mas do coração. O garçom, em sua túnica branca, mal havia colocado meus pratos na mesa quando de repente se retirou para um canto e apanhou algo apoiado contra a parede. Tratava esse objeto com tamanho cuidado que parecia seu bem mais valioso. Nada mais era que uma esteira de palha já desbotada, que ele desenrolou e abriu sobre o chão, apontando para o leste, na direção de Meca. Feito isso, deixou-se afundar na superfície dura e desconfortável. Durante os próximos dez minutos, passou por todas as prostrações do devoto, recitando suas preces em voz baixa, porém audível. Seus pensamentos agora estavam todos absortos em Alá. Havia outros sete ou oito clientes no restaurante no momento, e apenas mais um garçom. Era a hora em que se podia esperar um aumento substancial da clientela. No entanto, o velho proprietário o olhava com aprovação e até acenava com a cabeça, fazendo balançar em uníssono as borlas de seu barrete. Nunca saía do pequeno estrado onde do alto vigiava sentado toda a cena doméstica, como um Sultão vigia seu palácio. Nunca atendia à mesa nem recebia diretamente o dinheiro. Era apenas um potentado oriental que dava ordens, mas deixava que os outros as executassem. Quanto aos clientes, como bons muçulmanos, aceitavam a situação e ficavam perfeitamente satisfeitos em aguardar a conveniência do garçom. Esse, por sua vez, após afirmar enfática, repetida e fervorosamente para si mesmo — e, sem querer, para seu público — que "não há outro Deus senão Alá" e que "a Deus pertence a Vitória", voltou à consciência de seu arredor, lembrando que afinal era apenas um garçom, enrolou sua esteira e a guardou no canto. Olhou ao redor, satisfeito, fisgou meu olhar, sorriu e veio atender ao meu próximo pedido. E quando saí do restaurante, despediu-se de mim com um simples "Que Deus lhe guarde".

É possível compreender a religião do islã apenas quando ela é assim manifestada, posta em ação e praticada. Lembro de viajar de trem do Cairo ao Porto de Suez e, chegando a uma estação ferroviária, ao colocar a cabeça fora da janela para verificar meu paradeiro, reparei num homem humildemente vestido, entre um grupo de operários que trabalhava na ferrovia, que se afastou com um cântico do Alcorão nos lábios e tocou o chão com a testa. Acomodou-se para rezar no solo arenoso a poucos centímetros dos trilhos de aço. Seu trabalho era importante, pois lhe dava o sustento, mas não tão importante que pudesse esquecer seu dever para com Alá. Observei seu rosto e descobri nele a face de um homem que vivia à luz da consciência, que havia conquistado um tipo de paz interior, embora fosse um simples operário.

Ao meio-dia, entrei num desses vários cafés que existem no Cairo, para tomar chá com bolos egípcios. Enquanto mexia o torrão de açúcar a fim de ajudar a dissolvê-lo na agradável infusão marrom, o dono do café desceu ao chão e começou sua prece do meio-dia. Era uma prece quase silenciosa, murmurada apenas para si mesmo, ou melhor, para Alá. Não pude senão admirar o fervor que demonstrava e respeitar a sabedoria do Profeta Maomé por ensinar tão habilmente seus seguidores a misturar a vida de devoção religiosa à do mundo atarefado. Não pude senão contrastar o valor prático do islã com o valor menos aparente das religiões orientais que conhecia tão bem, que não raro buscavam separar a vida mundana e a espiritual em compartimentos estanques.

Esses eram apenas quatro casos de muitos; quatro exemplos que me mostraram o que o islã representava para os pobres e humildes, para os iletrados e incultos, para a chamada classe de ignorantes. Mas o que ele significa para as classes média e alta? Até onde pude discernir, significava uma fé mais branda, porque a chegada da educação científica ocidental havia enfraquecido as bases da religião aqui, como em todas as outras nações orientais por onde se espalhou. Não faço nenhuma crítica,

EM NOME DE ALÁ, O CLEMENTE, O MISERICORDIOSO!

apenas observo o fato como um fenômeno inevitável, porque acredito firmemente que tanto a fé quanto a ciência são necessárias à vida. Os muçulmanos de mente mais aberta estão chegando agora à mesma conclusão. Veem que, cedo ou tarde, o islã irá sucumbir ao século XX e ao espírito moderno, mas sabem que não é necessário beber o veneno do materialismo, que nega completamente o espírito. Porém, levando tudo isso em conta, permanece o fato de que as classes altas do Egito se agarram à sua religião com mais fervor do que as classes altas da Europa e da América. A vontade de crer reside em cada corpúsculo sanguíneo do homem oriental e, por mais que tente, ele não consegue se livrar dela.

Vou relatar o que testemunhei no escritório de um amigo, como exemplo do que vi tanto nas empresas quanto nas residências. Tive a oportunidade de visitá-lo pouco antes do meio-dia, e partilhamos a habitual xícara de chá persa enquanto ele, um homem bastante ocupado, Inspetor Geral do Governo, despachava seus negócios.

O escritório de Sua Excelência, Khaled Hassanein Bey, era perfeitamente modernizado, tanto quanto qualquer outro na Europa, exceto por um grande texto em árabe do Alcorão emoldurado na parede. Sua Excelência sentava-se à uma mesa com tampo de vidro, estava constantemente ao telefone e guardava seus documentos em arquivos com fechamento automático.

Pouco antes do meio-dia outro visitante chegou, na verdade, um de seus inspetores, e minutos depois Sua Excelência me perguntou:

"Teria alguma objeção se eu fizesse minhas orações agora?". Tranquilizei-o de que não havia objeção alguma.

Os tapetes foram desenrolados, os dois homens tiraram os sapatos e se prostraram da maneira usual. Durante doze minutos, ocuparam-se com suas orações, enquanto os funcionários seguiam trabalhando, e os mensageiros entravam, deixavam papéis e se retiravam absolutamente indiferentes. Os dois oravam como se estivessem a sós, ignorando completamente à minha presença. Quando suas orações terminaram, levantaram-se, retomaram seus assentos à mesa com tampo de vidro e continuaram a falar de negócios.

Isso me impressionou bastante, algo que nunca vi em qualquer escritório ocidental. Em lugar nenhum da Europa ou da América se podia ver algo semelhante. Lá, ao meio-dia, as pessoas estariam saindo às pressas para almoçar; no Egito, esses dois homens primeiro oraram, depois pensaram no almoço.

Se nós no Ocidente tivéssemos realmente uma crença, pensei, então esse incidente era tanto um exemplo a ser seguido quanto uma reprimenda a ser observada. Mas conseguiríamos levar tão longe a nossa fé? Tenho minhas dúvidas.

Foi isso que me impressionou tanto no Egito. Deus, Alá, era para os muçulmanos um Ser bastante real e não uma mera abstração filosófica. Mercadores, serventes e operários; nobres, paxás e oficiais não hesitavam em interromper suas atividades para prostrar-se de joelhos diante de Alá no escritório, na loja, na rua ou em casa, distante da mesquita. Homens que nunca cogitavam levantar-se de manhã ou deitar-se à noite sem antes fazer uma breve reverência diante de Alá podem não ter nada mais a nos ensinar, mas pelo menos têm algo a mostrar ao mundo ocidental, tão atarefado e preocupado com outros problemas. Não estou aqui tratando da questão das doutrinas islâmicas, as quais explicarei no devido momento, mas do valor de nossa fé em um Poder Superior, seja qual for o nome dado a ele.

Imagine alguém em Londres ou Nova York se ajoelhando numa rua ou lugar público, louvando assim a Deus, porque sentiu o ímpeto de louvar a existência Daquele que permite a continuidade de nossa existência! Essa pessoa seria ridicularizada, alvo de chacota e, talvez, da comiseração de nossos sapientíssimos modernos. Ou então seria preso pelo incômodo de obstruir o tráfego de passageiros ou veículos!

∧∧∧∧

O símbolo da lua crescente está presente no Próximo, Médio e Extremo Oriente; seu domínio se espalhou com rapidez pelas partes mais distantes da África. Porém a força da religião islâmica não deve ser medida pelo número de fiéis, mas pela ardorosa devoção de cada um deles à religião. Nós, no Ocidente, gostamos de inserir o adjetivo qualificativo "fanático" antes da palavra *muçulmano* e, se não estamos de todo

EM NOME DE ALÁ, O CLEMENTE, O MISERICORDIOSO!

corretos, também não estamos de todo errados. Aqui há um povo que se aferra aos princípios de sua religião com um fervor que nós já perdemos.

Por quê?

Comecemos pelo princípio. Certa vez, um homem se ajoelhou em uma caverna nas encostas escarpadas do Monte Hira, na Arábia, e rezou ao Todo-Poderoso para que a fé pura e imaculada dos primeiros patriarcas fosse mais uma vez conhecida de seu povo, que estava mergulhado na mais grosseira idolatria, num materialismo supersticioso confundido com religião.

Esse homem era Maomé.

Era de estatura mediana, cabelos longos e esvoaçantes, rosto pálido levemente corado nas faces, a testa e a boca eram largas e o nariz um tanto proeminente. Vestia-se com mais simplicidade do que o esperado para sua classe social. Maomé era mercador e havia obtido renome em muitas cidades pela perfeita integridade, pelos negócios justos e pela absoluta confiança. Levava mercadorias em caravanas de camelos até a Síria. Ano após ano, sua longa fileira de camelos seguia a passos medidos pelas ondulantes dunas de areia dourada e desfiladeiros rochosos, carregando grandes fardos de mercadorias que o chefe das caravanas, com seu turbante negro, vendia em mercados distantes. À noite, enquanto seus homens dormiam, Maomé vagava sozinho e se sentava no solo macio do deserto, refletindo por um tempo sobre os mistérios da vida e da natureza de Deus. E as místicas estrelas lançavam raios prateados sobre seu solitário rosto voltado para o alto, banhando-o em seu mistério e marcando-o com o seu próprio destino.

Após seu casamento com a viúva Cadija, Maomé desenvolveu cada vez mais o hábito de meditar profundamente sobre as questões mais importantes da existência humana. Foi assim que se tornou dolorosamente consciente das falhas da religião primitiva de sua época, incapaz de satisfazer as inquietações mais profundas de seus adeptos. Certo dia, voltou ao seu retiro favorito — uma caverna solitária no Monte Hira, perto da cidade de Meca — e lá passou a noite inteira, até amanhecer, elevando o coração ao Infinito, em piedosa oração. Em vez de pedir para alcançar sozinho a iluminação, pediu também em nome de seu povo. Um tempo depois, passou da oração à visão extasiada, da visão à transfiguração, e da transfiguração à comunhão consciente com Deus. Véu após véu foi sendo rasgado. Estranho paradoxo – dentro daquela sombria caverna encontrar a luminosa Verdade!

E uma Voz veio a ele e disse:

"Tu és o Homem. Tu és o Profeta de Alá!"

Desde então, o mercador Maomé aceitou o destino que lhe foi oferecido, abandonou seus fardos de mercadorias e se tornou o novo Enunciador da Palavra, aquela Palavra cujo eco ressoaria por três continentes dentro de um século.

Os oráculos sibilinos de Roma anunciaram a vinda futura de Cristo e desde então se calaram. Cristo chegou, enunciou Suas palavras àqueles que se prestaram a ouvi-Lo e então partiu numa idade em que a maioria dos homens nem sequer encontrou seu lugar na vida material, que dirá na espiritual. Menos de seiscentos anos após esse evento, veio esse outro Profeta do Deus Incognoscível.

∧∧∧

Maomé teve sorte de encontrar na própria esposa sua primeira discípula, pois a mulher pode contribuir tanto para o sucesso quanto para o fracasso na vida de um homem. O próximo homem a quem relatou sua experiência na caverna foi Waraqa, o velho sábio encurvado e cego que o advertiu:

"É certo que te levarão ao exílio, pois nunca houve um mortal que trouxesse o que trazes sem ser vítima da mais amarga perseguição. Ah! Se Deus se dignasse a prolongar meus dias até então, eu devotaria todas as minhas forças a te ajudar a triunfar sobre teus inimigos."

O profeta inspirado deve sempre suportar a cruz da solidão e da incompreensão: para ele há compensações demasiadamente invisíveis ou intangíveis para que as massas as compreendam.

Ao nascer, toda nova religião deve se preparar para ser apedrejada pelos estúpidos e insensíveis.

Seus amigos e familiares formaram o primeiro grupo de convertidos. Para orar, reuniam-se numa casa tranquila às margens da cidade.

EM NOME DE ALÁ, O CLEMENTE, O MISERICORDIOSO!

Na própria Meca, o povo seguia seus ritos de magia primitiva, tentando apaziguar as forças ocultas do limiar psíquico, venerando uma multidão de ícones; aqui estavam venerando o Deus Único.

Durante três anos, o grupo, cada vez maior, se reunia e orava no mais completo sigilo, pois não havia chegado ainda a hora da revelação pública, a data determinada pelo Destino. E então a Voz falou novamente ao profeta, dizendo:

"Faz conhecer a Doutrina que te foi dada." Sem hesitar, Maomé convocou uma grande assembleia de seu povo para avisar-lhes que, se não abandonassem sua ancestral caricatura de religião e não se voltassem à adoração verdadeira, a ira de Alá recairia sobre eles. Escutaram-no aborrecidos e o abandonaram, sem se convencer.

Mas o fogo já ardia dentro dele, e Maomé foi de um lugar a outro, pregando a mensagem que lhe fora confiada. Seus trajes eram rústicos e sua alimentação humilde. Deu quase tudo que tinha aos pobres. Foi até mesmo aos trezentos e sessenta e seis ídolos do santuário sagrado da Caaba, para protestar contra os idólatras ali presentes, assim como Jesus corajosamente foi ao Templo para protestar contra os cambistas. Uma multidão enfurecida o atacou, e um de seus seguidores foi morto ao tentar protegê-lo.

A cruz do profeta só pode ser carregada por aquele que acredita em tudo que profetizou, até a última letra da última palavra.

As autoridades, descobrindo que não poderiam calar aquele homem que falava com franqueza, tentaram suborná-lo com riqueza e poder. A resposta de Maomé foi avisá-los, ainda com mais vigor, da iminente ira de Alá.

Desde então, foi abertamente perseguido e aconselhou vários de seus seguidores a procurar refúgio na Abissínia. Assim fizeram, mas a vingança das autoridades de Meca os perseguiu até lá, e o imperador negro foi solicitado a entregar os fugitivos. Em vez de obedecer, o imperador convocou o representante dos refugiados, um certo Jafar, e lhe perguntou: "Que religião é essa que separastes vós de vosso povo?"

E Jafar lhe contou como antes viviam uma vida semibárbara, venerando ídolos, comendo carniça e oprimindo os fracos. Então veio Maomé, o Profeta de Alá, convidando-os a se tornar verdadeiramente espiritualizados, a venerar um único Deus, sendo fiéis, caridosos e virtuosos. Terminou recitando algumas passagens do Alcorão, o que levou o imperador a comentar: "Certamente essa crença e a trazida por Moisés vieram da mesma fonte. Ide! Pois, por Deus, não permitirei que vos alcancem. Retornai a vossa casa e vivei e venerai à vossa própria maneira, pois ninguém mais vos importunará."

Enquanto isso, a perseguição aos muçulmanos na Arábia se agravava. Quando alguns de seus perseguidores pediram que Maomé realizasse um milagre para comprovar sua condição de apóstolo, ele ergueu seu olhar aos céus e replicou:

"Deus não me enviou para realizar milagres. Enviou-me a vós apenas como o portador da mensagem de Alá para a humanidade."

Foi durante esses tempos amargurados que Maomé relatou a experiência extraordinária que teve uma noite. Seu espírito foi tirado do corpo pelo anjo Gabriel e então encontrou o espírito dos grandes Profetas de outrora – Adão, Abraão, Moisés, Jesus e outros – no mundo invisível dos anjos. Também lhe foi revelado como o destino do mundo está escrito.

Pouco tempo depois, essa experiência foi acompanhada pela rápida disseminação das doutrinas de Maomé, com o inevitável agravamento da perseguição como resultado. E na véspera de uma conspiração para matar o Profeta, este foi inspirado a abandonar Meca em segredo e atravessar o deserto até a cidade de Medina, onde foi muito bem recebido e lançou as bases da primeira mesquita já construída. O dia de sua chegada se tornou o primeiro dia do primeiro ano, do novo calendário muçulmano, embora fosse o ano 622 do calendário cristão.

Esse foi o ponto de virada na sorte do islã.

O povo de Meca declarou guerra ao de Medina. Um pequeno exército liderado por Maomé deixou Medina e encontrou o inimigo, derrotando-o completamente. Os vencedores avançaram e lutaram em outra batalha, que terminou sem definição. Mais batalhas ocorreram, resultando no fortalecimento da posição de Maomé. O Profeta enviou mensageiros com cartas ao rei da Grécia, ao imperador da Abissínia, ao rei da Pérsia e ao rei do Egito, informando-os sobre sua missão e sua mensagem, convidando-os a adotar a religião do islã.

Sete anos após sua fuga de Meca, Maomé partiu com seu exército para retornar à cidade. Por não querer derramar sangue, fez seus seguidores empilharem as armas a doze quilômetros da cidade e entrarem nela em paz. Foram autorizados a fazer sua visita, e partir sem ser molestados. Entretanto, pouco tempo depois, o povo de Meca ajudou os homens de uma tribo a massacrar os muçulmanos que buscaram refúgio em seu templo, e Maomé foi compelido a guiar seu exército para o leste, rumo a Meca outra vez. O Profeta tomou a cidade, destruiu as imagens de pedra, converteu os habitantes pacificamente e ali instaurou seu governo.

O islã agora se disseminava por toda a Arábia, persuadindo as tribos bárbaras a assimilar uma fé mais elevada. Maomé proferiu seu último discurso aos seus seguidores montado em seu camelo, na colina de Arafat.

"Deixo convosco este livro, o Alcorão", disse-lhes, em sua maneira habitual de falar, lenta e ponderada; "atentai-vos a ele ou vos perdereis. Pois esta é provavelmente minha última peregrinação. Não retorneis aos costumes pré-islâmicos, atirando-vos uns contra os outros após minha partida, pois um dia tereis de enfrentar Alá e responder por vossos pecados." Lembrou-os o Profeta de que era um homem como eles, embora fosse mensageiro de Alá, e os advertiu a não venerar meras sepulturas.

Certa tarde, pouco tempo depois, retornou ao grande Incognoscível de onde viera, suas últimas palavras foram:

"Não há agora nenhum amigo tão grandioso quanto Ele."

Isso aconteceu no ano 632 de nossa era, e o sexagésimo primeiro da vida de Maomé. O Profeta havia refutado a infalibilidade do ditado: "Ninguém é profeta em sua terra".

9

ENTREVISTA COM O LÍDER ESPIRITUAL
DOS MUÇULMANOS

Estava curioso para saber a opinião de uma autoridade quanto a uma série de questões relativas ao islã, sobre as quais havia formado minha própria concepção com base no guia impreciso da experiência, porém não conhecia as regras exatas deixadas pelo Profeta e seu livro. Então, fui até Sua Eminência, o xeque do islã, o homem que preside a sede da religião no Egito, da mesquita com minaretes circulares e muralhas ameadas à Universidade de Al-Azhar. Seu nome pessoal é xeque Mustafa al-Maraghi, e a instituição venerável da qual é grão-reitor, com mil anos de autoridade como centro islâmico, lhe concede a palavra final sobre questões de fé e credo. Trata-se de um homem com poderes de pontífice. É verdade que a Arábia tem a Pedra Santa, a Caaba de Meca, como o lugar sagrado, ao qual todo muçulmano devoto espera peregrinar um dia. No entanto, é no Egito que se encontra a Pedra Viva, o cérebro, o centro nervoso do islã. O grão-reitor não é apenas o principal dignitário do islã no Egito, mas também, dado o caráter internacional de Al-Azhar, uma autoridade para outros países. Em Al-Azhar, o orgulho dos muçulmanos, os aspectos mais profundos da religião foram ensinados desde o princípio àqueles que desejam se aperfeiçoar em suas doutrinas e àqueles que buscam compreender em todos os detalhes a mensagem de seu revelador, Maomé.

"O Alcorão, quando lido corretamente, encoraja as pesquisas científicas sobre o conhecimento de Deus e do universo", disse-me o xeque al-Ma-

FIGURA 9.1.
A Universidade e
Mesquita Al-Azhar.
Do acervo do autor.

raghi durante a entrevista registrada a seguir. "Não há ciência que seja alheia ao Criador e Sua Criação, e nada em ambos pode ser contrário aos preceitos do islã. Enfrentamos o desafio de purificar nossa religião de interpretações supersticiosas e fantásticas. Esses estudos nos auxiliam nisso e é do interesse do islã neste século, em que a ciência fez tanto progresso, colocar à disposição de seus alunos as mesmas fontes de aprendizado."

"A situação hoje está um pouco melhor do que no século passado, quando Edward Lane relatou que 'os muçulmanos são muito avessos a dar informação sobre os assuntos ligados à sua religião a quem suspeitam ter sentimentos divergentes dos seus', mas algumas das antigas ressalvas ainda permanecem."

Não era fácil para um homem não muçulmano – pelo menos no sentido ortodoxo – obter a entrevista que eu desejava; porém, após algum

ENTREVISTA COM O LÍDER ESPIRITUAL DOS MUÇULMANOS

trabalho preliminar, os bons ofícios de amigos em comum finalmente contribuíram para que se concretizasse.

No caminho, passei pelo mais antigo bairro populoso do Cairo, por uma rua ampla que cortava a área do mercado em duas e me levava direto à porta do mais antigo centro de estudos muçulmanos do mundo, a entrada para a própria Al-Azhar. Passei sob arabescos entrelaçados e arcadas espaçosas rumo a um amplo pátio ensolarado, assim como centenas de milhares de alunos haviam passado antes de mim durante a longa história do lugar, alunos que mais tarde sairiam para ensinar as palavras do Profeta Maomé pelo mundo oriental, fornecendo intepretações autênticas do sagrado Alcorão e mantendo viva a chama da cultura muçulmana.

Fui levado a um auditório, à presença de Sua Eminência, e depois de trocarmos as saudações habituais, tive tempo para estudar aquele homem de estatura mediana e rosto grave, que goza de um prestígio único no mundo muçulmano.

O xeque al-Maraghi, antigo grão-cádi do Sudão, tem influência considerável não apenas nos círculos religiosos, mas também entre uma parte dos proeminentes homens públicos.

Sob o turbante branco, vi um par de olhos tenazes e penetrantes; um nariz reto e regular, um pequeno bigode grisalho, uma boca firme e uma barba grisalha por fazer, cobrindo o queixo. A grande instituição, presidida por Sua Eminência, dava instrução gratuita a milhares de alunos, futuros mantenedores da doutrina de Maomé, recebendo seus fundos de doações e subvenções do governo. Os alunos mais pobres eram alimentados e alojados gratuitamente, ou então recebiam subsídio em dinheiro. A antiga construção já não podia mais abrigar todos eles, por isso várias subdivisões foram construídas em outros bairros e com essas extensões sobreveio uma mudança no próprio ensino. Foram introduzidos estudos científicos modernos, construídos anfiteatros e laboratórios bem equipados para estudo de física e química, e métodos pedagógicos atualizados foram adotados. No entanto, a introdução dessas reformas foi realizada com muito cuidado — tanto que a antiga atmosfera ainda era mantida e agora métodos educacionais antigos e modernos coexistiam.

FIGURA 9.2. Xeque Mustafa al-Maraghi, líder espiritual do islã, por volta de 1930. Do acervo do autor.

FIGURA 9.3. Um professor e seus alunos na Mesquita Al-Azhar. Do acervo do autor.

Uma vez dentro dos muros da universidade, que encerram um arranjo de claustros e colunatas, de galerias e minaretes, vi figuras de barba negra sentadas e lendo seus livros árabes. O eco das vozes dos alunos enquanto entoavam suas lições, num leve vaivém no ritmo de seu canto, alcançou os meus ouvidos. Eles se sentavam sobre tapetes

ENTREVISTA COM O LÍDER ESPIRITUAL DOS MUÇULMANOS

em pequenos grupos sob a sombra do telhado do claustro, enquanto no centro ficava o professor.

Esse método tradicional de ensino é rigorosamente mantido nos antigos edifícios. Mas, nas grandes extensões modernas em outros lugares, constatei que Sua Eminência havia revigorado a universidade religiosa, adaptando-a às condições atuais. Para isso, contava com o apoio entusiasmado da geração mais jovem de muçulmanos, mas, por um tempo, precisou lutar contra teólogos mais resistentes que não perceberam que Al-Azhar precisava se ajustar para trabalhar em um mundo em mudanças. A batalha foi demorada, mas sua vitória, garantida.

Assim como a luz do sol abre caminho aos poucos nas estreitas e precárias vielas do velho Cairo, assim como o saneamento básico está vencendo a velha batalha com os bairros antigos, e o ar fresco tem diminuído a intensidade dos odores dos séculos passados, também o pensamento moderno vem impondo sua impressão ao antigo Oriente. A nova geração está impulsionando a jornada rumo à inevitável união das velhas ideias com as atuais.

Esses estudantes chegam de todos os cantos do mundo muçulmano, da Pérsia a Zanzibar, atraídos como limalha de ferro pelo magnetismo da cultura dominante de Al-Azhar. Usam barretes vermelhos, turbantes brancos e túnicas de toda cor. Esperava eu encontrar estudantes chineses entre os anfitriões e, de fato, os encontrei, mas fiquei surpreso ao descobrir jovens japoneses também.

O xeque al-Maraghi trajava uma longa camisa de seda listrada de preto e branco, sobre a qual vestia uma túnica mais longa, com mangas amplas, feita de seda preta. Uma faixa branca envolvia a cintura. Usava um par de sapatos amarelos de marroquim macio, com as pontas viradas para cima. Suas vestes causavam a impressão de uma eficaz simplicidade.

A grave quietude de seu semblante me agradou.

Comecei perguntando sobre a principal mensagem do islã.

Sua Eminência meditou sobre a resposta muito deliberadamente.

"O princípio primeiro é a existência de apenas um Deus. Essa é a principal mensagem de Maomé. É a mensagem que Deus havia dado aos Profetas (Moisés e Cristo) antes que Maomé também a recebesse. E ele a repetiu para os judeus e os cristãos, convocando seus sacerdotes a se unirem, visto que encontrou neles grande resistência.

"A crença na unidade de um Deus criador e absoluto, um Deus que deve apenas ser glorificado e adorado, e não exige mediação entre Ele e o povo criado por Ele. Profetas e apóstolos são apenas os intermediários que comunicam suas leis e ordens, e convocam o povo para obedecê-lo e adorá-lo. Ele é o único a quem pedimos socorro para o alívio de nossas falhas e a nenhum outro mais devemos pedir perdão ou solicitar auxílio em tempo de necessidade. Disse o Senhor (Louvado seja!):

> Não invoques, além de Alá, aquilo que não pode beneficiar-te nem te fazer mal, pois, se assim fizeres, certamente te tornarás um dos ímpios...

E:

> Se fores afligido por Alá com um infortúnio, então não há ninguém além Dele para eliminá-lo senão Ele; e se Ele te desejar algum bem, não há quem impeça o seu favor; Ele concederá Sua graça a quem Lhe compraz entre os Seus servos, Ele é o Clemente, o Misericordioso.

"O que Vossa Eminência entende pela ideia de alma?"

"O Alcorão não define a palavra, por isso os chefes do islã conceberam opiniões distintas sobre o assunto em diferentes épocas. Tais opiniões podem ser estudadas intelectualmente, mas não devem ser acrescentadas ao Alcorão, o Livro Inspirado. Porém acreditamos, é claro, no Dia do Juízo para todas as almas, quando os justos colherão sua recompensa e os ímpios receberão seu castigo, estabelecendo, portanto, as bases de um sentido moral. Assim disse Alá:

> Aquele que fizer um bem, quer seja do peso de um átomo, por isso será compensado, aquele que fizer um mal, quer seja do peso de um átomo, por isso será castigado.

"De que modo Maomé difere dos profetas enviados por Deus?"

FIGURA 9.4. Arcadas da Mesquita de Amr Ibn Al-As no antigo Cairo. Foto de Khaled Mursi Hammoud.

"O Profeta Maomé não difere de outros profetas, pois todos foram escolhidos pelo Senhor para entregar Sua mensagem à humanidade e todos receberam revelações Dele. Os muçulmanos são estimulados a crer na profecia de todos eles, sem distinção. O Senhor disse:

> Dizei vós, crentes: "Cremos em Alá e no que nos foi enviado por meio de Abraão, Ismael, Isaac e Jacó e seus descendentes, e no que foi dado a Moisés e Jesus, e no que foi dado aos Profetas pelo Senhor. Não fazemos distinção entre eles, e a Alá nos resignamos".

Mais uma vez, a resposta veio apenas depois de Sua Eminência ter pensado profundamente.

"O senhor acredita que nenhum homem pode ajudar o outro a encontrar a Deus? Digo isso porque a ausência de sacerdotes em vossa religião é surpreendente."

"Sim, não há sacerdotes entre o homem e Deus no islã, mas, entretanto, temos muçulmanos eruditos capazes de instruir os outros nos caminhos de Deus, tal como foi determinado no Alcorão, e nas palavras e atos do Profeta Maomé.

"Estes são apenas alguns dos princípios ordenados pelo islã, sem os quais ninguém é digno de ser chamado muçulmano, e que não diferem dos princípios de todas as religiões que Alá nos enviou através de Seus Apóstolos. O islã, que não é a única religião a encorajar a crença na unidade de Deus e a induzir a obediência às suas injunções, não foi enviado exclusivamente a Maomé (que a paz esteja com ele), mas é a religião de Deus que Ele enviou por meio de todos os Profetas e Apóstolos. Alá disse:

> É fato que, para Alá, a verdadeira Religião é o islã, e nenhuma outra é aceitável para Ele: e aqueles a quem foram dadas as Escrituras não divergiram a seu respeito por inimizade e inveja mútua, até conhecerem a verdade.

"Assim, agrupamos nosso povo entre aqueles que estudaram profundamente nossa tradição religiosa e aqueles que não o fizeram. Respeitamos e ouvimos à primeira categoria, mas não os consideramos homens inspirados – apenas intelectuais. Nenhum muçulmano pode dizer a outro que isso ou aquilo lhe é proibido, porque somente Deus possui a autoridade para fazê-lo. Não há intermediários entre Deus em nossa fé. Essa é uma pedra fundamental do islã. Mas reconhecemos e respeitamos aqueles que dedicam suas vidas aos estudos sagrados, e a eles recorremos em busca de opiniões e conselhos. Portanto, um negro que tenha estudado as questões muçulmanas tem direito de ser ouvido com respeito acerca de suas opiniões. Em nossa história, há um caso em que um califa no trono recebeu conselhos de um escravo negro que era bem versado nos ensinamentos e palavras do Profeta. Claro, esse homem não foi mantido como escravo depois disso."

ENTREVISTA COM O LÍDER ESPIRITUAL DOS MUÇULMANOS

"Permita-me perguntar, Eminência, se as mesquitas são essenciais para a sua religião?"

"Não, as pessoas as usam como lugares onde podem rezar e ouvir sermões às sextas-feiras, mas, como não há sacerdotes ou cerimônias, as mesquitas não são essenciais à prática do islã. Os muçulmanos podem rezar em qualquer lugar, não necessariamente na mesquita – qualquer pedaço de terra limpa serve. Nosso objetivo com a construção de mesquitas é promover a unidade por meio da sociabilidade nas adorações. No entanto, embora não seja essencial, a adoração na mesquita é naturalmente preferível."

"Qual a natureza de suas orações?"

Respondeu em voz calma e contida:

"Quando um muçulmano reza, entende-se que repete um verso do Alcorão memorizado por ele. Geralmente a reza apresenta certas frases que são tradicionalmente conhecidas por conter temas nos quais o homem deve refletir ao rezar. Devo dizer e repetir que o objetivo de nossas preces não é apenas cumprir nosso dever para com Deus, mas também educar-nos espiritualmente enquanto as recitamos. O muçulmano que repete essas palavras, dia após dia, constantemente as têm na lembrança. Não poderia haver melhores palavras a serem usadas em oração do que aquelas dadas pelo Alcorão para esse propósito. 'Só a Ti adoramos. Só a Ti imploramos ajuda.' São duas frases que muitas vezes usamos. Além disso, frases prontas ajudam os ignorantes.

"Nossas preces são breves, e consistem no parágrafo de abertura do Alcorão e mais sete outros versículos, mas aqueles que o desejarem podem acrescentar outros de sua escolha. No entanto, nenhuma prece de qualquer homem pode ser acrescentada a esses textos.

"O muçulmano deve rezar cinco vezes por dia. Se a força das circunstâncias o impedir de fazer suas orações na hora correta, ele deve compensar isso depois. É proibido deixar de fazer uma das orações."

ᴧᴧᴧ

"E alguém que esteja gravemente doente?"

"Se não puder ficar de pé ou se agachar nas posturas prescritas para oração, deve rezar deitado. E, se não puder falar, deve erguer as mãos às têmporas em sinal de reverência a Deus. Não esqueça que as posturas, ao fazer o homem se prostrar, demonstram humildade perante a Deus. É bom que o homem reconheça assim a grandeza de Deus."

"Cinco vezes por dia, não parece pedir muito aos homens?"

"Não. Essas orações são essenciais para que sejamos lembrados frequentemente de Deus e também educados espiritualmente, como dito antes. Portanto, quando nos dirigimos a Deus como Misericordioso, aprendemos que a misericórdia é aceitável aos Seus olhos e é sugerido que também nos tornemos misericordiosos em nossas vidas. O mesmo ocorre com as outras qualidades que atribuímos a Deus."

Um funcionário entrou no recinto. Tomou a mão que o grão-reitor lhe ofereceu, curvou-se e a beijou fervorosamente, então tocou-a com a testa. Após ele se sentar, perguntei:

"Qual é o objetivo da peregrinação a Meca?"

"Assim como as mesquitas aumentam a sociabilidade local no islã, também a peregrinação a Meca faz crescer a sociabilidade internacional do islã. Todos os homens são irmãos no islã, e tanto a mesquita quanto a peregrinação permitem que se reúnam como tal. A igualdade é um princípio islâmico. O islã é essencialmente democrático e destrói o ódio de classe. O islamismo procura resolver o problema da pobreza prescrevendo doações, tomando certa porcentagem do dinheiro dos ricos para ser distribuída aos necessitados. Se todos fizessem isso de boa vontade, a paz e a compaixão reinariam supremas em meio à humanidade, um equilíbrio saudável entre as classes seria estabelecido. Todo homem que crê em Alá trata com igualdade os outros fiéis que encontra na mesquita ou na peregrinação. Assim, um rei pode caminhar lado a lado com um mendigo e rezar com ele. O islã convoca as pessoas a deixar de lado as distinções, sejam raciais ou outras, e a fazer da unidade religiosa e dos princípios humanos o laço que une as pessoas. O islã não dá crédito a nada, exceto à retidão e boas ações. Pois assim disse Alá (Louvado seja!):

Ó homens. Criei-vos a todos de Adão e Eva, unindo povos e tribos para que pudésseis conhecer-vos uns aos outros. Em verdade, o mais digno de honra entre vós, aos olhos de Alá, é o mais virtuoso: Alá é onisciente e conhecedor de vossos pensamentos mais íntimos.

"Há uma ideia comum no Ocidente de que os muçulmanos são fanáticos e intolerantes. É correto isso? Dizem também que o islã foi propagado à força da espada. O que o senhor diria a respeito?"

O xeque al-Maraghi sorriu.

"O islã se tornou uma fé firme e inabalável, e os muçulmanos tornaram-se severos defensores de sua fé. Os detratores tendenciosos do islã, portanto, o acusam falsamente de fanatismo. Na verdade, o que seus inimigos chamam de fanatismo não passa de uma firme crença – não importa como se refiram a ela.

"Quanto à alegação de que o islã foi propagado à força da espada, basta apenas conferir os fatos históricos, analisando as causas reais das guerras em que o islã esteve envolvido no início. Percebe-se, então, que essas guerras não tinham relação com a disseminação do islã. Foram, em sua maioria, guerras em defesa de si mesmos e suas famílias, para a proteção dos fiéis, a fim de defendê-los da perseguição e tirania infligidas pelos infiéis que os expulsaram de seus lares. Por essas razões, Deus permitiu que seu Profeta pegasse em armas contra os agressores. Disse o Senhor:

> Alá não vos proíbe de ser caridosos e justos com aqueles que não guerrearam contra vós por causa de vossa religião e não vos expulsaram de vossos lares. Em verdade, Alá ama o justo. Alá vos proíbe de firmar aliança com aqueles que, por causa de vossa religião, guerrearam contra vós, e vos expulsaram de vossas casas e ajudaram aqueles que vos expulsaram.

E também:

> Concedeu-se a permissão para que pegassem em armas contra os infiéis, pois eles sofreram perseguição; e, em verdade, Alá é capaz de socorrê-los.

Aqueles que foram expulsos de seus lares injustamente apenas porque disseram: Nosso Senhor é Alá.

"Em resumo, essas são algumas das causas que forçaram o Profeta e seus companheiros a pegar em armas. A princípio, Maomé sugeriu que seus companheiros o deixassem a sós para persuadir os árabes a adotarem o islã, mas ele foi recebido com agressões e eles se recusaram a aceitar a nova fé, atormentaram-no e conspiraram para distorcer sua mensagem. O Profeta não teve alternativa senão defender-se e defender seus seguidores contra as investidas de seus inimigos, a fim de apoiar a causa de Alá.

"A guerra e as conquistas que se deram tinham como intenção, sem dúvida, proteger o islã. Os conquistadores deram aos vencidos três alternativas: a) adotar o islã em condição de igualdade; b) pagar um tributo que mitigaria a pobreza dos árabes e, em troca, receber proteção de suas vidas e propriedades; c) continuar a guerra.

"Não há dúvida, porém, de que essas guerras foram provocadas em parte por motivos políticos, em parte sociais e, em parte econômicos. A alegação, no entanto, de que o islã foi propagado absolutamente pela espada é falsa. Posteriormente, o islã se disseminou sem recorrer à guerra. Acaso os mongóis e os tártaros, que varreram a Ásia e destruíram a magnífica civilização islâmica e eram inimigos amargos dos muçulmanos, não adotaram o islã, tornando-se zelosos defensores dele? Se consultarmos a história e examinarmos seus registros imparcialmente, devemos encontrar neles provas suficientes para refutar essa alegação."

Minha pergunta seguinte foi: "De uma perspectiva oriental, dentro do que o senhor conhece a respeito, qual a opinião pessoal de Vossa Eminência quanto ao povo e as instituições ocidentais?"

"Em minha opinião, os ocidentais alcançaram um alto padrão cultural, tanto científico quanto social, mas observo que faltam motivações espirituais à civilização do Ocidente. Não podemos considerar uma civilização como perfeita sem levar em conta tanto a natureza material quanto a espiritual dos homens, pois ambas se complementam e se contrabalançam mutuamente.

ENTREVISTA COM O LÍDER ESPIRITUAL DOS MUÇULMANOS

"Quanto às instituições europeias, admiramos e tentamos adotar muitas delas, impelidos pelo próprio texto de nosso Livro Sagrado:

Anunciai boas novas aos meus servos que ouvem a exortação e seguem o que é melhor. Estes são aqueles a quem Alá guia para a Sua Religião e estes são homens de entendimento.

"Nosso Profeta também apoia essa noção, pois disse:

A sabedoria é o tesouro perdido do verdadeiro fiel, ele a toma onde quer que a encontre.

"Nossa única objeção às instituições ocidentais é o excesso de liberdade individual, pois leva a sérias impropriedades que tendem a minar a própria existência dessas instituições.

"Embora admitamos que esse princípio de liberdade individual é um direito natural do homem, não podemos dizer que seja devidamente aplicado. No islã, esse princípio é aplicado adequadamente, e é permitido fazer tudo, desde que não seja prejudicial a si mesmo nem a seus semelhantes."

∧∧∧∧

"Nos primórdios do islã, era comum as autoridades reservarem partes das mesquitas para o ensino religioso e o laico. Grandes mesquitas assumiam a aparência de universidades, especialmente quando foram anexados alojamentos para os estudantes e salas para os professores. Foram concedidos fundos para a manutenção dessas instituições. Al-Azhar foi uma dessas mesquitas. Quando se deu a Fuga do Profeta, no século VII, Bagdá estava em ruínas aos pés dos tártaros invasores, e o califado foi abolido, então o rei Al-Sahir Bibars tomou sob sua proteção um dos filhos dos príncipes abássidas e o tornou califa. O rei Bibars reabriu Al-Azhar após as aulas terem sido suspensas por um tempo, financiando-a. Por consequência, Al-Azhar ganhou renome e atraiu muitos estudantes que vieram tanto de perto quanto de longe, em busca de conhecimento. No devido tempo, transformou-se na maior e mais importante universidade islâmica do mundo. Desenvolveu-se gradualmente até se tornar uma instituição pública para os muçulmanos em sua totalidade. Sem dúvida, essa é uma grande distinção, jamais conquistada por nenhuma outra mesquita.

"As reformas que estou introduzindo em Al-Azhar visam dar aos alunos a oportunidade de ampliar seu horizonte mental e cultural em todas as áreas do conhecimento.

"Em sua busca pela verdade, o islã recomenda o raciocínio lógico, condena a imitação cega e repreende aqueles que a praticam. Disse o Senhor:

> E quando lhes foi dito: "Segui aquele que Deus enviou", disseram: "Não, seguiremos os costumes de nossos pais". Ainda que seus pais nada soubessem e fossem desprovidos de orientação.

"Pode o islã atender às necessidades da era moderna, cada vez mais científica e com tendências inteiramente práticas?"

"Como poderia o islã, que se baseia nas exigências da natureza e da razão humanas, que exige de seus seguidores a busca e ampliação de seu conhecimento e o cumprimento correto de seus deveres – como poderia tal fé ser inadequada ou inconsistente com as necessidades de nossa era moderna de ciência e cultura? Sem dúvida, o islã encoraja as pessoas a buscarem o conhecimento. A esse respeito, disse o Senhor:

> Dizei: Considerai o que há nos Céus e na Terra.

"Os verdadeiros fiéis são descritos no Alcorão como aqueles que 'meditam sobre a criação dos Céus e da Terra'.

"Os primeiros muçulmanos deram provas de que era possível conciliar a religião com a vida prática e a ciência, sem se perderem. Traduziram obras gregas e romanas sobre filosofia e ciência, comentando criticamente e aperfeiçoando essa literatura. Praticaram todos os ramos de atividade secular, incluindo a agricultura, o comércio e a indústria.

FIGURA 9.5.
Duas muçulmanas egípcias
(por volta de 1930).
Do acervo do autor.

"Um dos motivos para sua precoce e rápida disseminação foi o fato de que o islã é uma religião prática e não teórica, apresentando leis e ordens que devem ser cumpridas e princípios que podem ser aplicados à vida.

"O islã levou em consideração as exigências relevantes da natureza humana e estabeleceu princípios nos quais as necessidades tanto do corpo quanto da alma eram consideradas em igual medida, sem violar um em benefício do outro. Quando o islã legitimou a satisfação dos prazeres da vida, também prescreveu limites para controlar os apetites do homem e o proibiu de fazer o que pudesse prejudicá-lo ou corrompê-lo. Tampouco negligenciou o lado espiritual humano; o islã deu a esse aspecto sua devida atenção também."

"Por que as mulheres usam véu? Esse costume não será abandonado? É comum no Ocidente a visão de que as mulheres em países islâmicos são oprimidas, semiescravizadas e tratadas como seres inferiores. O que o senhor tem a dizer a respeito?"

"Quanto ao véu das mulheres", respondeu, "o islã especificou certa formalidade para usá-lo, a saber, as mulheres não devem expor seus atrativos a estranhos nem ostentá-los em público. Desse modo, as mulheres mantêm o decoro e os homens se livram de ceder aos seus encantos. Sem dúvida, ao ordená-lo, o islã obteve sucesso em estabelecer um princípio saudável para salvar tanto o homem quanto a mulher da tentação e do pecado.

"O islã, porém, não exagerou no uso do véu pelas mulheres, permitindo a elas, quando não temem a tentação, descobrir o rosto e as mãos.

"A visão ocidental de que as muçulmanas são oprimidas, semiescravizadas e tratadas como seres inferiores não é verdadeira, nem está de acordo com nossos ensinamentos religiosos, pois o islã confere plenos direitos às mulheres. Permite a elas, uma forma conservadora de liberdade, tornando-as senhoras de seus próprios domínios. De forma alguma a educação lhes é negada. Pelo contrário, é recomendado que se aperfeiçoem tanto quanto possível. É permitido que tenham propriedades e possam dispor delas como quiserem. As mulheres têm direito a serem procuradoras, guardiãs, fiduciárias e juízas, exceto em casos criminais. Há muçulmanas muito instruídas, algumas ganharam renome pela retidão, enquanto outras obtiveram distinção na literatura. Os rumores de que as muçulmanas são semiescravizadas originou-se do fato de que indivíduos ignorantes, sob a influência de seu ambiente, adquiriram a prática perversa de maltratar suas mulheres. Desnecessário dizer que o islã não pode ser responsabilizado por tais abusos."

∧∧∧

Não podemos culpar o europeu comum pela ignorância quanto a essa grande religião, mas suas concepções equivocadas nos dizem bastante. Muitos de meus amigos na Inglaterra sabem apenas que o muçulmano é um homem cuja fé lhe permite ter quatro esposas – fora isso, nada sabem! Não tenho dúvida de que, no fundo, acreditam que o islã (para dar à religião o nome pelo qual é designada por seu próprio povo e não o nome artificial de "maometismo" que lhe demos) se disseminou pelo Oriente em razão da atratividade de se ter quatro mulheres. Para um homem reflexivo, elas significam quatro responsabilidades e quatro obrigações financeiras a mais, e com isso a atratividade dessas possíveis esposas é menos

ENTREVISTA COM O LÍDER ESPIRITUAL DOS MUÇULMANOS

óbvia. Pessoalmente conheci apenas dois muçulmanos que tinham quatro esposas e eram marajás, dotados de muitas posses. Conheço alguns plebeus que têm duas esposas, mas nunca encontrei um que tivesse um harém com quatro. Cerca de 97% de todos os muçulmanos que já encontrei não tinham mais do que uma esposa. Sinto por dissipar essa ilusão que nós, ocidentais, guardamos com tanto afeto. Dissipada a ilusão, não resta muito de nosso conhecimento do islã.

A acusação de práticas poligâmicas, tantas vezes feita contra o islã, tantas vezes empregada para causar confusão, não é nada que os muçulmanos precisem temer. A poligamia em si não é necessariamente repulsiva ou imoral, podendo, às vezes, do ponto de vista psicológico e científico, até ser desejável. De qualquer forma, a porcentagem de casamentos poligâmicos no Oriente é na realidade extremamente pequena, não maior que a do Ocidente, onde tais uniões certamente existem, sob condições de vergonha, sigilo e ilegalidade. Em todo caso, a opinião pública no Egito é em geral contra as uniões poligâmicas e, se suponho uma presença de 5% no Egito, provavelmente seria 2% na Pérsia e 5% entre os muçulmanos da Índia.

A poligamia era amplamente praticada entre os povos antigos, e Maomé a encontrou como uma instituição estabelecida na Arábia, ele não a introduziu nem a propagou como uma nova doutrina, mas simplesmente aceitou a situação e tentou regularizá-la de forma ética. O Profeta encontrou uma condição matrimonial um tanto bárbara entre os árabes daquele tempo, bem pior que a estabelecida mais tarde. As esposas de um homem, por exemplo, poderiam ser herdadas pelo filho. Maomé encontrou a prática de uniões temporárias, estabelecidas pelo costume, e as proibiu. O divórcio era tão fácil quanto tirar água de um poço e, embora não tenha tentado dificultá-lo, o Profeta advertiu seus seguidores de que "o divórcio era a mais detestável dentre as coisas permitidas por Deus", colocando-o sob um código mais justo para ambas as partes. Fica a dúvida se isso é preferível ou não à hipocrisia legalizada do código cível ocidental.

A acusação de que o Profeta teria permitido aos homens ceder a suas paixões é ridícula. Ele impôs jejuns a todos os seus seguidores para ajudá-los a se desapegar das paixões, proibiu o consumo de bebidas alcoólicas para ajudá-los a se autocontrolar. Entretanto, eu queria saber o que Maomé de fato havia determinado sobre a questão dos casamentos múltiplos, então perguntei à Sua Eminência:

"Qual é a norma a respeito da poligamia? Como é praticada de fato?"

Sua resposta foi:

"O islã permite a poligamia se o marido puder tratar suas esposas com imparcialidade e igualdade. O Sagrado Alcorão proíbe a poligamia se o marido for incapaz de ser imparcial. Alá, Louvado seja, diz:

> E não terás em vosso poder a capacidade de tratardes vossas esposas igualmente, ainda que o desejeis.

"Em todo caso, o islã não favorece a poligamia e nunca a permitiu incondicionalmente, pretendia apenas evitar que os luxuriosos, incapazes de se contentar com uma esposa, caíssem no pecado do adultério. A eles é permitida a poligamia apenas se puderem cumprir a condição de imparcialidade.

"A prática atual entre a maioria dos muçulmanos é ter apenas uma esposa, exceto alguns poucos que, por força de circunstâncias físicas ou materiais, devem se casar com mais de uma para se proteger do adultério ou para sustentar mulheres desfavorecidas que não têm ninguém para mantê-las."

Antes de sair, fui visitar a valiosa biblioteca, instalada numa sala cujo teto de madeira de cedro era admiravelmente entalhado. Passaram diante de meus olhos, antigos pergaminhos do Alcorão, livros com iluminuras e iniciais douradas, manuscritos de grande antiguidade. Só ali havia quinze mil desses manuscritos.

E com isso minha audiência se encerrou. Escutei atentamente o xeque al-Maraghi, cujo imenso prestígio conferia autoridade ímpar a cada afirmação que fazia.

Comecei a compreender mais claramente por que a fé de Maomé havia se disseminado, por que o islã recebeu rapidamente a reverência tanto dos beduínos selvagens do deserto quanto dos cultos habitantes das cidades persas, e de toda as tribos e povos que habitavam o Oriente Próximo e Médio.

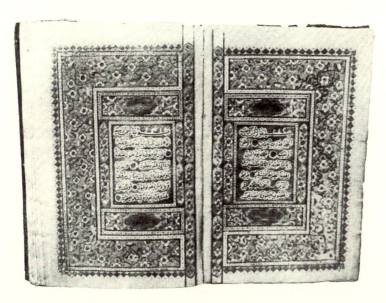

FIGURA 9.6. Um antigo Alcorão que anteriormente pertenceu ao falecido sultão da Turquia. Do acervo do autor.

Maomé, assim como Moisés, mas diferente de Buda, visava sobretudo estabelecer um céu visível e tangível na terra, organizando uma sociedade de pessoas que, vivendo seu cotidiano, aplicassem as regras que ele, como mensageiro de Deus, havia trazido. Buda — e até mesmo Jesus — estava preocupado em dar voz a temas ascéticos e despertar a intuição nos recessos ocultos do espírito humano. Maomé, como Jesus, viveu apaixonadamente em Deus, mas, enquanto Jesus dedicou sua paixão à descoberta do reino interior, Maomé dedicou-a à fundação de um reino exterior. Não temos competência para julgar, apenas para registrar tais fatos. Maomé, Moisés, Jesus e Buda foram embaixadores de Deus verdadeiramente inspirados, mas a distinção marcante entre Maomé e os outros profetas orientais era opor-se à tendência, que costuma acompanhar a devoção religiosa extrema, de se retirar dos deveres sociais e públicos da vida. O Profeta deixou claro que monges e mosteiros eram indesejáveis no islã, reprovando as doutrinas monásticas que implicam na morte dos afetos humanos.

É lamentável que tão pouco da fé islâmica seja conhecido pelo ocidental comum, e mesmo esse pouco costuma ser em parte equivocado, se não completamente incorreto.

Maomé ensinou aos homens não ter vergonha de se ajoelhar e adorar a esse Rei Invisível, mesmo em via pública.

Chegou a hora de abandonarmos as noções equivocadas que obscurecem nossa mente a respeito desse grande homem, Maomé, e de sua grande religião, o islã. Chegou a hora de compreendermos por que a magia de seu nome é tal que milhões de pessoas, quase um sétimo da humanidade, da costa ocidental da África até a costa oriental da China, invocam bênçãos diárias a ele. Chegou a hora de reconhecermos a realidade da fervorosa fé desses homens, os muçulmanos, e por que o "Alá" dito rapidamente na pronúncia europeia é uma lamentável caricatura do fervoroso e cordial "Al-lah" do oriental, prolongado piedosamente na segunda sílaba.

A noite já abria seus olhos, brilhando com milhares de joias estreladas como adornos, quando me vi novamente na rua do lado de fora de Al-Azhar, olhando distraidamente para o infinito. A lua crescente reluzia em meio à neblina cercada pelo céu índigo. Então, do alto minarete da mesquita, a voz de tenor do almuadem retumbou pelo ar, proclamando ressonante a unidade de Deus.

Neste momento, por toda a cidade de portões entalhados, arcos geométricos e pátios ladrilhados, vigiados por Alá e seus Anjos, os homens se prostravam de joelhos, com o rosto voltado para Meca, repetindo estas simples palavras: "DEUS É MAIOR".

10

NA PAZ DA ANTIGA ABIDOS

Há bem mais de sete mil anos antes de Maomé despertar as tribos nômades da Arábia para a adoração de um Deus puramente espiritual, floresceu nesta terra de céus límpidos uma religião cujos seguidores esculpiram gigantescos ídolos de pedra abominados pelo Profeta. E, no entanto, as mentes mais destacadas dessa religião veneravam o mesmo Deus Incognoscível que Maomé; sua fé não era, portanto, mera idolatria. Os egiptólogos eruditos de hoje pouco podem dizer a respeito dessa religião, porque ela pertence à Pré-História, a uma época tão escassa em materiais que os estudiosos são incapazes de erguer seu véu, podendo apenas tecer conjeturas cautelosas quanto a seu povo e eventos.

Há lugares no Egito moderno onde o templo dos antigos e a mesquita dos muçulmanos ficam lado a lado — como em Luxor — quanto a isso, nota-se um marcante contraste nessa terra.

Meus ouvidos, enquanto escrevo, parecem captar o galopar dos cavalos e, com os olhos da mente, perceber a cavalaria veloz de invasores árabes plantando o estandarte verde do Profeta em todo o Egito. O tempo espera com uma paciência sinistra... e o verde cede ao vermelho, branco e azul — depois volta ao verde. Mas, ao fundo, soa o vago tilintar do sistro do antigo templo!

O Egito não pode se livrar dos emblemas de sua fé primitiva. O passado, como uma Fênix, se ergue diante de nossos olhos sob o admirável trabalho dos arqueólogos. Esses visíveis símbolos de pedra lembram um passado ao qual o Egito por vezes se apega, mas, com mais frequência, ignora.

No entanto, é incerta a fronteira entre o passado e o presente. A atmosfera daqueles povos desaparecidos e de seu culto venerável paira pesadamente sobre a terra, como qualquer pessoa sensível poderá testemunhar. Se seus templos estão agora tristemente degradados, muitas vezes arruinados e sem teto, com grandes asas de morcegos zumbindo no breu da noite entre as colunas; se eles mesmos nos deixaram apenas alguns corpos enterrados para revelar sua existência, corpos exangues, com as entranhas removidas, transformados em múmias enfaixadas por embalsamadores engenhosos; contudo, muitos de seus espíritos ainda assombram os antigos locais que tão bem conheciam. O poder dos chamados mortos persiste no Egito, mais do que em todas as outras terras que conheço.

Descobri novamente a presença desse legado intangível quando me sentei de pernas cruzadas num dos sete nichos na parede de um salão repleto de colunas no templo de Seti, em Abidos, enquanto as estranhas figuras retratadas ali me encaravam. Após duas horas percorrendo a passarela elevada que corta as plantações de cana-de-açúcar e feijão, deixei o agradável, fresco e revigorante ar da aurora — pois havia partido antes do amanhecer — e atravessei o limiar pavimentado daquele antigo santuário construído por Seti, o primeiro dos faraós. Enquanto estava ali sentado, uma poderosa sensação do passado rapidamente me dominou, projetando em minha mente visões de uma era remota.

Involuntariamente, vi as antigas procissões passarem pelo chão pavimentado de pedra com sua marcha medida e ritmada até as câmaras do altar. Inevitavelmente, senti a forte impressão daqueles antigos sacerdotes-magos, que fizeram desse lugar o foco para invocar as bênçãos de Osíris — o deus representado por eles usando um alto toucado de três pontas. E suas invocações ecoavam pelos céus século após século, pois a grande calma de sua nobre presença começou a envolver-me e encantar-me. Sob suas asas benignas, vi minha existência terrena repleta de desejos escapar como areia pelos dedos.

FIGURA 10.1. Seti I, o construtor do templo de Abidos. Do acervo do autor.

Estrabão, o geógrafo clássico, estava certo quando escrevia sobre sua própria época coberta de poeira: "Em Abidos, venera-se Osíris, mas no templo nenhum cantor, nenhum tocador de cítara ou flauta, tem permissão para se apresentar no começo das cerimônias celebradas em homenagem ao deus, como é costume nos rituais em honra aos deuses". A paz permeava as paredes brancas dessa câmara, uma paz onírica que o mundo exterior desconhece e é incapaz de compreender. Marta, por toda sua agitação, recebeu a repriminda de Cristo; Maria, quieta e contemplativa, recebeu seu elogio. Não é no tumulto e na agitação que encontramos nossos melhores momentos, apenas quando a serenidade desce silenciosamente sobre a alma é que entramos em íntima comunhão com a felicidade, a sabedoria e o poder divino.

Sentei-me confortavelmente no pequeno nicho na parede, como talvez um sacerdote de pele morena daquele templo tenha se sentado há centenas de gerações passadas, para deixar sua suave influência repousar sobre mim como um encantamento. Oh! Foi bom estar sozinho por um tempo e esquecer os ruídos que o progresso trazia como companhia inexorável de seus benefícios; também foi bom esquecer o egoísmo grosseiro, os mal-entendidos inevitáveis, ódios indignos e invejas amargas que levantam sua cabeça, como serpentes, para picar e atacar quando se retorna ao mundo dos homens não iluminados.

Por que então retornar?

Consideramos a solidão uma maldição, mas alcançando a sabedoria aprendemos a encará-la como uma bênção. Devemos subir o Monte Everest de nossos sonhos e nos acostumar a viver entre os cumes da solidão. Pois se entre as multidões buscarmos a alma, encontraremos apenas a sua ausência; se procurarmos a verdade, descobriremos sobretudo a falsidade.

A sociedade é da alma, não do corpo. Podemos passar uma noite numa grande sala de estar com quarenta pessoas, e ainda assim nos sentirmos tão sozinhos como se estivéssemos no Saara. Os corpos podem aproximar-se, mas enquanto as mentes e os corações permanecerem distantes, ainda estaremos, cada um de nós, sozinhos. Graças às formalidades da etiqueta, há quem pense que é seu dever nos convidar para ir a sua casa; chegamos lá, e nosso anfitrião não está para nos receber. Deixou apenas o seu corpo para nos encontrar, sabendo bem que o abismo entre nossa mente é demasiado grande para induzi-lo a ficar. A apresentação a tal homem fará tudo, exceto se conhecerem de fato. Quem Deus separou, ninguém deve unir!

Tomei passagem para o Império Celestial, aquele grande país ao qual não chegam nossas notícias mesquinhas e banais. Teria eu ódio aos meus semelhantes? Como poderia ser um misantropo alguém que brinca com as crianças e partilha seu dinheiro com os pobres?

Por que não permanecer distante e aceitar as bênçãos oferecidas pela existência solitária e retirada, livre das ansiedades desnecessárias, em lugares tranquilos como esse santuário de Abidos?

Lançamos nosso desprezo ao homem que abandona a sociedade para buscar uma vida mais elevada, embora talvez ele se retire apenas para retornar e trazer boas novas a seu povo. Pois a memória trouxe de volta o juramento solene que fora arrancado de mim por aqueles que eu respeitava – ou melhor, reverenciava –, e eu sabia que o retorno era inevitável. O conhecimento, porém, não me entristecia, pois sabia que, quando o mundo me cansasse, eu poderia mergulhar no poço profundo do meu espírito e retornar revigorado, sereno, satisfeito e feliz. Naquele grande e consagrado silêncio interior podia ouvir a voz clara de Deus, assim como no grande silêncio desse templo ouvia as vozes vagas dos deuses desa-

NA PAZ DA ANTIGA ABIDOS 205

parecidos. Quando nos voltamos para o mundo exterior, vagamos entre sombras e perplexidades; mas, ao nos voltarmos para o interior, podemos caminhar em meio a certezas sublimes e bem-aventuranças eternas. "Aquietai-vos", aconselha o salmista, "e sabei que sou Deus".

Perdemos a velha arte de ficar a sós e não sabemos o que fazer na solidão. Não sabemos ser felizes com nossos recursos internos, por isso pagamos alguém para nos entreter ou nos deixar temporariamente felizes. Não somos incapazes apenas de ficar sozinhos, mas menos ainda de nos aquietarmos. Porém, se pudéssemos manter o corpo na mesma posição por algum tempo e usar a mente do modo correto, poderíamos conquistar a profunda sabedoria, digna de se possuir, e obter uma paz profunda em nosso coração.

Assim descansei por algumas horas até o incessante tique-taque do tempo ressoar de novo em meus ouvidos e abri os olhos mais uma vez.

Olhei ao redor para as espessas colunas de junco que pontilham a sala e sustentam o pesado teto, e curiosamente parecem gigantescas plantas de papiro apoiando sólidas cúpulas. Suas colunas eram iluminadas aqui e ali pelos raios de sol, que penetravam os buracos no teto, revelando os baixos-relevos e as pinturas. Aqui se via o faraó em pé cerimonialmente, diante de um de seus deuses consagrados, ou conduzido à presença do próprio Osíris; alinhadas uma após outra, havia fileiras de hieróglifos – tão misteriosos para o não iniciado. O próprio Seti teria contemplado as inscrições daqueles mesmos pilares de bases salientes.

Estiquei os pés enrijecidos por um minuto, e então me levantei para caminhar no local. Passei entre câmaras altas e santuários abobadados a fim de estudar mais de perto as pinturas nas paredes, cujas cores azul, verde, vermelha e amarela pareciam tão frescas em contraste com o fundo branco marmóreo quanto eram ao sair das mãos de seus artistas, há mais de três mil e quinhentos anos.

A beleza delicada da pele feminina cedo ou tarde é devastada pelo impiedoso assalto do tempo, mas a dura beleza dessas imagens, gravada na pedra, parecia desafiar esse ataque. Quais os segredos daqueles antigos pintores para preparar tintas, cujos tons de vermelhos radiantes e azuis límpidos ainda mantinham seu frescor, e por que não conseguimos imitá-los hoje? A vivacidade dos tons combinava com o fino desenho e o esplêndido cinzelamento daqueles artesãos, que estiveram e trabalharam onde eu então estava, refleti sobre quem foram aqueles que retrataram em pedra branca a misteriosa vida do Egito desaparecido. Por toda parte se via representações do rei venerando os grandes deuses e recebendo bênçãos em troca. Nesse templo singular, não dedicado inteiramente a uma só divindade como de costume, vários dos deuses do antigo panteão egípcio foram homenageados. Cada um tinha seu santuário, sendo representado em alguma cena religiosa pintada ou esculpida na parede, embora Osíris permanecesse supremo entre todos eles. Havia sete santuários abobadados, formados de grandes blocos de pedra, cada um se estendendo de uma arquitrave à outra, em honra a Hórus e Ísis, Ptah e Harakhte, entre outros.

Ísis, a grande deusa velada, Mãe da Sabedoria, prefigurava em toda sua ternura maternal, estendendo o braço e tocando o ombro do devoto faraó. Perto dela, flutuava seu barco sagrado, um santuário ornamentado de lótus no centro, enquanto as águas tranquilas e os ventos obedientes estavam prontos para levá-lo aos reinos paradisíacos dos deuses, deusas e alguns seres humanos a quem as divindades consentissem abençoar. Os tolos, ao verem essas pinturas, se perguntam como os antigos puderam ser tão estúpidos a ponto de acreditar nessas coisas, nessas divindades que desapareceram por completo hoje, e nas barcas sagradas que levavam os favorecidos ao céu. É verdade que os barcos eram apenas símbolos, parte de uma linguagem sagrada bem compreendida pela elite do mundo antigo, mas que escapa ao entendimento do mundo moderno; no entanto, as próprias divindades estão longe de ser ficção. Há espaço no universo infinito de Deus para outros seres superiores ao homem e, embora tenham assumido várias formas e nomes, em épocas variadas, essas divindades não mudaram seu caráter essencial.

Concordo com Plutarco ao afirmar que:

> Não há deuses diferentes entre os diferentes povos, sejam bárbaros ou gregos, assim como o sol, a lua, o céu, a terra e o mar são propriedades comuns a todos os homens, embora chamados por nomes diversos em diferentes nações.

NA PAZ DA ANTIGA ABIDOS

Ainda que, aparentemente, os deuses hoje tenham desaparecido de nossa vista, seu trabalho não pode chegar ao fim. Essa retirada pode ser apenas para reinos menos tangíveis aos nossos sentidos físicos, mas permanecemos dentro de sua esfera de influência. Ainda observam o mundo confiado a seus cuidados, ainda controlam as tendências da evolução humana, embora já não desçam em formas terrenas visíveis. Acredito nos deuses — assim como os antigos egípcios acreditavam — como um grupo de seres sobre-humanos que zelam pela evolução do universo e o bem-estar da humanidade, que dirigem o destino oculto dos povos e guiam suas principais tarefas, que, enfim, guiam tudo e todos rumo à perfeição máxima.

Esses sete santuários consagrados no templo testemunharam a queima do fogo e a aspersão da água, a oferenda de incenso e posturas de prece; cerimônias que se tornavam idólatras ou espirituais de acordo com a compreensão e a intenção dos que delas participavam. O homem que considerava esses atos físicos como um substituto suficiente para as virtudes interiores tornou-se, assim, um idólatra; o homem que os via como lembranças simbólicas da devoção e sacrifícios oferecidos no cotidiano a seu Criador, fortaleceu-se assim na verdadeira religião; enquanto o sacerdote, ao usar tudo isso como parte de um sistema de magia transmitido pela tradição, herdava uma imensa responsabilidade, pois era capaz de invocar forças diabólicas ou angelicais sobre a congregação.

As massas nunca tiveram permissão para penetrar nesses sete santuários internos, cujos altares, hoje desaparecidos, outrora reluziram como ouro — de fato, na maioria dos templos egípcios, os amplos pátios internos eram até onde ousavam entrar. Tal era o caráter restrito dessa religião, em que a exclusividade do sacerdote desempenhava um papel central. Pensei na liberdade da mesquita e da igreja, e compreendi novamente por que os sacerdotes, que se excederam em seus esforços para ganhar e manter o poder, por fim acabaram perdendo qualquer resquício de sua influência. "De graça recebeste; de graça deveis dar" era uma sentença que não se aplicava a seus dias. Recebiam, porém davam com toda cautela e reserva.

∧∧∧

Como eram estranhas as transformações do tempo, pensei, pois o sarcófago do homem que construiu este lugar, o túmulo de alabastro vazio do faraó Seti, estava a quase cinco mil quilômetros de distância, num pequeno museu estabelecido em Lincoln's Inn Fields, entre os advogados e agentes imobiliários de Londres. Se o tivessem enterrado trinta metros abaixo, talvez escapasse de ser transportado, em meio às tempestades, rumo ao Golfo da Biscaia.

Ergui os olhos para observar a abóbada pintada de um azul-celeste pontilhado por uma multidão de estrelas e para o espesso teto, violado aqui e ali pelo tempo, permitindo uma visão alongada do céu. Em nenhum lugar do mundo o céu assume um azul tão intenso quanto no Egito, ponderei mais uma vez. Entrei num corredor empoeirado e examinei a famosa Tábua de Abidos, o rol hieroglífico de todos os reis do Egito até a época de Seti, que ajudou os arqueólogos a estabelecer seu conhecimento da história do país. Lá estava o próprio Seti, junto ao filho, o jovem Ramsés, representado prestando homenagem a seus setenta e seis ancestrais. A majestosa cabeça do faraó, as feições fortes e o porte magnânimo e orgulhoso aparecem bem de perfil. Meus pés pisavam a areia fina e macia que cobria o chão do templo em alguns lugares, enquanto eu examinava os relevos nas paredes, imagens ornadas por cartuchos reais ou linhas retas com belas inscrições hieroglíficas gravadas profundamente na pedra.

Hórus, com cabeça de falcão e corpo humano, estava sentado ereto em seu trono cúbico, erguendo em ambas as mãos o cetro tríplice do Egito – o chicote, o cajado e o bastão de Anúbis: três símbolos da verdadeira capacidade de governar. O chicote simbolizava o domínio do corpo; o cajado, o controle dos sentimentos; e o bastão com cabeça de chacal, o domínio do pensamento. O sólido trono cúbico indicava o domínio completo da natureza terrena. Seus ângulos retos eram um sinal de que o iniciado deve sempre agir "com retidão", noção a partir da qual surgiu a expressão maçônica moderna "conduta correta". A maçonaria possui ancestralidade maior do que presume a maioria dos maçons. "Apara tuas arestas, a pedra que se encaixa na parede não é abandonada no caminho", diz uma antiga inscrição persa de influência maçônica. Na base do trono corre uma linha de cruzes ansatas, a celebrada "Chave dos Mistérios" dos egípcios e outros povos,

FIGURA 10.2. O cetro tríplice (da esquerda para direita): o cajado, o bastão (também portado por Anúbis) e o chicote. Do acervo do autor.
FIGURA 10.3. Seti regando as flores de lótus em devoção a Hórus, que detém o cetro tríplice. Do acervo do autor.

símbolo da vida para o egiptólogo e, numa leitura mais profunda, símbolo da iniciação à imortal vida superior do espírito.

O grande objetivo proposto aos iniciados egípcios era o autocontrole. Por isso vemos a expressão facial calma e imperturbável tantas vezes retratada. Diante de Hórus estava seu devoto, o rei, cujas mãos estendidas em oferenda regavam os vasos de flor de lótus. O lótus era uma flor sagrada no Egito, bem como em outras terras na Antiguidade, e quando aberto simbolizava belamente o espírito desperto do homem. O rei perpetuava nesse entalhe seu dedicado cuidado ao crescimento e desenvolvimento de sua natureza espiritual. O rei vestia um avental triangular que cobria seus órgãos sexuais, uma vestimenta que tem precisamente o mesmo simbolismo do atual avental dos maçons. A figura do faraó de avental, cumprindo o ritual no templo diante de seu divino mestre, tem sua contraparte moderna no maçom do século XX, cumprindo o ritual na Loja diante de seu venerável mestre. Abidos, como a primeira sede da religião de Osíris, foi também a primeira Grande Loja dos ritos secretos dessa religião, isto é, dos "Mistérios", os progenitores da primitiva maçonaria.

Abri caminho entre os volumosos pilares, ouvindo o chilrear incessante dos pardais em meio aos velhos telhados. Saí do templo e, virando para oeste, passei por uma porta que levava a uma íngreme passagem subterrânea, cujas paredes estavam cobertas de textos e figuras tiradas da principal escritura egípcia: *O Livro dos Mortos*. A passagem levava a câmaras escavadas, que os arqueólogos supunham ter sido construídas como cenotáfio de Seti.

A estrutura toda, de aparência arcaica, foi escavada a uma profundidade de doze metros de escombros. A sala central tinha teto baixo na forma de um colossal sarcófago. O teto foi delicadamente esculpido com entalhes representando Shu, o deus do ar, erguendo da terra um faraó morto e protegendo-o em seus braços. Senti de imediato que havia algum simbolismo oculto naquela imagem. A construção inteira era notável, feita com pedras imensas e um fosso preenchido com água, que cercava a cripta e isolava a nave central. É mais do que provável que esse fosso se conectava com o Nilo por algum canal subterrâneo secreto. Heródoto descreveu um lugar bastante parecido que teria existido sob a Grande Pirâmide, mas ninguém ainda foi capaz de verificar o que lhe foi dito pelos sacerdotes. A misteriosa cripta em Abidos, praticamente única entre as câmaras subterrâneas escavadas, pode de fato ter sido reconstruída por Seti para lhe servir como cenotáfio, mas tive a nítida sensação de que originalmente deve ter servido a algum propósito maior. Qual era esse propósito? Por ora, deixei a questão de lado.

Voltei a me sentar sobre o velho calçamento à sombra das colunas do pátio. Aqui em Abidos, diziam as antigas tradições, o homem-Deus, Osíris, havia sido enterrado em segredo na necrópole real de Tinis, a cidade extinta que outrora ocupou esse local. O rei Neferhotep registrou aqui o fato de ter encontrado em Abidos uma massa de alvenaria em ruínas quando assumiu o cetro dos faraós; contou como havia procurado na biblioteca sacerdotal de Heliópolis os arquivos relacionados ao templo de Osíris, que outrora esteve aqui; e como, após estudar esses arquivos, foi capaz de recompor os ritos perdidos. Seus sucessores usaram esses documentos para reconstruir a partir das ruínas a bela estrutura, adicionando-lhe outras construções. Esses templos se erguiam entre as casas da cidade de Tinis. O tempo, porém, havia devastado todos eles.

NA PAZ DA ANTIGA ABIDOS 211

Naqueles primeiros dias do primitivo Egito, os Mistérios de Osíris eram uma característica célebre da religião, e Abidos foi o primeiro de todos os lugares da Terra para tal celebração. Foi isso que o tornou um dos locais mais sagrados, e eu sabia que a essência espiritual vinha daquela antiga atmosfera, cujas vibrações havia captado – não dos ritos formais encenados diariamente naquele belo, mas posterior, templo do rei Seti. A história ancestral de Abidos estava ligada à do próprio Osíris e leva o calendário de volta àquela época remota em que os anos se dissolvem, a época pré-histórica das origens egípcias, a era desconhecida antes da ascensão dos faraós. Eram tempos em que os deuses ainda não haviam desaparecido da percepção dos homens, quando os "semideuses", assim chamados pelos historiadores egípcios, governavam o povo. Que maravilhoso, pensei, que por um misterioso processo de vibrações psiquicamente transmitidas, a sublime atmosfera da pré-histórica Abidos estivesse presente e pudesse ser percebida de novo por um receptor humano sensível.

Aqui, em Abidos, foi estabelecido o primeiro e principal santuário de Osíris em todo o Egito. Mas quem foi Osíris? A lenda histórica responde com um mito incrível e fantástico de alguém que foi assassinado e despedaçado, tendo suas partes depois recompostas.

Minha mente mergulhou nesse problema e esperei por uma resposta...

E do silêncio do passado veio enfim esta: um dos grandes seres da Atlântida teria previsto a necessidade de preparar uma nova terra para seus amigos e irmãos espirituais mais jovens e os levou para o leste, onde agora é o Egito. Teria ele atingido o estado sobre-humano que caracteriza os semideuses, de modo que não era apenas um governante secular de seu povo, mas também um deus. Teria trazido os mais exemplares de seu continente condenado, ainda que em pleno auge de sua civilização, pois os deuses começavam a preparar novas terras muito antes de as antigas terem desaparecido.

Antes da queda da Atlântida, as mentes mais esclarecidas emigraram. Os que pertenciam aos impérios ocidentais se deslocaram para a América Central e do Sul; os que pertenciam aos impérios orientais da Atlântida foram para a África, onde lançaram as bases da grandeza do Egito.

Navegaram em sua embarcação curvilínea com a proa apontada para o leste desconhecido e criaram assentamentos em vários lugares e em diferentes momentos nas costas euro-africanas, mas o grupo sob a direção imediata de Osíris foi levado ao Egito pré-histórico, em cujas margens fizeram uma pausa antes de navegarem Nilo acima, passando pelas três pirâmides e pela Esfinge, produtos do primeiro fluxo migratório dos atlantes, até que Osíris mandou que parassem, não muito distante da atual Abidos. Encontraram o norte do Egito já habitado por uma população aborígene que os aceitou pacificamente e, diante de sua cultura superior, até permitiu que aos poucos impusessem sua influência e domínio. Assim nasceu a civilização do Baixo Egito, e antes de Osíris deixar seu povo, ele instituiu seus Mistérios religiosos, deixando-os como um legado duradouro para perpetuar seu nome, sua obra e seus ensinamentos. Assim, tais homens e mulheres, tais egípcios pré-históricos, eram cultos e civilizados bem antes de Londres surgir dos pântanos. Muito tempo após Osíris ter desaparecido, e quando essa religião necessitava ser revigorada e codificada, apareceu um outro grande mestre, um "semideus" chamado Thoth, que estabeleceu um segundo centro de Mistérios de Osíris em Sais. Tudo isso ocorreu entre as comunidades aborígenes do Egito pré-histórico.

De que modo, então, teve início a lenda do assassinato de Osíris?

Não consegui obter a resposta de imediato e decidi esperar por outra meditação.

Fui caminhando pelo piso irregular, cuja superfície original há muito tempo havia se desgastado. Fora revestido por um belo mosaico, mas agora nem mesmo um minúsculo seixo restava sobre esse piso partido pelo tempo. Num último olhar, vislumbrei aquelas belas colunas cujos bojudos capitéis durante tantos séculos sustentaram as grandes vigas de pedra entalhada do teto e ainda as sustentavam elegantemente. Assim considerei encerrada a minha peregrinação por esse santuário da Antiguidade.

Deixei o pátio e saí dos arredores do templo rumo à radiante luz do sol do meio-dia. Tracei um trajeto entre pedras e poeira, pedaços de rocha e montes de areia, blocos quebrados e fragmentos disformes, entre a vege-

FIGURA 10.4. As colunas de Abidos (Segundo salão hipostilo). Fotografia do autor.

tação espinhosa, até encontrar um ponto mais elevado de onde poderia dar uma última olhada naquele edifício deserto.

A construção se erguia em sua perfeita brancura, e doze colunas já destruídas guardavam sua fachada; uma porta estreita e simples permitia a entrada. Quão diferente, e quão grandioso, deve ter sido em seu apogeu! A arquitetura do Egito foi uma arte hierática. A religião era o fio condutor no qual os seus artistas e artesãos inseriam as contas de seu belo trabalho.

"O interior do palácio é embelezado com ouro fino, puro e lavrado há pouco. Quando é visto, o coração exulta e todos se curvam em reverência. Sua nobreza é o que lhe confere esplendor. Seus grandiosos portais são de pinheiro da floresta", gabava-se Seti numa inscrição que descrevia a sua conquista, "seus corpos são dourados com ouro fino e cobertos de bronze nas partes traseiras. Os grandes pilares são de pedra de Anu, o topo de granito, sua beleza alcança Rá em seu horizonte."

Assim era Abidos – o local de renome onde Osíris foi enterrado, na realidade, o primeiro centro egípcio de "sepultamento" para iniciação aos Mistérios.

Graciosamente, as cotovias ainda cantavam entre os telhados arruinados do último sucessor do primeiro santuário de Osíris, enquanto eu descia à aldeia levando comigo meu sonho secreto do passado.

Havia encontrado um lugar adorável e sabia que seu encanto intangível, lançado sobre mim por mãos invisíveis, me atrairia de volta outras vezes. Esses lugares me mantinham, na realidade e na lembrança, cativo, numa servidão da qual não tentava me libertar.

Se pudesse imortalizar alguns momentos daquelas horas fugazes, compreenderia que não vivi em vão. Em Abidos pude vivenciar esses momentos.

11

O RITO SECRETO DOS TEMPLOS EGÍPCIOS

A elucidação que eu buscava sobre o mistério do lendário assassinato de Osíris me veio quando finalmente, avançando Nilo acima, me dediquei ao estudo do templo que era o maior e mais bem preservado no Egito, o da deusa Hathor em Dendera, cuja macia areia morna o havia coberto e preservado durante mais de um milênio. Subi por uma escadaria extremamente estreita e desgastada na face norte, parando de vez em quando para examinar, à luz da minha lanterna, as cenas esculpidas que apareciam nas paredes ao longo da escada. Representavam a procissão ritual mais importante do templo — a do Ano Novo — que prosseguia encabeçada pelo próprio faraó. Sacerdotes, hierofantes dos Mistérios e porta-estandartes seguiam seu caminho, esculpidos nessas paredes, do mesmo modo quando vivos subiram esses degraus. Deixei-os na penumbra rumo ao brilho reluzente do sol e atravessei sob o telhado de pedras gigantescas rumo a um pequeno templo que se erguia, isolado e sozinho, num canto do terraço, sustentado por colunas adornadas no topo pela cabeça de Hathor.

Entrando no templo, reconheci que se tratava de um santuário onde os Mistérios de Osíris foram realizados até o período ptolomaico. Suas paredes eram decoradas com relevos esculpidos retratando Osíris estendido em um divã, cercado por vários subordinados e braseiros de incenso. Hieróglifos e imagens contavam toda a história da morte e ressurreição de Osíris, e as inscrições continham as preces designadas para as doze horas da noite.

Sentei-me no chão que, na verdade, era parte do próprio teto do templo e me entreguei a uma nova meditação sobre a antiga lenda. Passado um tempo, minha imersão chegou ao ponto mais profundo de minha mente, à verdade real, cujos fragmentos distorcidos haviam atravessado os séculos na forma dessa narrativa fantástica da fragmentação de Osíris e sua subsequente restauração.

A chave veio a mim com a súbita lembrança de minha experiência pessoal dentro da Câmara do Rei na Grande Pirâmide, quando da escuridão da noite surgiu a visão de dois Sumos Sacerdotes, um dos quais fez meu corpo entrar em transe, libertando meu espírito de seu controle. Meu corpo, adormecido, estava praticamente em coma, vivificado apenas pela mais imperceptível respiração inconsciente, enquanto seu verdadeiro elemento vital havia escapado. Era como um morto, cuja alma abandonou o corpo. Porém, no final de minha experiência, retornei à carne, e o aspecto da morte desapareceu. Acaso não foi esta uma verdadeira ressurreição, um retorno à vida terrena, após um vislumbre do outro estado? Não era aquela uma vida consciente após a morte?

Levantei-me e examinei novamente as imagens nas paredes para confirmar a iluminação que havia recebido. Osíris estendido, aparentemente morto, parecia um corpo embalsamado como múmia, porém tudo indicava a preparação de uma cerimônia para beneficiar um homem vivo, não um morto. De fato, lá estava o corpo do candidato em transe, acompanhado de sacerdotes e incensários para facilitar a transposição.

Havia as preces noturnas também. Pois essas iniciações sempre ocorriam no início da noite. O candidato permanecia em transe por período de tempo variável – quanto mais avançado o grau, mais longo e mais profundo era o transe – e os sacerdotes o observavam durante as horas da noite, conforme lhe foi designado.

Tal era a cena representada nos rituais dos Mistérios desde a Antiguidade imemorial. E qual era o seu significado? O assassinato de Osíris nada mais era que um aparente assassinato, ao qual eram submetidos todos os candidatos que desejassem participar dos Mistérios de Osíris, isto é, unir-se ao espírito de Osíris, fundador desses Mistérios.

FIGURA 11.1. Santuário dos Mistérios de Osíris no teto do templo de Hathor. Do acervo do autor.

Nos templos mais antigos, havia sempre um plano duplo no arranjo arquitetônico e cada templo tinha duas divisões: uma para o culto comum e outra para os Mistérios secretos. O segundo era completamente reservado e localizado numa parte especial do santuário.

O candidato mergulhava – por meios hipnóticos, envolvendo poderosas fumigações, além de passes mesméricos feitos sobre o corpo com uma vara impregnada magicamente – em um transe semelhante à morte, no qual era privado de qualquer aparência de vida. Enquanto o corpo permanecia inerte, a alma mantinha seu domínio por um fio magnético, visível ao clarividente iniciador, de modo que suas funções vitais eram preservadas apesar da completa suspensão da animação. O propósito e teor dessa iniciação era ensinar ao candidato que "Não há morte". Aprendia-se essa lição da maneira mais clara e prática possível, ou seja, fazendo-o experimentar em si mesmo o processo real da morte, adentrando misteriosamente outro mundo de existência. Tão profundo foi seu transe que o colocaram dentro de um sarcófago pintado e inscrito, cuja tampa foi fechada e selada. Para todos os efeitos, havia de fato sido assassinado! Terminado o tempo designado para o transe, abriam o sarcófago e o despertavam pelos meios adequados. Essa é a simbólica fragmentação do corpo de Osíris, cujas partes foram reunidas novamente, trazendo-o à vida. A lendária ressurreição de Osíris era simplesmente a ressurreição do candidato de Osíris!

O santuário onde eu estava tinha sido cenário de vários desses "assassinatos" e "ressurreições". Teria sido adequadamente mobiliado com divã e todas as condições para a iniciação. Após o candidato passar pelo estado de transe e estar pronto para despertar, era levado a um local onde os primeiros raios do sol nascente incidiam sobre sua face adormecida.

Era fato que, no passado, muitos dos sacerdotes egípcios de classe superior e todos os Sumos Sacerdotes eram bem versados nos mistérios do hipnotismo e mesmerismo, sendo capazes de levar alguém a uma condição cataléptica tão profunda que parecia a verdadeira morte. Os Sumos Sacerdotes eram capazes de fazer até mesmo mais do que isso, mais que os modernos hipnotizadores, pois *sabiam como manter a mente do candidato desperta mesmo enquanto o corpo estava em transe,* e proporcionar-lhe uma série de experiências supranormais de que se lembrava após voltar à plena consciência. Dessa maneira, faziam o candidato compreender a natureza da alma humana e, forçando a sua alma a sair temporariamente do corpo, perceber outro mundo de existência, o chamado mundo espiritual, para o qual o simbolismo de seu sarcófago pintado fornecia uma alegoria adequada. Desse modo, os egípcios inscreviam seus textos sagrados nas lápides dos sarcófagos ou pintavam o símbolo curioso de um pequeno homem-pássaro voando ou pousando sobre a múmia. Era um pássaro com cabeça e braços humanos, representado muitas vezes ofertando às narinas da múmia, com uma mão, a figura hieroglífica de uma vela náutica enfunada, a respiração; e com a outra, uma cruz ansata, símbolo da vida. Escrito em papiro ou gravado na pedra de granito, o simbolismo desses estranhos hieróglifos ensina a mesma doutrina da existência do mundo espiritual. Quando *O Livro Egípcio dos Mortos* fala dos que se foram, geralmente se refere aos mortos-vivos humanos em transe tão profundo quanto a morte, de cujos corpos inertes e imóveis, as almas se libertam

FIGURA 11.2. Ba (homem-pássaro) simbolizando a mente desperta num corpo em transe ou a alma se libertando do corpo, quando inscrita em sarcófagos. Do acervo do autor.

para outro mundo. Refere-se à Iniciação. De alguma maneira misteriosa, esse outro mundo interpenetra o nosso, e esses espíritos podem estar muito próximos de nós mortais. Nada se perde na natureza, nos dizem os próprios cientistas. Quando um homem retira-se deste mundo, deixando para trás um corpo insensível e inerte, é possível que reapareça no éter, invisível para nós, mas visível para os seres etéreos.

Embora esse processo de iniciação se parecesse com as práticas avançadas do hipnotismo, era algo que ia muito além dos métodos de transe de nossos modernos experimentadores, que exploram o subconsciente do homem, mas não podem tornar seus voluntários conscientes dos planos mais profundos da existência.

Na imaginação popular, Osíris foi aquele que sofreu o martírio, morreu e depois ressuscitou da sepultura. Para o seu povo, seu nome se tornou sinônimo da sobrevivência após a morte, e sua conquista da mortalidade os fez esperar uma conquista semelhante depois da morte.

Era incontestável a crença comum na imortalidade da alma, na vida além-túmulo e na ideia de que, na transição para essa nova vida, os deuses julgariam a alma e registrariam a medida de suas boas e más ações no passado. Os ímpios receberiam o castigo adequado, enquanto os bons poderiam passar ao reino dos bem-aventurados e se unir a Osíris. Tais noções serviam bem às massas e davam à mente do trabalhador camponês, convenientemente, aquilo que era capaz de reter. Era inútil confundi-lo com filosofias profundas e explicações psicológicas sutis.

Todos esses mitos populares, lendas e fábulas devem ser compreendidos simbólica e historicamente, contendo tanto um sentido racional oculto quanto uma verdade interior única e real. Para manter esses ensinamentos vivos, os sacerdotes do templo não apenas empregavam rituais, mas também representações dramáticas em público, em certas datas, mantendo viva a história de Osíris para a população. Poucas dessas representações se enquadravam na categoria dos Mistérios, no sentido de fornecer uma versão popular e de fácil entendimento, que correspondesse às representações dos Mistérios na antiga Grécia e às da Paixão na Europa medieval e moderna, como a Paixão de Cristo que ainda é encenada em Oberammergau, na Baviera. Os verdadeiros Mistérios, porém, não devem ser confundidos com esses, pois iam muito além do teatro e nunca eram encenados em público.

As apresentações públicas eram simbólicas e sagradas, mas não revelavam os segredos ocultos à plateia, por isso o antigo espetáculo popular da morte e ressurreição de Osíris não deve ser entendido como um dos mistérios secretos.

As celebrações populares e as cerimônias externas eram realizadas para as massas, sendo admiravelmente adequadas, mas havia uma doutrina mais filosófica e uma prática secreta para os intelectuais. Os egípcios cultos e espiritualmente instruídos, a nobreza e a aristocracia, estavam cientes disso e, quando inclinados, buscavam participar.

Os templos tinham locais especiais e isolados para os Mistérios, que eram conduzidos por um número pequeno e seleto de sacerdotes, chamados de hierofantes, e esses ritos secretos eram realizados junto e fora das cerimônias diárias de veneração dos deuses. Os próprios egípcios chamavam esses ritos de "Mistérios".

O caráter sobrenatural dos Grandes Mistérios, que pouco tinham a ver com os dramas rituais, foi sugerido por vários iniciados, e um deles declarou: "Graças aos Mistérios, a morte para os mortais não é um mal, mas um bem". Isso apenas podia significar que, ao se tornar cadáver, o homem ainda recebia grande benefício dessa experiência. Os textos hieroglíficos falam daquele que é "nascido duas vezes" e lhe era permitido acrescentar ao seu nome as palavras "aquele que renovou sua vida", de

FIGURA 11.3. Nicho da estátua de Osíris, protegido pelo falcão Hórus. Do acervo do autor.

modo que nos sarcófagos mortuários os arqueólogos encontram essa descrição do estado espiritual do morto.

Quais eram os maiores segredos que os candidatos aprovados aprendiam nos Mistérios?

Isso dependia do grau ao qual chegavam, mas, em termos aproximados, todas as experiências se resumiam em dois resultados, que formavam o cerne das revelações recebidas.

Nos primeiros graus, os candidatos se familiarizavam com a alma humana, representada por um pequeno homem-pássaro no sistema hieroglífico; e resolviam o mistério da morte. Aprendiam que, na verdade, era apenas a passagem de um estado de existência para outro; que afetava o corpo carnal, mas não destruía a mente e o ser. Aprendiam também que a alma não apenas sobrevive à destruição de seu invólucro mortal como progride ainda rumo a esferas superiores.

Nos graus avançados, se familiarizavam com a alma divina e eram levados à comunhão pessoal com o Criador, ficando face a face com o Divino. Primeiramente eram esclarecidos quanto à verdadeira explicação da Queda do homem a partir de seu estado espiritual original. Ouviam a história secreta da Atlântida, uma narrativa intimamente associada à Queda do homem. Então eram elevados, esfera após esfera, até alcançarem a mesma consciência altamente espiritualizada que o Homem gozava no princípio. Portanto, ainda durante sua peregrinação, colhiam os despojos da eternidade.

$$\wedge\wedge\wedge\wedge$$

Penso que não seria inadequado se, neste ponto do meu relato de viagens e impressões, eu interpusesse alguns trechos descritivos sobre as várias instituições antigas dos Mistérios redigidas por uma pena que não a minha — a pena de um homem que viveu nos tempos clássicos e havia sido iniciado ao menos nos graus inferiores. Obrigado por juramento a não revelar em detalhes o que havia experimentado, por isso não devemos procurar nada além de explicações gerais e alusivas. O trecho, que é a mais completa admissão conhecida de um iniciado, vem de Apuleio, um iniciado de primeiro grau nos Mistérios de Ísis; seus escritos autobiográficos falam de Lúcio e mostram como este bateu à porta do templo em sua ânsia pelo conhecimento secreto.

Os Mistérios egípcios por muito tempo foram mantidos velados para estrangeiros, e apenas tardiamente alguns foram admitidos e iniciados. Os iniciados quase sempre mantinham seus votos de silêncio, e os regulamentos para a admissão eram estritos e severos.

"Dia a dia meu desejo de ser admitido nos Mistérios aumentava, e repetidamente fui ao sumo sacerdote suplicar para que finalmente me iniciasse nos segredos da noite, que são consagrados à deusa. Sendo ele, porém, um homem de caráter firme e famoso por observar estritamente as leis da fé, com palavras amáveis e gentis, como um pai usa para frear os desejos precoces dos filhos, afastava a minha insistência e sossegava a grande agonia de meu espírito oferecendo a esperança consoladora de uma bem-aventurança maior. Dizia ele que o dia da iniciação de cada homem era determinado pela deusa e que o sacerdote destinado a seu serviço também era escolhido pela divina providência.

"Pediu-me que esperasse por esse propósito, como os outros, com reverente paciência, advertindo-me de que era meu dever precaver-me com toda minha alma contra a excessiva avidez e a petulância, evitando ambas as falhas, e não me atrasar quando convocado nem me apressar sem necessidade.

'Pois o portão do inferno e o poder da vida estão nas mãos da deusa, e o próprio ato da dedicação é considerado uma morte voluntária e um perigo à vida, visto que a deusa costuma selecionar aqueles cuja hora já se aproxima do fim e que se encontram no limiar da noite e são, além do mais, homens a quem os poderosos mistérios da deusa podem ser confiados com segurança. Esses homens, por sua providência, a deusa conduz rumo a um novo nascimento e no princípio de uma nova trajetória de vida. Deves, portanto, esperar também o comando do céu.'

"Tampouco a graça salvadora da grande deusa me iludiu nem me torturou pelo longo atraso, mas, na escuridão da noite, em ordens nas quais não havia qualquer obscuridade, ela me avisou com clareza que chegava o dia de meu desejo tão ansiado, quando concederia a realização de minhas preces mais fervorosas.

"Por esses e outros conselhos graciosos, a deusa suprema alegrou meu espírito, de modo que, antes de raiar o dia, despertei do sono e me apressei direto à morada do sacerdote. Encontrei-o quando descia de seu aposento e o saudei. Havia decidido exigir com maior persistência ainda para que fosse designado ao serviço dos Mistérios como agora me era devido. Assim que me viu, porém, antecipou-se a mim, dizendo: 'Lúcio, afortunado e abençoado és tu, a quem a augusta divindade se digna a favorecer com tamanha benevolência.

"'Chegou o dia tão ansiado em tuas incansáveis preces, quando, pelos desígnios divinos da deusa de muitos nomes, tu serás admitido por minhas mãos aos mais sagrados segredos dos Mistérios'.

"Então, colocando sua mão direita na minha, o bondoso ancião me conduziu à entrada do grande santuário e, após solenemente celebrar o serviço de abertura dos portões e realizar o sacrifício matinal, trouxe de lugares ocultos no santuário certos livros, cujos títulos foram grafados com letras indecifráveis.

"Levou-me então de volta ao templo e, tendo passado mais da metade do dia, me pôs aos pés da deusa; depois me confidenciou certos segredos demasiadamente sagrados para serem revelados, ordenou-me que durante dez dias consecutivos me abstivesse de todos os prazeres da mesa, não comesse nada que fosse vivo nem bebesse vinho.

"Todos esses preceitos foram observados por mim com reverente abstinência e, finalmente, chegou o dia de minha consagração à deusa. O sol descia a oeste, trazendo a noite, quando eis que me vi rodeado de todos os lados por santos iniciados, cada qual após o antigo rito me honrando com diversos presentes. Por último, todos os não iniciados foram excluídos, uma túnica de linho jamais usada antes foi posta em mim, e o sacerdote levou-me pela mão ao coração do santuário.

"Talvez, ávido leitor, tu anseies por saber o que foi dito e o que foi feito. Eu diria se me fosse permitido, e tu saberias tudo se permitido fosse. Mas tanto a língua quanto o ouvido seriam infectados com a culpa caso fosse satisfeita tua imprudente curiosidade. Entretanto, como talvez seja um anseio piedoso que te aborrece, não te atormentarei prolongando tua angústia. Ouve então e acredita, pois o que digo é verdade. Aproximei-me dos confins da morte, pisei o limiar de Prosérpina, fui carregado por todos os elementos e retornei à terra. Vi o sol reluzindo com um esplendor radiante na calada da noite, aproximei-me dos deuses de cima e dos deuses de baixo, venerando-os face a face. Eis que te disse coisas das quais, embora as tenhas ouvido, nada deves saber."

Um ano depois, Lúcio foi iniciado nos Mistérios de Osíris, que eram ainda mais elevados.

Entre os poucos estrangeiros a quem foi permitido receber a iniciação egípcia, constavam Platão, Pitágoras, Tales, Licurgo, Sólon, Jâmblico, Plutarco e Heródoto. O último, em seus escritos, alude à iniciação com extrema reserva, embora descrevendo em detalhes os dramas simbólicos

FIGURA 11.4. O iniciado é apresentado a Osíris (segundo o Papiro de Ani). Do acervo do autor.

e rituais públicos sempre associados aos Mistérios, na imaginação popular, e que eram meramente de natureza cerimonial, mas recusando-se a divulgar os segredos dos ritos secretos, dos quais comenta: "Sobre estes Mistérios, sem exceção, conhecidos por mim, devo guardar meus lábios em religioso silêncio".

Passemos às páginas de Plutarco, o biógrafo.

"Ao ouvir as fábulas que os egípcios contam dos deuses – suas perambulações, fragmentação e outros percalços –, não se deve supor que tenham ocorrido ou se dado da forma relatada. As nações estabelecem e empregam símbolos, alguns obscuros, outros mais inteligíveis, a fim de levar compreensão às coisas divinas. Do mesmo modo, deve-se ouvir as histórias dos deuses e recebê-las de modo a interpretar os mitos com espírito reverente e filosófico.

No momento da morte, a alma experimenta as mesmas impressões que os iniciados nos grandes Mistérios.

"Quanto àquelas narrativas triviais e populares que relacionam as lendas sobre as divindades com mudanças atmosféricas, ou com a semeadura, a lavoura e a colheita de grãos, dizendo que Osíris é enterrado quando o grão é semeado e ressuscita quando este começa a brotar, devem os homens prestar atenção e temer para não degradar, sem o saber, e transformar os seres divinos em ventos e correntes, plantios e colheitas, ação sobre a terra ou mudanças das estações.

"O propósito dos Mistérios também é preservar o sentido das valiosas passagens da história."

Isso é senão uma hipótese, tudo o que Plutarco acreditou que podia divulgar, mas seu sentido pleno é que a história secreta da Atlântida e sua queda foi contada ao iniciado.

Plutarco fornece os propósitos psicológicos dos Mistérios em seu tratado *De Iside et Osiride*, onde afirma:

"Enquanto estivermos aqui embaixo, embriagados pelos envolvimentos corporais, não poderemos ter contato com Deus, exceto pelo pensamento filosófico, quando podemos tocá-lo levemente, como num sonho. Porém, quando nossas almas forem libertadas (pelos Mistérios) e passarem à genuína região do invisível e do imutável, esse Deus será o guia e o rei daqueles que nele confiam e contemplam com anseio insaciável a beleza inexprimível pelos lábios humanos."

Plutarco se refere ao objetivo dos Mistérios de Ísis nos seguintes termos: "Por esses meios, eles podem ser mais bem preparados para a obtenção do conhecimento da Mente Primordial e Suprema, a quem a Deusa os exorta a buscar. Por essa razão, seu templo é chamado de Iseion, aludindo ao conhecimento do Eterno Ser Autoexistente que pode ser alcançado se dele nos aproximarmos corretamente."

Isso nos diz o grego Plutarco. E o que o sírio Jâmblico tem a dizer dos Mistérios do Egito, nos quais também foi iniciado?

"A essência e a perfeição de todo bem estão compreendidas nos deuses, e seu poder primordial e ancestral está conosco, os sacerdotes. O conhecimento dos deuses é acompanhado da transformação e do autoconhecimento. Digo, portanto, que a parte mais divina do homem, que esteve anteriormente unida aos deuses, consciente de sua natureza ao passar para o outro estado, ficou presa nos laços da necessidade e do destino. Sendo assim, é necessário considerar como o homem pode se libertar desses laços. Não há, portanto, qualquer outra dissolução para desatá-

O RITO SECRETO DOS TEMPLOS EGÍPCIOS

-los senão o conhecimento dos deuses. Esse é o objetivo dos egípcios na elevação sacerdotal da alma à divindade."

Proclo foi outro iniciado. Vamos ouvi-lo também:

"Em todas as iniciações e Mistérios, os deuses exibem muitas formas e, às vezes, de fato, uma luz desfigurada de si mesmos é apresentada à vista; por vezes, essa luz é representada com aparência humana e, por outras, segue uma forma distinta. Algumas das figuras não são deuses e provocam perturbação."

E qual foi o testemunho do nobre filósofo Platão?

"Por consequência dessa iniciação divina, tornamo-nos espectadores de visões singulares e abençoadas, inerentes à luz pura e nós mesmos nos purificamos e nos libertamos da vestimenta que chamamos corpo, e à qual estamos presos como uma ostra à sua concha." Platão também afirmou que o objetivo final dos Mistérios era guiar o homem de volta aos princípios originais, dos quais se desviou desde a sua queda.

Homero, também um iniciado, escreveria na *Odisseia* o seguinte convite aos seus leitores:

Atentem, pois, a quanto digo, e me obedeçam:
Fujamos — aos navios! — para a pátria querida![1]

Sendo a maneira do poeta exprimir o pensamento de Platão.

Outro iniciado de renomada linhagem estrangeira foi Moisés; na verdade, foi apenas meio hebreu, pois um de seus pais era egípcio. "Moisés foi instruído em toda a sabedoria dos egípcios", diz o Novo Testamento. O que essa frase significa — se for tomada literalmente — é que a *mais profunda* sabedoria dos egípcios lhe foi revelada. Essa nada mais poderia ser que o conhecimento transmitido nos Mistérios.

Além disso, a mesma Escritura declara que "Moisés cobriu a face com um véu". Podemos ter uma noção da natureza desse véu quando lemos mais adiante: "Mas até hoje, quando é lido Moisés, o véu está posto sobre o coração deles" (Segunda Epístola aos Coríntios). Isso indica que não se tratava de um véu de tecido, mas de um que encobria a matéria comunicada pelas palavras, ou seja, o conhecimento. Portanto, o véu usado por

Moisés era, na verdade, a promessa de silêncio e segredo que ele havia feito durante sua iniciação nos Mistérios.

Essa sabedoria possuída por Moisés foi adquirida na famosa escola do templo da cidade de On, chamada Heliópolis pelos gregos após conquistarem o Egito (e conhecida como On na Bíblia), uma cidade desaparecida que ficava a poucos quilômetros ao norte do Cairo. Um caminho sagrado estendia-se do sopé do planalto onde jaziam as Pirâmides, atravessando a planície até a cidade sagrada de Heliópolis. Tanto esta quanto Mênfis — outra cidade desaparecida à vista das Pirâmides — viam a Grande Pirâmide como o mais importante santuário dos Mistérios. Heliópolis ruiu e com ela seu templo, os escombros da cidade e as aniquiladas colunas do templo agora jazem três metros abaixo da areia e do solo, exceto o obelisco de granito vermelho que ficava em seu pátio. O obelisco ainda está de pé — o mesmo que Moisés viu e pelo qual passou muitas vezes — e permanece sendo o mais antigo que restou no país. Outros estudantes que, atraídos como mariposas pela lâmpada da sabedoria, vieram bater à porta desse templo, foram Platão, o filósofo, e Heródoto, o historiador. Também eles viram esse imenso monólito, que hoje se ergue em sua patética solidão, em cuja base os camponeses agora cultivam seus campos.

Foi companheiro daquele outro rude obelisco erguido por Tutmés III, em frente do templo do Sol em Heliópolis, e que agora tem vista para as margens do Tâmisa, em Londres; e, sob o nome de Agulha de Cleópatra, ainda permanece para lembrar o mundo atarefado da metrópole inglesa de uma remota, antiga e poderosa civilização do passado.

O elevado obelisco parecia uma sentinela guardando a entrada do templo, enquanto as inscrições em hieróglifos profundamente entalhadas em suas laterais proclamavam a história da construção. O obelisco era mais do que uma mera coluna de pedra erguida para conter uma inscrição entalhada; era também um símbolo sagrado, cuja ponta sempre culminava numa pequena pirâmide.

Heliópolis era um grande centro para estudos, sacros ou seculares, com treze mil estudantes-sacerdotes e professores, uma imensa população e uma proeminente biblioteca que mais tarde ajudou a formar a famosa Biblioteca de Alexandria.

FIGURA 11.5. Vista do Golfo de Suez, inalterada desde a época de Moisés. Fotografia do autor.

Em suas caminhadas cerimoniais, o jovem Moisés passeava ao redor dos templos ou se debruçava sobre seus rolos de papiro, passando ali muitas horas em profunda reflexão solitária.

Excepcionalmente circunspecto, mesmo quando criança, Moisés progrediu tanto em seus estudos e na formação de seu caráter que passou por todos os graus de iniciação com honras, chegando ao grau raramente alcançado de Adepto. Estava apto, por sua vez, a então se tornar um hierofante. E foi na mesma escola onde havia estudado – a escola dos Mistérios, anexa ao grande templo de Heliópolis, a cidade do Sol – que conquistou essa distinção. Moisés recebia os candidatos aos rituais secretos de Osíris, os ritos mais elevados dos Mistérios.

Naquela época tinha um nome egípcio, como convinha à sua origem meio egípcia. Seu nome original era Osarsiph (Isso não é resultado da imaginação do autor. Encontrei esse nome e o de seu templo, junto a outros fatos, nos antigos registros egípcios do sacerdote Manetho. O restante descobri por meio de minha própria investigação).

Quando chegou a hora da grande mudança em sua vida, aceitou a missão que tanto o destino quanto os deuses lhe confiaram e sinalizou o evento mudando seu nome para outro, israelita. Todos os egípcios instruídos acreditavam no poder dos nomes. Um nome possuía valor mágico para eles. E assim Osarsiph assumiu o nome de Moisés.

O faraó daquela época era um homem de caráter severo e nada espiritualizado. Obstinado e cruel, sua perseguição aos israelitas foi tal que despertou a compaixão de Moisés, em cujas veias corria sangue hebreu. Obteve sucesso em libertar as tribos hebreias da servidão e do cativeiro, levando-as ao vale de Gósen pela antiga estrada histórica que desde tempos imemoriais ligava a África à Ásia, a mesma estrada que Napoleão um dia percorreu a cavalo, quase se afogando ao chegar ao fim em Suez.

Parte da história posterior de Moisés pode ser encontrada na Bíblia, infelizmente misturada com simples rumores.

No Antigo Testamento, encontramos uma série de livros chamados Pentateuco, atribuídos a Moisés. Eles contêm a essência da sabedoria que Moisés supostamente desejava comunicar a seu povo, combinada com fatos mais ou menos históricos sobre a criação do mundo e das primeiras raças humanas.

Como Adepto, Moisés conhecia e usava a escrita sagrada dos iniciados, ou seja, os hieróglifos em seu *terceiro* sentido, o significado espiritual oculto. Quando completou o Pentateuco, redigiu o texto em hieróglifos. Os sacerdotes iniciados, que compreendiam a escrita, tinham acesso a esses textos. Mas, quando os israelitas se estabeleceram na Palestina e os séculos foram se passando, o conhecimento dos hieróglifos se tornou mais vago. Pouco a pouco a classe sacerdotal foi se tornando cada vez menos familiarizada com os caracteres e apenas com dificuldade conseguia decifrá-los. Isso não é surpreendente ao lembrarmos que, mesmo no próprio Egito, por volta do século IV d.C., a arte de interpretar hieróglifos já havia se perdido por completo. Quase mil anos após o grande êxodo dos israelitas do Egito, os anciões de Israel reuniram aquela coletânea de livros que hoje chamamos de Antigo Testamento, as dificuldades que enfrentaram ao tentar traduzir os escritos de Moisés para o hebraico foram imensas. Moisés escreveu como Adepto, mas esses anciões, por

O RITO SECRETO DOS TEMPLOS EGÍPCIOS 231

mais eruditos que fossem, não eram Adeptos. Com frequência ocorreram erros de compreensão, expressões simbólicas foram tomadas literalmente; figuras hieroglíficas, como imagens de coisas existentes, e expressões figurativas foram gravemente mal interpretadas. Basta um único exemplo: os seis dias da Criação significavam para Moisés seis vastos períodos de tempo, simbolicamente chamados "dias" por razões que todos os iniciados conheciam. Mas os eruditos os traduziram literalmente, pensando, de fato, se tratar de dias de vinte e quatro horas.

Portanto, esses primeiros livros da Bíblia fornecem noções peculiares quando lidos de forma literal — peculiares porque a mera ciência cotidiana está corrigindo tais livros em questões pontuais —, mas revelam um conhecimento bastante frutífero quando lidos à luz de uma compreensão do que era ensinado nos templos egípcios dos Mistérios.

Moisés, portanto, deve ser aclamado como uma das figuras mais notáveis que emergiram do transe mortal da iniciação.

12

OS ANTIGOS MISTÉRIOS

Aqueles que eram iniciados nos *Antigos Mistérios* faziam o juramento solene de nunca revelar o que se passava dentro das sagradas paredes. Deve ser lembrado, em todo caso, que a cada ano poucos eram iniciados nos Mistérios – consequentemente, o número de pessoas que conheciam os segredos jamais foi grande. Portanto, tão fielmente foi mantido esse juramento que nenhuma revelação completa e confiável dos Mistérios jamais foi dada ao mundo por nenhum autor do passado. No entanto, as breves alusões, os comentários de autores clássicos, as frases ocasionais e as inscrições entalhadas que foram descobertas são suficientes para vislumbrarmos a natureza dessas misteriosas instituições da Antiguidade. Esse vislumbre assegura que o propósito dos Mistérios em seu estado primitivo e genuíno era certamente elevado, sendo uma combinação de objetivos religiosos, filosóficos e éticos. "Adeus a ti que vivenciaste o que jamais havias vivenciado, de homem te tornaste deus", era a frase de despedida ouvida pelo iniciado órfico dos graus superiores.

Qualquer um podia bater à porta do Templo dos Mistérios, entretanto se seria admitido era outra questão. Nas palavras de Pitágoras, ao rejeitar candidatos inadequados para sua Academia em Crotona, "Nem todo tipo de madeira serve para se esculpir um (deus) Mercúrio".

A primeira etapa da iniciação – aquela que prova a sobrevivência – trazia consigo uma terrível e assustadora experiência, como prelúdio ao agradável despertar na alma.

Em algumas iniciações elementares, mas não em todas, houve uma época em que artifícios eram usados para fazer o candidato acreditar ter caído em um poço perigoso, ou ter sido arrastado pela correnteza, ou atacado por animais selvagens. Assim, sua prontidão e coragem eram testadas.

No entanto, o teste mais temeroso era quando, nos graus avançados, a clarividência era dada por um momento para que se enfrentasse criaturas sinistras do mundo inferior.

"À beira da morte, a mente é afetada e perturbada assim como na iniciação nos Grandes Mistérios; a primeira etapa não passa de erros e incertezas, lutas, devaneios e trevas. Chegado ao limiar da morte e da iniciação, tudo se reveste de um aspecto terrível; é tudo horror, tremor e pavor. Mas uma vez terminado o espetáculo uma luz extraordinária e divina se revela... e, aperfeiçoados, os iniciados estão livres, coroados, triunfantes e caminham pelo território da bem-aventurança." Esse trecho foi preservado por Estobeu a partir de um antigo registro e confirma a experiência de todos os outros iniciados.

Os antigos papiros retratam o candidato sendo conduzido a essa etapa por Anúbis, o deus com cabeça de chacal, mestre dos Mistérios: é Anúbis quem o conduz pelo limiar do mundo invisível, na presença de aparições aterradoras.

O conhecimento ensinado nessas escolas de iniciação era transmitido diretamente da primitiva revelação da verdade às primeiras civilizações, e precisou ser guardado a fim de se preservar sua pureza. Assim, é possível compreender por que esses segredos foram cuidadosamente escondidos e zelosamente protegidos dos profanos.

A condição em que o candidato à iniciação era colocado não deve ser confundida com o sono comum. Era um estado de transe que libertava o seu ser consciente, um sono mágico no qual permanecia paradoxalmente desperto, porém para um outro mundo.

Além do mais, confundir essa experiência sublime com a ação mental do hipnotizador moderno seria um erro grave. Este mergulha o voluntário numa estranha condição, não compreendida plenamente por ambos, ao passo que o hierofante dos Mistérios detinha a sabedoria tradicional

OS ANTIGOS MISTÉRIOS

FIGURA 12.1. Anúbis, mestre dos Mistérios, conduzindo o iniciado (na forma do "homem-pássaro" Ba) ao mundo invisível. Do acervo do autor.

secreta que lhe permitia exercer seu poder com total discernimento. O hipnotizador atinge o subconsciente do voluntário em transe até certo nível, sem partilhar dessa mudança de condição, ao passo que o hierofante observava e controlava cada alteração por meio de seu poder perceptivo. Acima de tudo, o hipnotizador é apenas capaz de extrair de seu voluntário informações a respeito da vida e do mundo material ou realizar feitos anormais com o corpo material. O hierofante ia além e podia guiar a mente do candidato, passo a passo, pela experiência envolvendo os mundos espirituais – um feito além do poder de qualquer hipnotizador moderno.

Assisti a todo tipo de fenômeno hipnótico realizado em países orientais e ocidentais e sabia que, por mais maravilhosos que fossem, sem dúvida, pertenciam a uma ordem inferior. Não eram processos sagrados. Eram de interesse científico, no entanto, sem um valor espiritual mais profundo. Embora retirassem o indivíduo das profundezas grosseiras do materialismo, provando a existência de forças subconscientes misteriosas no homem, não podiam levá-lo à descoberta consciente da alma como algo vivo, imortal e independente.

Pude reconstruir, tanto a partir de minha experiência na Pirâmide quanto das evidências nos murais dos templos, o misterioso drama do rito mais secreto de Osíris. Esse rito augusto era nada mais nada menos do que um processo que combinava forças hipnóticas, mágicas e *espirituais* numa tentativa de desprender a alma do candidato da pesada escravidão do corpo carnal por algumas horas, às vezes dias, para que ele pudesse viver com a memória dessa experiência marcante e conduzir-se de maneira apropriada. A sobrevivência da alma após a morte, aceita pela maioria dos homens por meio da fé em sua religião – foi fortalecida na convicção pela evidência vinda do conhecimento pessoal.

O que isso significava para ele só poderia ser apreciado por aqueles que passaram por experiência semelhante. Mesmo nos tempos modernos, alguns homens passaram involuntária e inesperadamente por uma *parte* dessa experiência. Conheço o caso de um ex-oficial da Força Aérea que foi anestesiado para passar por um procedimento cirúrgico durante a guerra. O anestésico teve um efeito curioso, deixando-o inconsciente de qualquer dor corporal, sem o adormecer. O oficial se viu, em vez disso, pairando no ar sobre a mesa cirúrgica, observando todo o processo com a mesma calma que teria ao assistir à operação no corpo de outra pessoa! A experiência causou uma mudança extraordinária em seu caráter; pois passou de um materialista a um crente na existência da alma, vivendo desde então uma vida de esperança e propósito renovados.

Quem eram esses hierofantes, cujo poder suscitava no homem uma transformação tão surpreendente?

Esses veneráveis guardiões de um conhecimento superior eram forçosamente sempre poucos. Em certa época, constituíam todos os Sumos Sacerdotes do Egito, bem como alguns membros superiores do clero. Seu conhecimento era preservado com extremo cuidado e mantido com tamanha reserva que o termo Egito se tornou sinônimo de mistério no período clássico.

No Museu do Louvre, em Paris, na galeria egípcia, encontra-se o túmulo de Ptah-Mer, Sumo Sacerdote de Mênfis, que traz como epitáfio

OS ANTIGOS MISTÉRIOS

uma inscrição contendo as seguintes palavras: "Penetrou nos mistérios de cada santuário; nada lhe foi ocultado. *Cobriu com véu tudo que havia visto*". Os hierofantes eram compelidos a manter essa extraordinária reserva por motivos próprios, porém é óbvia a necessidade de excluir o cético e o zombeteiro de experimentos perigosos à vida do candidato, do mesmo modo que lançar pérolas aos porcos é inconveniente. Contudo, era mais provável que a maioria dos homens não estivesse suficientemente pronta ou preparada para passar por tal experiência, que poderia facilmente leva-los à loucura ou à morte, por isso tornou-se privilégio de alguns. Muitos batiam às portas dos Templos dos Mistérios em vão, enquanto outros eram submetidos a uma série gradativa de provas, que testava seus nervos ou lhes abrandava o desejo de serem iniciados. Assim, por um processo eliminatório – e uma seleção natural – os Mistérios se tornaram a instituição mais exclusiva dos tempos antigos, e os segredos guardados por trás de suas bem protegidas portas eram sempre revelados sob o solene juramento de que nunca seriam divulgados. Todo homem que emergia daquelas portas pertencia desde então a uma sociedade secreta que agia e trabalhava com os propósitos mais elevados e o conhecimento mais profundo entre as massas profanas. "Dizem que aqueles que participaram dos Mistérios se tornam mais espiritualizados, mais justos e melhores em todos os aspectos", escreveu Diodoro, visitante da Sicília.

Essas iniciações tampouco eram limitadas ao Egito. As antigas civilizações herdaram os Mistérios de uma sociedade ainda mais remota, e constituíram parte da primitiva revelação dos deuses à humanidade. Quase todos os povos pré-cristãos possuíam sua instituição e tradição dos Mistérios. Os romanos, os celtas, os druidas da Grã-Bretanha, os gregos, os cretenses, os sírios, os hindus, os persas, os maias, os ameríndios, entre outros, todos tinham templos e ritos correspondentes, com um sistema de iluminação gradual para os iniciados. Aristóteles não hesitou em declarar que considerava o bem-estar da Grécia garantido pelos Mistérios de Elêusis.

Sócrates observou que "aqueles familiarizados com os Mistérios garantem para si esperanças bastante aprazíveis diante da morte". Entre os antigos que confessaram ou sugeriram ter sido iniciados nos Mistérios, podemos listar os nomes de Aristides, o orador; Menipo da Babilônia; Sófocles, o dramaturgo; Ésquilo, o poeta; Sólon, o legislador; Cícero; Heráclito de Éfeso; Píndaro e Pitágoras.

Mesmo hoje, nos graus avançados da disciplina do jiu-jítsu, no Japão, há graus conhecidos por poucos, porque dizem respeito a segredos adequados apenas a alguns, que guiam o pupilo por um caminho nos Mistérios espirituais. Ele é compelido a passar por uma cerimônia de iniciação que exige ser "estrangulado" pelo mestre. O ato do estrangulamento em si demora apenas um minuto, depois disso o candidato repousa num divã, para todos os efeitos morto. Nessa condição, o espírito se liberta do corpo e adquire experiência em regiões além da nossa. Então, quando o período designado de morte termina, seu mestre o ressuscita por meio de uma prática misteriosa chamada pelo nome intraduzível de "kwappo". Quem passa por essa experiência maravilhosa torna-se um iniciado. Mesmo hoje a maçonaria carrega resquício e lembranças dessas instituições, afinal suas origens remetem ao Egito. Os membros da Arte se referem a Pitágoras como um exemplo da antiga iniciação, acaso se lembram que ele foi iniciado no Egito? Os criadores dos graus da maçonaria adotaram alguns dos símbolos significativos dos Mistérios egípcios.

Que a degeneração inevitável da humanidade tenha resultado no desaparecimento ou isolamento dos verdadeiros hierofantes e sua substituição por homens desprovidos de iluminação, causando a degradação dos Mistérios em nocivas caricaturas do que foram; que homens perversos ao buscar os poderes da magia negra tenham acabado por conquistar essas instituições no Egito e em outros lugares; e o que originalmente era uma instituição pura, sagrada, exclusiva e devotada a manter viva a chama do conhecimento espiritual acabou se tornando ofensivo e degradado instrumento de poderes corruptos — isso são fatos históricos, que levaram ao compreensível desaparecimento das joias mais brilhantes da Antiguidade.

No entanto, embora seus segredos tenham desaparecido com eles, a sabedoria daqueles tempos mais iluminados transmitida aos homens é evidenciada pela ilustre lista dos que buscaram e encontraram ou foram procurados e aceitaram a experiência sublime da iniciação.

OS ANTIGOS MISTÉRIOS

Muitos textos em papiro e inscrições nas paredes provam quão intensamente os primeiros egípcios reverenciavam o rito osiriano, e mostram a admiração das massas por aqueles aos quais era permitido entrar nos santuários isolados e nas criptas consagradas, onde as fases mais secretas e sagradas desse rito eram realizadas. Havia um grau superior e final de iniciação, em que a alma não era apenas libertada do corpo temporariamente, durante a morte simulada, a fim de provar a verdade da sobrevivência após a grande transformação, mas era realmente transportada às esferas mais elevadas do ser, ao reino do próprio Criador. Nessa experiência maravilhosa, a mente finita do homem era colocada em contato com a mente infinita da divindade superior. O iniciado era capaz por um breve momento de entrar em comunhão silenciosa e encantada com o Pai Nosso, e esse contato fugaz, de um êxtase incomparável, era suficiente para mudar toda a sua atitude diante da vida. Havia comungado o mais sagrado alimento que existe e descoberto o raio inefável da divindade, o seu ser mais íntimo e verdadeiro, do qual o corpo espiritual que sobrevive à morte era apenas um invólucro intangível. Em verdade e de fato, havia renascido, no sentido mais elevado da palavra. Aquele que assim foi iniciado se tornava um perfeito Adepto e, de acordo com os textos hieroglíficos, podia esperar os favores dos deuses em vida e o estado de paraíso após a morte.

Essa experiência provinha do transe que, semelhante por fora, era completamente diferente por dentro dos transes hipnóticos obtidos nos primeiros graus da iniciação. Nenhum poder hipnótico poderia conferi-lo, nenhuma cerimônia mágica poderia evocá-lo. Apenas os supremos hierofantes, em união com suas divindades, mesclando suas vontades à sua, era capaz de despertar no candidato, por sua assombrosa força divina, a consciência de sua natureza superior. Essa foi a revelação mais nobre e impressionante então possível ao homem egípcio, e ainda possível, embora por outros meios, ao homem moderno.

∿∿∿

A experiência de iniciação era uma reprodução em miniatura da experiência a qual toda a humanidade está destinada por meio dos processos da evolução — a única diferença é que na primeira o crescimento era acelerado à força por um processo artificial como o transe, enquanto na segunda o desenvolvimento psíquico e espiritual procederia naturalmente.

A experiência retratava dentro da alma todo o drama da evolução humana e o inexorável destino do homem.

O princípio subjacente às experiências era que a natureza física do homem poderia ser paralisada por um sono letárgico e profundo, e sua natureza psíquica ou espiritual, em geral despercebida, poderia ser despertada por processos conhecidos apenas pelo hierofante. Um homem mergulhado em tal coma pareceria a um observador estar de fato fisicamente morto; na verdade, na linguagem simbólica dos Mistérios, seria dito que "desceu ao túmulo" ou "foi sepultado no túmulo". Privado assim de sua vitalidade corporal e com a força de suas paixões e desejos temporariamente amortecidos, o candidato estaria de fato morto para todas as coisas terrenas, enquanto a sua consciência, seu ser anímico, temporariamente se separaria da carne. Apenas em tal estado era possível ao homem perceber o mundo espiritual tal como os próprios espíritos o percebem, ter visões de deuses e anjos, ser levado através do espaço infinito, conhecer o seu ser mais íntimo e, por fim, o *verdadeiro* Deus.

Esse homem poderia dizer com justiça que havia morrido e ressuscitado, que simbólica e literalmente havia dormido no túmulo e passado pelo milagre da ressurreição, despertando para uma nova compreensão do significado da morte e para uma vida mais divina em seu coração. O sinal do hierofante, que havia causado tudo isso, estava sobre ele e para sempre os dois estariam invisivelmente ligados por laços íntimos e profundos. A imortalidade da alma era mais do que mera doutrina; era um fato comprovado, demonstrado por completo. Ao despertar para a luz do dia, o iniciado poderia dizer que havia de fato retornado ao mundo completamente transformado e espiritualmente renascido. Havia passado pelo inferno e pelo céu, e de ambos conhecia os segredos. Se estava comprometido a manter inviolados esses segredos, também o estava a viver desde então e se comportar de acordo com a existência real de ambos

OS ANTIGOS MISTÉRIOS

FIGURA 12.2. Osíris deitado em seu leito funerário, com Néfits, irmã de Ísis, à esquerda ao lado de sua cabeça, e Ísis a seus pés. JerryPeek.com

os mundos. Transitava pelo mundo ciente da imortalidade e, embora guardasse consigo a fonte dessa convicção, não podia deixar de comunicar, mesmo inconscientemente, a seus semelhantes a fé nessa certeza. Renovadas suas esperanças, ele confirmava sua fé pela misteriosa telepatia subconsciente, sempre presente entre os homens. Não acreditava mais na morte, acreditava apenas na Vida – vida eterna, autoexistente e sempre consciente. Acreditava no que o hierofante havia lhe revelado nos recessos guardados do templo – que a alma existia e era um raio vindo do sol central, Deus para ele. A história de Osíris adquiria um significado pessoal. Ao se encontrar renascido, ele também encontrava Osíris, que existia dentro de si como o seu próprio ser imortal.

Esse era o verdadeiro ensinamento do mais antigo livro sagrado do Egito, *O Livro dos Mortos*, que, em sua forma atual, no entanto, é uma mistura de papiros que se referem aos mortos e aos aparentemente mor-

FIGURA 12.3. Osíris repousando em seu leito funerário, agora com a cabeça voltada para a direita, próxima a Néftis, e Ísis a seus pés (como na imagem anterior). JerryPeek.com

tos – os iniciados – e, por isso, é um tanto confuso. Que antigamente, em sua forma original e inalterada, pertencia aos Mistérios, como prova em parte o trecho: "Este é um livro de grandes mistérios. Que os olhos de nenhum homem (profano) o vejam – isso seria uma abominação. Ocultai sua existência. *O Livro do Mestre do Templo Secreto* é o seu nome".

Portanto, no *Livro dos Mortos*, o falecido (na verdade, o iniciado) repetidamente apresentava seu próprio nome com o de Osíris. Nas primeiras versões desse antigo texto, o falecido diz de si mesmo: "Eu sou Osíris. Vim como tu, vivo como os deuses!", justificando assim a interpretação atual de que Osíris morto era, na verdade, o iniciado em estado de transe profundo.

Assim no papiro de Nu pitorescamente ilustrado, o triunfante iniciado exclama:

OS ANTIGOS MISTÉRIOS 243

"Eu também sou Osíris. Tornei-me glorioso. Sentei-me na câmara de nascimento de Osíris, e nasci com ele e renovo minha juventude com ele. Eu abri a boca dos deuses. Sentei-me no lugar onde ele se senta."

E em outro papiro desse antigo *Livro*:

"Elevo-me ao venerado Deus, o Mestre da Grande Morada."

Tal era a instrução recebida nos Mistérios, uma instituição tão celebrada na Antiguidade e tão desconsiderada nos tempos modernos.

∧∧∧

Podemos perceber, portanto, o real propósito das antigas religiões quando compreendemos que seus heróis também representam a alma humana e suas aventuras simbolizam as experiências da alma em busca do reino dos céus.

Osíris, assim, se torna a imagem do elemento divino no homem e uma história simbólica desse elemento – sua descida ao mundo material e sua ascensão à consciência espiritual.

Seu lendário desmembramento em quatorze ou quarenta e dois pedaços simbolizava a presente fragmentação espiritual do ser humano em uma criatura cuja harmonia anterior foi rompida. Sua razão foi separada dos sentimentos; seu corpo, do espírito; e a confusão e propósitos contraditórios o dilaceram. Assim, também, a história de Ísis reunindo os fragmentos do corpo de Osíris e restabelecendo-o à vida simbolizava a restauração – primeiro pelos Mistérios e, depois, pela evolução – da natureza guerreira do homem à perfeita harmonia, em que espírito e corpo trabalham em uníssono, e a razão segue a direção do sentimento. Era o retorno à unidade primordial.

Segundo a mais elevada doutrina dos egípcios, que era a base teórica dos mais altos graus de iniciação, a alma do homem deve finalmente retornar ao Ser divino do qual foi irradiada anteriormente, esse retorno era chamado "tornar-se Osíris". Entendiam o homem, mesmo aqui na terra, como um potencial Osíris. Em seu manual secreto de iniciação, *O Livro dos Mortos*, a alma liberta do candidato é instruída a se proteger, em suas longas e perigosas jornadas pelo submundo, não apenas usando amuletos, mas também proclamando com ousadia: "Eu sou Osíris".

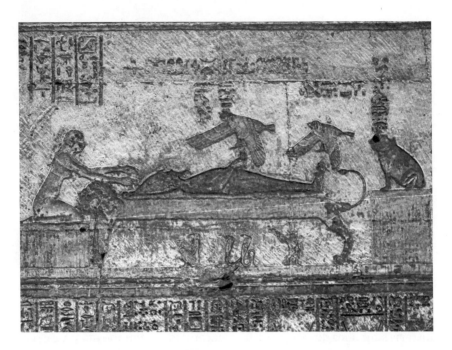

FIGURA 12.4. Osíris em forma de múmia, deitado em seu esquife; dois pássaros (provavelmente Ba e Ka) pairam sobre seu corpo. À sua cabeça ajoelha-se Hathor, e aos seus pés está uma rã, simbolizando a deusa Heqet; sob o esquife estão Thoth segurando o Utchat (olho sagrado), duas serpentes e o deus Bes (associado ao nascimento). JerryPeek.com

"Ó alma cega! Arma-te com a tocha dos Mistérios e, na noite terrena, tu descobrirás teu Duplo luminoso, teu Ser celestial. Segue esse guia divino e ele será teu Gênio, pois detém a chave de tua existência, passada e futura", diz a mesma Escritura sagrada.

A iniciação, portanto, consistia em acessar uma nova visão da vida, uma visão espiritual que a raça humana perdeu no passado distante, quando decaiu do "paraíso" para a matéria. Os Mistérios eram um meio de ascensão interior, levando gradativamente a um estado perfeito de iluminação. Revelaram, a princípio, aqueles mundos misteriosos além do limiar da matéria e, depois, o maior mistério de todos – a própria divindade do homem. Mostraram ao candidato mundos infernais para testar seu caráter e determinação, bem como para instruí-lo; e depois,

OS ANTIGOS MISTÉRIOS

revelaram a ele mundos celestiais a fim de encorajá-lo e abençoá-lo. Se recorreram ao processo de transe, isso não significa que não havia nem haja outro método. Era o processo escolhido por eles, mas o reino pode ser encontrado de outra maneira, não necessariamente pelo transe.

Quem de nós pode reiterar as nobres palavras de um filósofo romano iniciado que disse: "Onde nós estamos, não existe a morte; onde a morte existe, nós não estamos. É a última e melhor dádiva da natureza, pois liberta o homem de todas as inquietações. É, na pior das hipóteses, o fim de um banquete do qual desfrutamos".

Nossa atitude perante a morte também fornece um indício significativo de nossa atitude perante a vida. Os Mistérios mudavam a atitude do homem em relação à morte e consequentemente alteravam sua conduta de vida. Demonstravam que a morte é senão o outro lado da moeda da vida.

As pesquisas científicas, psíquicas e psicológicas estão mudando a atitude do mundo ocidental em relação a assuntos que antes eram descartados como absurdos fantasiosos. Essas pesquisas estão resgatando as ideias dos antigos do injusto desdém em que jaziam, enquanto noções mais novas amadurecem. Estamos começando a perceber sanidade na aparente insanidade dos antigos. Começamos a descobrir que seu conhecimento dos poderes e propriedades da mente humana era, em certo sentido, superior ao nosso. A aparição das forças imateriais perturbou nossa era agnóstica. Nossos melhores cientistas e pensadores mais proeminentes estão se unindo aos que acreditam haver uma base psíquica para a vida. O que eles estão pensando hoje, pensarão as massas amanhã. Começamos – e talvez com razão – completamente céticos e terminaremos completamente crentes, tal é a minha previsão positiva. Resgataremos, do ar gélido da dúvida moderna, a crença na alma. A primeira grande mensagem dos antigos Mistérios *Não existe a morte*", embora seja sempre suscetível de prova pessoal experimental para poucos, está destinada a ser difundida para o mundo inteiro.

A ideia da sobrevivência da alma não implica necessariamente que todos sairemos de nossos caixões num futuro incerto. Confundir-nos com o abrigo carnal em que residimos não seria digno de nossa inteligência. A palavra "ressurreição" tem tantas vezes uma conotação falsa, puramente material,

FIGURA 12.5. Osíris deitado de bruços, indicando o momento do renascimento. Abaixo dele, estão os diversos símbolos de seu poder. À sua frente, está Hórus, que lhe oferta uma flor de lótus.

tanto na mente dos europeus medievais quanto na dos egípcios não iniciados, de modo que precisamos redescobrir as leis que governam a constituição secreta do homem. As mentes mais brilhantes entre os antigos – os iniciados nos Mistérios – eram bem versadas nessas leis, porém, enquanto seus lábios foram cerrados e suas verdades guardadas na escuridão das criptas dos templos, tal inibição não é expressamente imposta a nós hoje.

Tais eram os Mistérios, a mais gloriosa das instituições da Antiguidade. Pois chegou o dia, com a degradação e a queda do Egito – acompanhando a degradação e a queda de todas as outras antigas nações –, quando a profecia feita pelo próprio Profeta Hermes tornou-se literalmente verdadeira:

> Ó Egito, Egito! A terra que foi sede da divindade será privada da presença dos deuses. Não restará mais de tua religião do que fábulas, palavras

OS ANTIGOS MISTÉRIOS

gravadas em pedra contando tua devoção perdida. Chegará um dia em que os hieróglifos sagrados não serão mais do que ídolos. O mundo confundirá os símbolos da sabedoria com deuses e acusará o Egito de ter venerado monstros infernais.

Chegou, de fato, o dia em que o controle dos Mistérios começou a cair nas mãos erradas, nas mãos de homens perversos, egoístas e ambiciosos que fizeram mau uso dessa poderosa instituição – diante da qual, por vezes, mesmo os faraós orgulhosos se curvaram – para seus propósitos pessoais. Muitos sacerdotes se tornaram o foco para um mal virulento, praticando os ritos assombrosos e encantamentos sinistros da magia negra, e alguns Sumos Sacerdotes – supostos ministros dos deuses perante os homens – se tornaram demônios em forma humana, evocando as mais terríveis presenças do submundo pelas piores razões. A feitiçaria substituiu a espiritualidade nos lugares sagrados. Em meio ao caos e à escuridão espiritual que recaíram sobre a Terra, os Mistérios logo perderam seu verdadeiro caráter e nobre propósito. Tornou-se difícil encontrar candidatos dignos – o número era cada vez menor com o passar do tempo. Chegou a hora em que os hierofantes qualificados, como que por uma estranha Nêmesis, começaram a morrer e quase deixaram de existir fisicamente. Morreram sem antes haver preparado um número suficiente de sucessores para dar continuidade à sua linhagem. Homens indignos tomaram seus lugares. Incapazes de cumprir adequadamente sua parte no mundo, os poucos que permaneceram sofreram o destino que lhes foi ordenado. Preparando-se para o fim, triste e calmamente, fecharam seus livros secretos, abandonaram as criptas subterrâneas e as câmaras dos templos, lançaram um último olhar de pesar às suas antigas moradas, e partiram.

Como escrevi, "se foram calmamente". No distante horizonte do destino do Egito, vislumbraram a inevitável reação da Natureza. Enxergaram uma luz fugaz destinada a penetrar o céu de sua nação e se espalhar amplamente pelo tempo. Vislumbraram a estrela de Cristo – aquele que viria a expor a verdade fundamental dos ensinamentos dos Mistérios para todo o mundo, sem reservas e sem isolamento.

"O Mistério que fora ocultado por eras e gerações", como declarou um dos Apóstolos de Cristo, seria revelado às massas desprivilegiadas e ao povo comum. Mas o que as antigas instituições comunicavam aos poucos eleitos, por um processo difícil, seria comunicado ao povo pelo simples poder da fé. Jesus tinha vasto amor em seu coração para reparti-lo apenas com alguns poucos escolhidos, e queria salvar muitos. Mostrou-lhes um caminho que não exigia mais do que a fé suficiente em suas palavras; não lhes ofereceu nenhum processo misterioso e oculto de iniciação. Porém esse caminho poderia conceder, a quem o aceitasse, uma certeza da imortalidade tão grande quanto a dos Mistérios.

O Caminho Aberto de Jesus ensinou a humildade e invocou o auxílio de um Poder superior, este sempre pronto a conferir plena certeza apenas concedendo Sua presença nos corações daqueles que permitissem Sua entrada. A confiança em seus ensinamentos, combinada com a humildade suficiente para abandonar a usurpação do intelecto, era tudo o que Jesus exigia. Ofereceu em troca a mais ampla das recompensas – a presença consciente do Pai. Diante da qual, como bem sabia, todas as dúvidas se dissipariam e o próprio homem compreenderia a verdade da imortalidade sem precisar passar pela experiência do transe. O homem saberia disso, porque a Mente do Pai impregnaria o seu próprio intelecto, e nessa impregnação inefável a simples fé se transformaria em intuição divina.

∧∧∧

Assim que as pesadas portas dos Mistérios egípcios foram fechadas pela última vez, nunca mais os pés dos esperançosos candidatos pisaram os degraus sagrados que levavam à entrada do templo ou ao túnel inclinado de sua cripta. Mas a história caminha em ciclos, o que já foi voltará a ser; a escuridão e o caos recaíram sobre nós outra vez, enquanto o desejo inato do homem de reestabelecer a comunicação com os mundos superiores o perturba novamente. A esperança do autor é que as condições sejam encontradas, as circunstâncias sejam propícias e uma versão *moderna* dos Mistérios, inteiramente alterada e adaptada à nossa época mutável, seja transmitida com a vinda das pessoas certas, mais uma vez, nos cinco continentes do nosso planeta.

13

NO TEMPLO DE DENDERA

Antes de sair de um pequeno santuário dos Mistérios que ficava no topo do templo de Dendera, voltei minha atenção ao notável Zodíaco astronômico esculpido no teto. Sabia que era apenas uma cópia e que o original havia sido retirado e levado para Paris há mais de um século, mas era uma réplica absolutamente fiel.

A grande imagem circular estava repleta de figuras – animais, humanas e divinas – gravadas dentro de um globo e circundadas pelos conhecidos doze signos zodiacais. E, para completar esse maravilhoso simbolismo, as figuras de doze deuses e deusas diferentes, algumas de pé, outras ajoelhadas, foram distribuídas em torno do globo com os braços erguidos e as palmas estendidas, auxiliando-o a girar incessantemente. Assim, o universo inteiro com seu infinito movimento era fielmente representado, ainda que de maneira emblemática, por essa obra gráfica, um memorial dos mundos esféricos que ritmicamente se movem pelo céu, devendo provocar nas mentes mais céticas e sensíveis um sentimento de admiração diante da Inteligência sublime que modelou este Universo.

Se quisermos interpretar o Zodíaco de Dendera corretamente, devemos lê-lo como a descrição dos céus durante certa época do passado – qual época seria é outra questão. Aqui não é o lugar para entrarmos em explicações astronômicas intrincadas e desconhecidas. Basta dizer que

FIGURA 13.1. "Zodíaco de Dendera", desenho de Prosper Jollois e Edouard Devilliers (por volta de 1800 d.C.)

FIGURA 13.2. Entrada de um dos santuários de Osíris no topo do templo de Hathor, em Dendera. Fotografia do autor.

o arranjo das constelações representadas não coincide com o visto no céu hoje.

A posição marcada do equinócio da primavera no Zodíaco do templo de Dendera difere de sua posição atual no céu, o que envolve a entrada do Sol em uma constelação de estrelas com outro nome.

Como aconteceu essa ampla mudança? A resposta está na oscilação da Terra, o eixo de nosso globo aponta sucessivamente para diferentes Estrelas Polares. Isso significa, na verdade, que o nosso próprio Sol viaja em torno de um Sol ancestral.[1] Esse movimento retrógrado quase imperceptível do equinócio – tão vasto em número de anos e tão lento em seu movimento real – também muda as posições em que certas estrelas nascem e se põem no horizonte em relação a certas constelações. Sabemos, por meio do movimento médio dessas estrelas, quantas dezenas de milhares de anos se passaram desde que assumiram sua primeira posição. O intervalo de tempo é chamado de Grande Precessão, ou então de "precessão dos equinócios", pois a intercessão do Equador com a eclíptica, marcando o equinócio da primavera, aos poucos é deslocado nos céus devido a essa precessão.

Dito de outra maneira, significa que as estrelas estão retrocedendo na direção oposta à ordem dos doze signos do Zodíaco, numa minúscula fração do espaço a cada ano. Esse grande movimento dos céus, esse lento deslocamento do Universo, forma um relógio cósmico que tem o céu inteiro como seu mostrador, a partir do qual podemos ler para frente e para trás, observando as revoluções planetárias ao longo de milhares de anos.

Ao examinar um antigo mapa dos céus, é possível para um astrônomo deduzir o período em que o mapa foi criado. Aqueles que sondam o passado distante podem por vezes encontrar pistas de imensa importância em tal mapa. Quando os sábios que Napoleão trouxe consigo ao Egito descobriram o Zodíaco em Dendera, ficaram entusiasmados, acreditando que isso poderia lhes fornecer uma chave para a idade da civilização egípcia, uma vez que tal Zodíaco situava o equinócio da primavera longe de sua posição atual. Quando, muito mais tarde, descobriu-se que o templo havia sido construído no período greco-romano e que o Zodíaco havia se misturado ao grego, a questão toda foi posta de lado e desde então tem sido ignorada.

A noção de que esse Zodíaco é inteiramente grego é errônea. Considerou-se, portanto, que os egípcios não teriam um Zodíaco próprio? Os sacerdotes estudaram astrologia e astronomia durante incontáveis anos sem ter um Zodíaco, antes que o primeiro barco grego tocasse a extensa linha do litoral arenoso do Egito, sem um único mapa das doze constelações do céu para guiá-los? Como esses sacerdotes, que tanto veneravam a astrologia a ponto de fazer dela parte de sua religião, teriam então praticado seu sistema sem um Zodíaco? Não, pois se havia algum ramo do conhecimento do qual os sacerdotes se orgulhavam, era o astronômico.

A explicação é que os egípcios copiaram parte de seu Zodíaco de um outro que havia existido anteriormente em Dendera, cujo templo foi construído e reconstruído mais de duas vezes. Um registro astronômico único dessa imagem deve ter sido copiado e recopiado para garantir sua preservação. E isso era feito com outros registros antigos também, que a princípio foram lentamente esquecidos até depois sumir com o desaparecimento dos escribas, ou seja, o antigo clero.

NO TEMPLO DE DENDERA

Os arqueólogos escavaram na Mesopotâmia antigas tabuletas caldeias de argila, nas quais os astrônomos caldeus repararam que a primavera começava quando o Sol entrava na constelação de Touro. Como, pelo menos durante a era cristã, a primavera começa quando o Sol entra em Áries, isto é, por volta de 21 de março, a implicação é que essa mudança de clima tão tremenda situa a civilização caldeia como sendo muito antiga, antiguidade essa reivindicada pelos próprios caldeus. De forma semelhante, por suas marcações das posições do equinócio, o Zodíaco de Dendera aponta para alguma época longínqua que remonta, não apenas a séculos, mas a centenas de séculos! Assim, data a primitiva civilização do Egito. Pois a posição indica que mais de três períodos e meio, chamados "Grandes Anos", teriam se passado no relógio cósmico; tempo durante o qual o Sol girou em torno de seu Sol ancestral não menos que três vezes e meia.

A verificação cuidadosa das estatísticas astronômicas apurou que a variação média da precessão dos equinócios é de cerca de 50,2 segundos por ano, podemos calcular retroativamente e percorrer todo o círculo dos céus até chegarmos no ponto indicado pela posição do Zodíaco de Dendera. Há 360 graus no grande círculo do Zodíaco e, com a variação da precessão, vinte e cinco mil e oitocentos anos solares representariam um "Grande Ano".

Cada revolução completa, portanto, leva nada menos que vinte e cinco mil e oitocentos anos, e um breve cálculo revela que pelo menos noventa mil anos se passaram desde a data marcada no Zodíaco do templo de Dendera.

Noventa mil anos! Será esse número realmente inacreditável, realmente impossível? Os sacerdotes-astrônomos do Egito não pensavam assim; segundo Heródoto, o historiador grego, esses sacerdotes o informaram que seu povo considerava a raça egípcia a mais antiga da humanidade, que guardava em suas escolas e templos sagrados os seus próprios registros, remontando a doze mil anos antes da época de sua visita. Heródoto, como sabemos, foi especialmente cuidadoso com relação aos fatos e, com justiça, ganhou o título de "Pai da História". Os sacerdotes lhe disseram ainda que "o Sol nasceu duas vezes onde agora se põe e duas vezes se pôs onde agora nasce". Essa declaração extraordinária implica que os polos da nossa Terra já mudaram completamente a partir de sua posição anterior, o que envolve imensos deslocamentos de terra e água. A partir das pesquisas geológicas, sabemos que essas mudanças ocorreram de verdade, mas suas datas nos remetem a períodos tremendamente remotos.

Um resultado dessas mudanças seria o clima dos polos ter sido anteriormente tropical, em vez de ártico. Não há dúvida hoje, por exemplo, que todo o norte da Europa, incluindo as Ilhas Britânicas, outrora esteve coberto por um imenso mar de gelo com centenas de metros de espessura, que preenchia todos os vales, do qual apenas os picos das montanhas e colinas elevadas emergiram. Tal condição do planeta só poderia ter sido causada por gigantescas mudanças astronômicas. Está correta, portanto, a declaração dos sacerdotes egípcios.

Fato é que, não possuíam uma ciência geológica como a de hoje —possuíam apenas seus antigos registros, gravados em obeliscos de pedra, inscritos em tábuas de argila e gravados em placas de metal ou escritos com junco em papiros. Havia também uma doutrina e uma história secreta tradicional, comunicadas apenas nos Mistérios, sendo verbalmente transmitidas ao longo de incontáveis séculos.

Como poderiam os sacerdotes, não familiarizados com a geologia, saber de tais convulsões planetárias, exceto pelos registros que possuíam? Esse conhecimento confirma sua alegação da existência de tais registros; ao mesmo tempo, também explica a existência dos Zodíacos originais dos quais o do templo de Dendera foi parcialmente copiado.

Noventa mil anos deixa de ser um número tão impossível à luz desses fatos. Não significa que a cultura egípcia necessariamente existisse em solo egípcio naquela época; o povo e sua cultura podem ter existido em algum outro continente e apenas depois migrado para a África – tal questão se vê além do escopo do meu presente argumento –, mas por que deveríamos ter medo de reconhecer o fato de que eles existiram?

Nossa história do Egito começa com a primeira dinastia, mas devemos lembrar que o país foi povoado muito tempo antes dos primeiros registros que temos. A história dessa primeira raça de egípcios e os nomes de seus reis são desconhecidos – dos egiptólogos. A história primitiva do Egito

NO TEMPLO DE DENDERA

está ligada à última história da Atlântida. Os sacerdotes egípcios, que também eram astrônomos, derivaram seu Zodíaco da Atlântida. É por essa razão que o Zodíaco de Dendera é capaz de revelar a passagem de revoluções estelares mais vastas do que os Zodíacos de nossa era histórica.

Saudamos cada novo vestígio descoberto dessa primitiva civilização com exclamação de surpresa. Numa época em que, de acordo com as ideias modernas de progresso, seria razoável esperar que esse povo fosse rude, primitivo e bárbaro, descobrimos, na verdade, que era culto, refinado e religioso.

Costumamos tomar como fato a ideia de que, quanto mais retrocedemos em nossa investigação sobre a história passada da raça humana, mais nos aproximaríamos de uma condição de selvageria. A verdade é que, mesmo nos períodos mais remotos da Pré-História, encontramos homens selvagens e civilizados coexistindo no planeta; e a ciência, que ao esboçar um cálculo da idade do mundo perturbou a limitada imaginação do homem, ainda não reuniu dados suficientes para traçar uma imagem precisa das eras pré-históricas e da vida humana nesses períodos. Mas a ciência segue avançando e um dia obterá essa imagem. Não sejamos, portanto, apressados em negar aos sacerdotes egípcios os registros de seus templos de noventa mil anos, concedendo-lhes apenas cinco ou seis mil anos no máximo, como muitos fazem. A idade de nosso planeta oferece uma constante e silenciosa censura aos homens que pensam tão mesquinhamente sobre a nossa ancestralidade, enquanto a idade do Universo deveria levá-los envergonhados à aceitação em vez da negação. Pois nas profundezas infinitas do céu existem estranhos cemitérios celestiais, onde estrelas mortas e planetas frios, outrora ostentando toda a pompa e circunstância de civilizações passadas, agora se aproximam da hora funesta de sua dissolução final.

∿∿∿

Saí novamente no topo do templo e fiquei atrás de um parapeito baixo que ornamentava as paredes. Um panorama ininterrupto de campos cultivados se abria ao redor do templo e então desaparecia nas reluzentes dunas ondulantes do deserto. Os camponeses se curvavam em suas pequenas porções de terra, ocupados com seu trabalho imemorial, à maneira e com as ferramentas de seus antepassados dos tempos bíblicos. Seus bois com esforço e paciência giravam o mesmo engenho ruidoso que os bois de seus antepassados haviam girado. Seus camelos carregavam blaterando os mesmos grandes fardos erguidos nas costas dos animais de carga dos tempos faraônicos. Haviam arado e revirado o rico solo dessa estreita faixa de terra que é o Egito incontáveis vezes, porém nunca a exauriram e nunca poderão exaurir sua surpreendente e prolífica fertilidade. As safras eram cultivadas e colhidas nessas pacíficas planícies esmeraldas, esses opulentos campos irrigados pelo Nilo com uma facilidade sem igual em qualquer outro país do mundo. Infalivelmente, a cada ano vinham as abençoadas e bem-vindas cheias do Nilo, quando as águas tão viajadas mudavam como por mágica de azul para marrom e subiam constantemente, depositando a dádiva inestimável do limo recém-vitalizado sobre a terra seca. Sim, o velho Nilo era como uma mãe para os filhos afortunados que viviam às suas margens e, pateticamente, confiavam que a velha guardiã os nutriria com seu leite.

Olhei na direção do rio. O Nilo! Que magia repousa em seu nome? Os sacerdotes do Egito precisavam se banhar em suas águas duas vezes toda manhã e duas vezes toda noite a fim de preservar sua pureza. Na Índia, os sacerdotes brâmanes fazem o mesmo hoje, com o mesmo propósito; exceto por se tratar das águas do Ganges ou do Godivari e por eles não perturbarem os rios à noite. Tanto os egípcios quanto os indianos tinham a mesma teoria — que o homem capta um magnetismo pessoal invisível de seu contato e relação com outras pessoas, de modo que esses banhos frequentes eram necessários para se livrar de possíveis influências indesejáveis ou de algo pior.

O Nilo, no entanto, é mais do que uma grande faixa de água; mais do que um rio que se estende por metade do continente: é uma entidade viva, uma criatura inteligente, que assumiu o fardo de alimentar milhões de homens, mulheres e crianças, animais e pássaros, igualmente. Durante incontáveis séculos, depositou camada sobre camada de lama nos campos, tornando o Egito o paradoxo de nosso planeta.

FIGURA 13.3. Vista do topo do templo de Dendera. Fotografia do autor.

É o único país que conheço cujos campos são tão férteis, porém em nenhuma outra terra vi tão pouca chuva. Tal é a ação mágica dessa corrente amistosa, que transformou uma faixa de deserto entre duas linhas paralelas de picos amarelados em solo fértil e lucrativo. Ali, nos campos abaixo do telhado do templo, os camponeses guiavam a água lamacenta para irrigação aos estreitos canais que atravessavam seus campos. A água era puxada da margem do rio por uma série de moinhos e distribuída por centenas de canais. Ouvi um homem curvado sobre seu moinho, vestido com um avental preso na cintura, assim como os camponeses do faraó, que cantava acompanhando o ritmo de cada movimento monótono do engenho rangente, erguendo e despejando água de um balde. Nada mais era que um poste longo e flexível posicionado num suporte horizontal e com um peso na extremidade inferior para contrabalancear. O balde estava preso por uma corda na outra ponta. Puxando a corda, o balde afundava na água; soltando-a, subia cheio, para depositar a água no fosso. Essa antiga invenção provou seu valor para o camponês de cinco mil anos atrás e continuava fazendo o mesmo para o camponês do século XX.

Atravessei para o outro lado do terraço e observei a outra porção desse mesmo cenário contemplado pelos olhos dos sacerdotes desaparecidos e dos faraós mortos.

As colinas da Líbia erguiam-se subitamente no oeste — as muralhas rosadas da fortaleza atrás do templo proporcionavam-lhe abrigo e proteção, por assim dizer. A areia errante se acumulava em montes por toda parte onde quer que as colinas tivessem mergulhado ou escavado sua longa fileira. Os píncaros rubros pareciam chamas vivas que haviam empurrado imensas línguas para fora da terra e então se transformado magicamente em pedra. Talvez ainda ardessem, pois um calor feroz me descia sobre o rosto, reflexo do sol forte que apanhara ao longo do dia.

Essa longa cadeia de colinas se estendia pelo Egito até a distante Núbia, correndo paralela ao grande rio, que a natureza de maneira misteriosa colocou sob sua vigilância, posicionando-a a poucos quilômetros de suas margens, evitando sua fuga para a vasta desolação do deserto africano, para ali esgotar sua vida sob a areia. Teria sido de propósito?, conjecturei. Sem essa configuração impressionante de rio, colinas e fonte, não teria existido o Egito, nem haveria uma terra cuja história remontasse tão profundamente nas sombras do passado. Aceitei a resposta que veio da intimidade do meu ser à minha mente pensativa — que os deuses, a quem a natureza serve de instrumento e nada mais, haviam certamente criado esse arranjo quando prepararam o caminho para a poderosa civilização que deveria surgir a fim de cumprir o seu grande propósito. Pois, assim como todas as grandes construções do homem, assim como o templo branco de Dendera, em cujo topo eu pisava, passou a existir em cumprimento de um plano previamente existente na mente dos arquitetos, assim toda a grande reunião de indivíduos em uma nação foi disposta na mente dos deuses, esses arquitetos divinos, sob cujo olhar cuidadoso e responsável a humanidade existiu e ainda existe.

Desci a velha escadaria e retornei à entrada para examinar o interior do templo principal, por onde me apressara a fim de encontrar o Santuário dos Mistérios que, acima de tudo, primeiro me despertou o interesse. No vasto

NO TEMPLO DE DENDERA

átrio aberto, vinte e quatro imensas colunas brancas, cujos capitéis quadrados sustentavam as representações esculpidas, porém mutiladas, da face da deusa Hathor, e cujas laterais estavam recobertas de hieróglifos, erguiam-se para sustentar a pesada cornija do majestoso pórtico. Seu rosto aparecia em todos os quatro lados de cada capitel e um pequeno pilar havia sido inserido sob o ábaco como parte de seu toucado. Que tristeza só de pensar que aquele templo dedicado à deusa egípcia da beleza e do amor, a própria deusa Hathor, com seu toucado em forma de chifre, tão pouco avariado pelas mãos da natureza – talvez o mais bem preservado de todos os antigos templos que vemos hoje, um dos poucos que assim permaneceram – havia sido tão danificado pelas mãos humanas. Quase todos aqueles gigantescos rostos femininos perfeitos haviam sido despedaçados pela fúria fanática, ainda que suas grandes orelhas e maciços adornos de cabeça permaneçam. Dendera foi um dos templos mais esplêndidos de todo o Egito entre os que ainda estavam em uso até o Édito de Teodósio, decretado em 379 d.C., abolindo o culto antigo e dando o golpe de misericórdia na religião já moribunda.

Seu enviado, Cinégio, executou suas ordens fielmente. Fechou todos os templos e locais de iniciação, proibindo qualquer celebração dos Mistérios e ritos antigos. O cristianismo – ou melhor, a Igreja – havia finalmente triunfado. Então as multidões intolerantes invadiram Dendera, expulsaram os sacerdotes e pisotearam os artefatos de seus rituais. Derrubaram as estátuas de Hathor, espoliaram os santuários dourados e mutilaram as feições mais salientes de seu rosto esculpido, onde quer que o pudessem alcançar.

Em outros lugares fizeram ainda pior, pois derrubaram as paredes, demoliram as colunas, despedaçaram as gigantescas estátuas e desfizeram o trabalho de milhares de anos. Tais são as fortunas variáveis dos credos, cujos seguidores começam por sofrer os horrores do martírio e da perseguição e acabam por impô-los a outros, destruindo a arte de seus predecessores para poder criar sua própria arte.

Os orgulhosos Ptolomeus chegaram a esse templo em carruagens douradas, ostentando sua coroa diante de uma população calada pelo temor; refleti nisso enquanto entrava. Assim como outrora multidões se reuniram no pátio deserto do templo.

Posicionei-me num ponto entre as imensas colunas do pórtico, a partir de onde poderia olhar para cima e observar o belo teto azul, pontuado por diversas estrelas e adornado pelo círculo zodiacal. Atravessei o segundo saguão, onde o glorioso azul africano não mais iluminava as seis colossais colunas do interior, como também suas numerosas companheiras no átrio. Adentrei no vasto e obscuro templo, lançando em várias direções a luz de minha lanterna. A luz revelava figuras com mitra na cabeça, entalhadas a fundo nas laterais dos pilares, e dentro de molduras quadradas havia inscrições hieroglíficas separadas entre si por largas faixas horizontais. Em seguida, a luz me revelou as figuras dos faraós e suas divindades nas paredes, alguns sentados em tronos e outros caminhando em procissão. Num relevo profundo, Ptolomeu se aproximava de Ísis e do jovem Hórus, com oferendas em ambas as mãos. Uma bela moldura em alto-relevo coroava a cena. Por toda parte, os rostos haviam sido arranhados, desfigurados em parte ou completamente mutilados. E, por toda parte, Hathor reaparecia, conforme as vigas sólidas dos pilares de pedra exibiam sua cabeça, e as paredes, sua forma completa.

Avancei devagar, atravessando toda a extensão do salão principal — que devia ter mais de sessenta metros — numa atmosfera muito pouco propícia a estudos e reflexão. A poeira pesava no ar estagnado durante séculos, e um forte odor fustigava as narinas. Acima, no teto enegrecido e entre os capitéis, zumbia e trissava uma legião de desagradáveis monstros alados, furiosos com a minha inesperada entrada numa época do ano em que os turistas nunca invadiam seu domínio. Eram morcegos.

"Intruso!", gritaram em coro. "Intruso! Este não é o momento de viajar pelo Egito. Retire-se com esse clarão forte e horripilante de sua agressiva lanterna. Deixe-nos desfrutar de nosso local ancestral de descanso e acasalamento entre as sombrias cabeças de Hathor e as negras cornijas. Retire-se!" Mas me mantive firme e prossegui, examinando de perto as elaboradas pinturas de imensos escaravelhos e sóis alados, difíceis de se discernir em meio à sujeira acumulada sobre o vasto teto. Os morcegos se comportavam como criaturas subitamente desvairadas, voando de um lado para o outro como loucos, expressando sibilantes sua irritação com a minha presença. Quando, enfim, me virei e desci por um estreito cor-

NO TEMPLO DE DENDERA

redor rumo ao subsolo do edifício, fui ouvindo sua atividade aos poucos se tranquilizando, tornando-se mais calma.

Se o grande saguão era um lugar melancólico, porém interessante, as criptas subterrâneas onde agora me encontrava eram ainda mais tristes. Essas câmaras sombrias foram construídas em paredes de fundação tremendamente grossas e também eram copiosamente decoradas com meios-relevos entalhados, representando ritos funerários outrora celebrados entre essas paredes.

Abandonei aquelas câmaras funerárias e retornei ao magnífico pórtico. Portas robustas, revestidas de ouro reluzente, outrora ocupavam esse limiar. Comecei a contornar o lado externo do templo.

Era difícil acreditar que, ao ser descoberto por Abaz I, em meados do século anterior, a maior parte desse templo estava sob uma montanha de areia e escombros, como se fosse uma sepultura; suas glórias à espera de resgate pelas picaretas e pás do escavador. Quantos camponeses devem ter caminhado sobre ele, pouco sabendo ou se importando com o fato de que o passado jazia sob seus pés?

Parei para examinar, sobre a parede exterior dos fundos, a famosa representação em relevo de Cleópatra, que gastou prodigamente seus recursos para restaurar as partes que haviam começado a mostrar sinais de desgaste durante sua vida, e foi recompensada com esse relevo entalhado em sua honra. Seu filho, o pequeno Cesarião, estava a seu lado na imagem, seu rosto curiosamente lembrando o do grande homem que foi seu pai, Júlio César. O rosto de sua mãe, porém, não me parecia ser um verdadeiro retrato, e as antigas moedas egípcias mostravam melhor semelhança. A famosa filha de Ptolomeu foi a última de uma longa linhagem de rainhas egípcias e, quando Júlio César trouxe suas legiões invasoras do outro lado do Mediterrâneo, ela viveu como sua amante praticamente desde a sua chegada. Como é curioso, ponderei, que essa mulher ligasse o Egito, por meio de César, a uma pequena ilha distante que teria um papel tão poderoso na própria história do Egito, mais de mil e oitocentos anos depois. Como é curioso também que esses soldados romanos tivessem trazido à Inglaterra, entre os seus cultos, a veneração a Serápis, de inspiração egípcia, estabelecendo assim um contato, ainda que indireto, entre os dois países, tanto tempo atrás.

FIGURA 13.4. Parede externa de Dendera com seus famosos relevos de Cleópatra e seu filho Cesarião fazendo oferendas para vários deuses. Do acervo do autor.

Nesse mural entalhado, Cleópatra aparecia usando na cabeça o adorno de Hathor em forma de disco e com chifres nas laterais, abaixo do qual eram exibidas volumosas tranças caídas. O rosto cheio representado era de uma mulher dominadora, acostumada a exercer sua forte vontade e a concretizar os seus planos por bem ou por mal. Sua influência fez Júlio César engendrar o sonho de tornar Alexandria a capital de seu império e o centro do mundo. Aqui estava Cleópatra, uma figura de aspecto definitivamente semítico, um tipo encontrado em qualquer tribo judaica, árabe ou assíria, mas dificilmente greco-egípcia. Com ela pereceu o domínio nativo, refleti, sentado em uma viga lascada de pedra, uma das mais conhecidas beldades do mundo antigo, uma mulher que desempenhou um papel notável na história. É surpreendente pensar que o destino de um grande homem – e de toda uma nação – por vezes dependa do sorriso nos lábios de uma mulher.

As fachadas do templo eram esculpidas até a cornija com médios-relevos e suntuosamente cobertas com inscrições hieroglíficas entalhadas

FIGURA 13.5. Um escriba do templo, mestre do significado e do simbolismo da escrita hieroglífica, em sua função. Do acervo do autor.

na superfície. As linhas, belas e equilibradas, de caracteres alfabéticos e pictóricos misturados, eram em si um adorno. Apontavam para o fato de que, no antigo Egito, assim como na antiga China e na Babilônia, o homem que quisesse aprender a escrever deveria também aprender a desenhar, e assim todo escriba e todo sacerdote culto do país eram, em algum grau, também artistas. A representação da ideia de um objeto por meio de sua imagem resultaram naturalmente das primeiras tentativas de escrita do homem primitivo. Entretanto, os egípcios não começaram como rudes selvagens, gradualmente encontrando caminho para uma cultura elementar. A lenda atribui a invenção da escrita hieroglífica ao deus Thoth, e assim consagra na forma popular uma verdade histórica. Pois foi um homem-deus, um Adepto, de nome Thoth (a rigor Tehuti), que concedeu esse sistema de escrita como uma completa revelação aos emigrantes de ascendência atlante da colônia às margens do Nilo, dias antes do último dilúvio submergir a última ilha de Atlântida. Thoth foi o autor de *O Livro dos Mortos*, sendo parcialmente retratado em seu próprio sistema, sob o hieróglifo de íbis, pássaro peculiar de bico e pernas compridas.

Os estudos de filologia comparada cada vez mais provam que os diferentes idiomas se desenvolveram a partir de certas línguas básicas, cujos radicais, por sua vez, surgiram de uma língua comum, primitiva e universal. Quando essas línguas forem um dia rastreadas até seus glifos primitivos, a fonte definitiva, arrisco prever, terá surgido no período atlante.

Diziam os antigos que os hieróglifos "falam, exprimem e ocultam". Isso implica que possuíam um triplo significado. Havia, antes de tudo, o significado fonético simples e usual, necessário para se falar a língua: o homem comum era incapaz de ir além deste. Em segundo lugar, havia o significado adicional transmitido pelos escribas; o significado escrito, isto é, a expressão simbólica das palavras ditas pelo homem analfabeto, gravadas gramaticalmente em pedra e papiro. E, por fim, havia o significado esotérico, conhecido apenas pelos sacerdotes iniciados e mantido em segredo.

"As palavras de Deus" — tal era a descrição ou nome dado ao sistema de hieróglifos pelos egípcios; não apenas porque acreditavam que o sistema lhes tivesse sido revelado por um dos deuses, mas também porque o significado oculto desses estranhos caracteres ficava fora do alcance das massas. O significado era revelado apenas aos iniciados nos Mistérios. Os egiptólogos de hoje apenas traduziram o sentido popular dos hieróglifos, por mais que tenham feito um magnífico trabalho; o restante está além deles. Pois "as palavras de Deus" exigem que lhes seja dirigida uma consideração espiritual e reverente antes de revelarem seu mais íntimo segredo. O mesmo se aplica à compreensão dos segredos revelados na câmara de iniciação dos Mistérios egípcios.

Plotino, um iniciado que viveu na antiga Alexandria, se refere à natureza simbólica dos hieróglifos quando diz:

> Na busca rigorosa pela verdade ou na exposição feita livremente aos seus discípulos, os sábios egípcios não usavam sinais escritos (que são apenas imitações da voz e da fala) em seus templos, mas desenhavam figuras e revelavam o pensamento contido na forma dessas imagens, de modo que cada imagem encerrava uma porção do conhecimento e da sabedoria.

NO TEMPLO DE DENDERA

É a cristalização de uma verdade. Depois, o mestre ou discípulo extraía o conteúdo da imagem, analisava-a em palavras e encontrava a razão de ser assim e não de outra forma.

O fato é que os egípcios, como as outras antigas nações orientais, nunca sonharam em separar a religião e a vida secular em compartimentos estanques e, portanto, nunca sonharam em usar a linguagem escrita e falada como mero veículo de comunicação. Assim como pensavam que os nomes tinham poderes mágicos, também simbolizavam em seu alfabeto hieroglífico os princípios daquele conhecimento misterioso transmitido por trás das portas fechadas dos Mistérios.

Apenas quem tivesse sido conduzido à presença do divino Osíris, o vencedor da "morte", que fazia "renascer" homens e mulheres (tal como *O Livro dos Mortos* designava o objetivo dos graus mais elevados da iniciação), poderia explicar e expor o significado final dos hieróglifos – o mais perfeito sistema de simbolismo literário do mundo.

Heródoto, também um iniciado, confirma em alguma parte, creio eu, que os hieróglifos eram inteiramente sagrados e simbólicos em seu significado oculto, e que este último era conhecido apenas no mais alto grau da ordem sacerdotal. Enquanto isso, Jâmblico, outro antigo iniciado, escreveu que a linguagem hieroglífica secreta era usada pelos próprios deuses.

Darei uma sugestão, em forma de pergunta, quanto ao princípio envolvido no significado secreto dos hieróglifos.

Na escrita hieroglífica, a figura sentada é usada para classificar uma pessoa entre os deuses: essa figura, portanto, é mostrada como parte do nome escrito das divindades egípcias, sendo exibida entre os hieróglifos inscritos acima dos retratos. Agora, por que os egípcios adotaram uma figura *sentada* e não em pé?

Em vez de arriscar o desprezo dos professores acadêmicos de egiptologia, que teriam toda razão em desdenhar a intrusão de um diletante em seu recinto sagrado, apenas dou essa sugestão, deixando o leitor oferecer sua própria resposta.

O trabalho dos grandes egiptólogos – dentro de seu campo – é digno de todo louvor. Não fosse por eles – e o destino – os tesouros inscritos que jazem nas paredes dos templos e nos papiros jamais teriam sido traduzidos.

O papel que o destino teve nessa descoberta é marcante. Se Napoleão jamais tivesse invadido o Egito, aquelas paredes e textos poderiam ter permanecido não lidos até hoje. Napoleão foi, de maneira extraordinária, um homem predestinado a afetar a sorte de todos os reinos, todos os homens e todas as coisas em que tocava. Foi verdadeiramente um instrumento da Providência, mas, também, de Nêmesis.

Sua invasão abriu o caminho para a compreensão da vida e do pensamento dos antigos egípcios. Muitas vezes, o trabalho inconsciente do soldado é preparar o caminho para o trabalho do erudito, para a mensagem do mestre espiritual ou para os fardos do comerciante e, às vezes, destruí-los também, como a história inquestionavelmente aponta.

No início do reinado grego sobre o Egito, a antiga língua começou a ser deixada de lado. Os novos governantes naturalmente tentaram tornar a língua grega e o seu aprendizado dominantes entre as classes cultas. Os cargos importantes do governo eram reservados apenas aos egípcios que dominassem o grego, por exemplo. A antiga escola sagrada de Heliópolis, onde grande número de sacerdotes era treinado e onde foi mantido o conhecimento da língua egípcia, foi suprimida e fechada. Exceto por alguns sacerdotes, que obstinada e secretamente se agarraram ao idioma tradicional, o alfabeto grego foi praticamente adotado como sendo o nativo do Egito.

Por volta do fim do terceiro século da era cristã, em todo o Egito ninguém era capaz de explicar o simples significado cotidiano de uma inscrição hieroglífica, que dirá compor uma nova.

Mil e quinhentos anos se passaram. A arte de interpretar hieróglifos ainda permanecia inteiramente perdida. E então a fragata de Napoleão chegou, arremessada pelas ondas tempestuosas, debaixo do nariz do Almirante Nelson, em Alexandria.

Seu exército logo se ocupou em construir fortificações e com escavações no geral. Um dos primeiros locais onde se estabeleceram foi na importante posição estratégica da foz do Nilo, perto do porto de Roseta. Foi ali que um jovem oficial da artilharia, o tenente Boussard, fez uma

NO TEMPLO DE DENDERA

importante descoberta que, em última análise, forneceu uma chave para interpretar os hieróglifos. As pás de seus homens, empenhados em cavar as fundações do Forte St. Julien, ao revirar o solo soltaram uma placa de basalto negro quebrada que foi trazida à luz. Imediatamente Boussard percebeu a importância da agora famosa Pedra de Roseta, pois trazia uma inscrição trilíngue, um decreto dos sacerdotes de Mênfis conferindo honras a Ptolomeu V. Havia cinquenta e quatro linhas em grego gravadas em sua superfície, com as respectivas traduções em dois outros sistemas de escrita, o hieroglífico e o demótico.

A pedra foi enviada à Europa, onde os estudiosos começaram seus trabalhos. Por fim, conseguiram rastrear o equivalente hieroglífico do alfabeto grego. Com essa chave em mãos, foram capazes de identificar o significado de papiros e inscrições que intrigaram o mundo por tantos séculos.

14

OS DIAS EM KARNAK

Finalmente havia entrado no verdadeiro Egito, o antigo e fascinante Egito, o país onde o Nilo, o templo, o campo, a aldeia e o céu se combinam para criar uma impressão vívida e sedutora da terra onde os faraós governaram pomposamente, cujas pedras ecoavam diariamente os cânticos de tantos sacerdotes. Ali, em Luxor, a cerca de setecentos e vinte e cinco quilômetros do Cairo, rio abaixo, voltava-se ao passado e contemplava-se uma paisagem que apresentava muitas das cenas da Antiguidade. Foi no sul, ou Alto Egito, como os geógrafos têm chamado desde tempos imemoriais, que se preservou a maior parte dessas cenas para os observadores modernos.

Sua famosa capital desde os tempos clássicos, Tebas, a "cidade dos cem portões" de Homero, desapareceu, mas nos deixou Karnak, outrora a sede do clero egípcio.

Hoje, Karnak é a pérola dessa região. A fama generalizada de seu amplo conjunto de templos, hoje em ruínas, mas ainda majestosos, se espalhou por todo o mundo. Karnak abriga o maior templo ainda visto no Egito, o Grande Salão de Amon-Rá, ao qual antigamente todos os outros templos do Egito eram tributários. Então fiz de Karnak meu local de peregrinação dias a fio, deslocando-me entre suas ruínas decadentes e suas colunas quebradas, tanto na luz brilhante do sol quanto na tênue claridade da lua.

Karnak, destacada por uma floresta de palmeiras verdejantes ao norte, fica a cerca de três ou cinco quilômetros de Luxor, descendo o rio, e um pouco mais pelo interior. Chega-se lá por uma estrada poeirenta, atravessando uma planície ampla sob o céu de um pálido azul, passando pelo túmulo com cúpula branca de um xeque e um bosque de tamareiras, até que um imenso pilar de pedra calcária se ergue de repente à vista. Por toda parte nos campos, vemos as cristas das poupas, ocupadas em procurar o que comer entre os restolhos do chão. No caminho nota-se, aqui e ali, espiando acima do solo, membros estranhos e sem cabeça, parcialmente partidos ou revirados, de uma fileira dupla de pequenas esfinges com cabeça de carneiro, que outrora flanqueavam o caminho todo de Luxor a Karnak, mas agora encontram-se, em sua maior parte, enterradas nos campos à beira do caminho. Centenas delas devem ter sido originalmente erguidas em ambos os lados ao longo da estrada de cinco quilômetros.

O magnífico pilone de entrada, de mais de vinte metros de comprimento, garante uma visão atraente.

Na forma de pilone, de faces inclinadas e arquitrave curvada e saliente, a arquitetura encontrou uma bela e poderosa expressão. Na fachada, havia entalhado em relevo o retrato de Ptolomeu, construtor do templo, que aparece fazendo oferenda sacrificial aos deuses tebanos; enquanto quatro sulcos verticais com encaixe nas bases percorriam a extensão do poderoso portal, indicando o local onde outrora nas festividades do templo eram colocados os mastros com bandeiras de cores alegres para afastar influências malignas.

Ao passar para o seu interior, encontrei-me no pátio aberto do templo de Quensu, o deus de cabeça de falcão, o mesmo que, no jargão popular dos não iniciados, era o filho de Amon. Os pedaços partidos de uma coluna dupla ocupavam o centro. Nas paredes, via-se representada a procissão sagrada de barcos flutuando no Nilo até Luxor, carregando a imagem de Amon-Rá. Entrei no santuário em ruínas onde era guardado o barco sagrado de Quensu. Toda a pantomima praticada entre aquelas paredes tinha grande significado para o povo, para os sacerdotes que buscavam poder e, sobretudo, para os próprios reis. Mas pouco significava

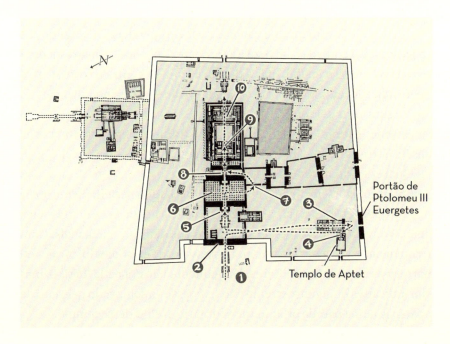

FIGURA 14.1. Mapa da exploração diurna do autor no templo de Amon-Rá, em Karnak. Rosemarie Quebral Harris.

(1) Fileira dupla de esfinges, (2) Pilone de entrada nº 1, (3) Templo de Quensu, (4) Santuário de Osíris (5) Pilone de entrada nº 2, (6) Grande Salão Hipostilo, (7) Tratado de Ramsés II com o Rei dos Hititas, (8) Obeliscos de Hatshepsut e Tutmés I, (9) O Templo (naos) de Filipe da Macedônia, e (10) o Salão de Tutmés III.

para os raros iniciados que encaravam o rito e a cerimônia como meros símbolos, não como manifestações da realidade.

Descobri uma série de baixos-relevos interessantes na parede à direita da câmara interior adjacente ao santuário, cada um dentro de sua respectiva moldura. O que fisgou meu olhar em primeiro lugar foi a escultura da minha companheira de meditação daquela longa noite de inverno – a Esfinge!

Imediatamente percebi que havia encontrado algo importante, porque se podia passar dias sem detectar a Esfinge num mural ou entalhada num pilar.

O primeiro painel mostrava o faraó Ramsés IV na presença da deusa Amonet, a quem oferecia uma estatueta com base plana, sustentando duas figuras. Na frente, havia uma criança sentada, ninguém menos que Hórus, o filho de Osíris. Um grande cacho de cabelos pendia da lateral de sua cabeça: estava coroada com o sol e a serpente simbólicos; a mão esquerda repousava sobre o joelho, mas a direita erguia-se contra o rosto, com o dedo indicador apontando para os lábios cerrados – exigindo silêncio.

A figura atrás dele era a Esfinge.

Amonet estendia a mão direita para Ramsés; segurava uma cruz ansata entre os dedos, apontada diretamente para os olhos do rei.

Qual era o significado dessa cena?

O egiptólogo, sem dúvida, ofereceria uma leitura perfeitamente óbvia e coesa que, por si só, seria bastante correta. Iria nos dizer que o rei estava apenas envolvido em oferecer sacrifícios aos deuses – nada mais. Com frequência, essas cenas em murais não passam de episódios históricos ou narrativas de triunfos militares. Obviamente não era nada do tipo, mas sim indicativa de algum extremo rito sacrossanto, sobretudo pelo fato de aparecer numa parede próxima ao santuário, o altar desse templo.

Assim como o sistema de hieróglifos egípcios foi empregado para exprimir um significado esotérico conhecido apenas pelos sacerdotes iniciados, embora os mesmos caracteres simbólicos fossem usados; também as figuras que representavam os deuses carregavam um sentido muito mais profundo para os antigos iniciados. O ensinamento oculto nessa imagem, portanto, só podia ser detectado por alguém versado na doutrina e nos métodos dos Mistérios.

O significado desse painel repousava especialmente na ação da deusa Amonet. A cruz ansata, a cruz com um círculo em cima, que a deusa mirava entre os olhos de Ramsés, era chamada "Chave dos Mistérios" pelos sacerdotes iniciados e representava a admissão nos próprios Mistérios. Para os egiptólogos, no entanto, representa apenas a vida. Como chave, simbolizava a abertura da porta fechada daquela augusta instituição, mas como padrão geométrico simbolizava o espírito eterno do iniciado se erguendo triunfante de seu corpo material "crucificado". O círculo, não tendo princípio nem fim visíveis, representava a natureza eterna do espírito divino; enquanto a cruz simbolizava o estado de transe, semelhante à morte, no qual o iniciado era lançado – sendo, portanto, sua morte, sua crucificação. Em alguns templos, o iniciado era amarrado num divã de madeira em formato de cruz.

FIGURA 14.2. A cruz ansata (*Ankh*) simbolizando a Chave dos Mistérios. Rosemarie Quebral Harris.

O ponto central entre os olhos é aproximadamente a posição de uma glândula no cérebro – a pineal –, cujas funções complexas ainda são um enigma para os médicos. Nas primeiras etapas da iniciação, essa glândula era estimulada pelo hierofante até obter certa atividade, que possibilitava ao candidato ter, temporariamente, visões psíquicas de entes espirituais ao seu redor. O método usado para esse propósito era em parte mesmérico, mas em parte dependente de certos incensos poderosos.

Amonet, portanto, ao apontar sua cruz entre os olhos do faraó, indicava sua admissão nos Mistérios e a abertura temporária de sua clarividência. No entanto, fora proibido de revelar aos outros o que havia visto e experimentado durante a iniciação, tal como indicado pela primeira figura na estatueta do menino Hórus. "Hórus do horizonte", na verdade, o deus Hormakhu – tradicionalmente associado à Esfinge – cujo dedo, apontando para os lábios cerrados, exige rigoroso segredo. Imagens semelhantes se viam perto dos santuários e das câmaras dos Mistérios de todos os templos, cada qual colocando o dedo nos lábios, exigindo simbolicamente guardar silêncio quanto aos Mistérios divinos.

Amonet era a versão feminina de Amon, "o ser oculto".

O gesto do rei de segurar a estatueta em atitude de oferenda enfatizava a decisão de sacrificar sua fala e guardar permanente silêncio.

Sobre a base plana da estatueta e atrás dessa imagem de Hormakhu, estava esculpida a figura da Esfinge. Por quê?

Assim como o iniciado em transe perdia completamente o poder da fala durante a iniciação, também a Esfinge está sempre em silêncio. Ao longo de toda sua vida, nunca pronunciou uma única palavra audível ao homem. A Esfinge sempre soube guardar seus segredos, mas quais eram esses antigos segredos?

Eram os segredos da iniciação.

A Esfinge guardava o mais poderoso templo de iniciação do mundo antigo – a Grande Pirâmide.

O acesso cerimonial à Grande Pirâmide sempre foi pelas margens do Nilo, e todos que viessem do rio para adentrarem-na precisavam primeiro passar pela Esfinge.

A Esfinge, em sua quietude, simbolizava tanto o silêncio quanto o segredo da iniciação.

Assim, o faraó foi avisado para esperar a maior revelação mística que poderia ser dada ao homem.

Três outros painéis completavam esse interessante conjunto de imagens dos Mistérios, ao qual qualquer viajante ou turista pode ter acesso hoje, mas que, em tempos remotos, era acessível apenas a alguns poucos privilegiados. Descreviam o resultado da admissão do rei aos Mistérios.

O segundo painel representava Ramsés em pé, entre Hórus adulto, com cabeça de falcão, e Thoth, de cabeça de íbis. Cada deus segurava um vaso sobre a cabeça de Ramsés, mas, em vez de uma corrente de água, derramaram cruzes ansatas sobre ele e ao seu redor.

Thoth era o deus da sabedoria e do conhecimento secreto. Aqui concedia, por meio da iniciação, aquele misterioso conhecimento, composto por forças psíquicas e sabedoria espiritual, pelo qual o Egito ganhou fama na Antiguidade. Thoth também era o senhor da Lua. Por essa razão, todas as cerimônias religiosas e de magia de importância secreta, sobretudo todas as iniciações aos Mistérios, eram conduzidas à noite e durante as fases da lua que marcavam sua maior influência, ou seja, a nova e a cheia.

Hórus adulto, com cabeça de falcão, era o deus do Sol. Seu papel nessa cena representava o fato de que a iniciação, embora começasse à noite, terminava de dia, com o raiar do Sol. Quando os raios do Sol iluminassem o topo da cabeça do candidato, o hierofante lhe dirigia certas "palavras de poder", e ele despertaria.

O terceiro painel revelava Ramsés, agora um sábio iniciado, sendo orientado por dois outros deuses que seguravam suas mãos em boas-vin-

OS DIAS EM KARNAK

das e exibiam a cruz ansata diante de seu rosto, indicando a comunhão com eles em virtude de sua conquista. Na última cena, o rei foi representado oferecendo uma estatueta ao deus Amon-Rá. A estatueta era de um deus sentado com uma pena presa na cabeça – o deus da Verdade. O faraó havia conquistado a Sabedoria e, de agora em diante, seria "A voz verdadeira", faria o sacrifício de sua vida no altar da verdade – isto é, viria a se conformar, tanto em pensamento quanto em gestos, obedientemente, às leis espirituais que governam a vida humana, há pouco reveladas a ele pela iniciação.

Assim, essas imagens entalhadas revelavam-me um vislumbre da vida interior secreta de um faraó instruído e parte do significado dos celebrados, porém exclusivos, Mistérios do Egito.

Então senti-me atraído por um pequeno e belo templo a oeste, onde alguns entre aqueles poucos iniciados haviam adquirido sua sabedoria. Era um santuário consagrado aos Mistérios de Osíris e, para mim, talvez fosse um dos lugares mais importantes de toda Karnak, apesar de ser pequeno. Ali, nos batentes da entrada, relevos mostravam Ptolomeu, o construtor do templo, sendo levado à presença do divino Osíris. Do outro lado, encontrei-me num pórtico retangular cujo teto colorido e repleto de inscrições era sustentado por duas belas colunas floridas e cobertas por juncos, coroadas pelo rosto de Hathor, que nos fitava. Na parede leste havia duas pequenas janelas com grades de pedra, mas a luz tênue que passava por elas não era mais necessária, pois três grandes blocos de pedra haviam desaparecido do teto e pelo buraco entrava luz em abundância.

Além disso, havia um pequeno vestíbulo cujas paredes eram recobertas por ousados baixos-relevos e linhas verticais de hieróglifos. E – numa cena rara, dado o estado arruinado da maioria dos outros templos que ainda estão em pé – três portas perfeitamente preservadas levavam às paredes laterais e ao fundo desse minúsculo átrio. Cada lintel era encimado por uma arquitrave, formada por uma fileira contendo mais de vinte majestosas najas. As serpentes não eram apenas meios-relevos esculpidos na superfície da parede, mas esculturas sólidas; suas cabeças se erguiam, encapeladas. O emblema familiar do sol alado repousava em um peitoril abaixo de cada fileira, formando um adorno maciço com cerca de um metro de altura.

FIGURA 14.3. Portão de entrada do templo de iniciação de Osíris (atrás do templo de Aptet, Karnak). Fotografia do autor.

Esses adornos com serpentes reais indicavam, a meu ver, que as três câmaras às quais essas entradas davam acesso tinham importância considerável no planejamento do templo. Atravessei a entrada mais distante (as portas em si não mais existem, embora sejam claramente visíveis as cavidades superior e inferior onde os batentes se encaixavam) e cheguei a um pequeno santuário, cujas paredes laterais continham representações do rei em adoração, bem como o estandarte da deusa Hathor. Abaixo, escancarava-se uma grande abertura no piso de pedra que, à luz da lanterna, revelava ser a entrada de uma cripta subterrânea já destruída. Examinei novamente as duas câmaras laterais e encontrei buracos nos cantos, que levavam à mesma cripta e também a uma passagem subterrânea. De fato, o local todo era como uma colmeia repleta de corredores e câmaras subterrâneas. À direita do pórtico, descobri outros dois vãos no chão, que se abriam sobre corredores estreitos cujo pó estava inteiramente intocado.

Minha exploração revelou que um desses corredores, na verdade, atravessava todo o terreno até chegar ao próprio templo de Quensu.

O chão do templo estava tão coberto de pó que podemos imaginar que a camada deve ter se acumulado ao longo de muitos séculos. Examinei o antigo chão de pedra procurando rastros humanos, mas, fora marcas de pés descalços, evidentemente de algum vigia árabe do templo próximo de Quensu, não pude encontrar o menor sinal de pisada de sapatos. Sobre todo o chão, o pó havia se acumulado aos montes e as únicas marcas em sua superfície eram os numerosos padrões graciosos deixados de um vão ao outro por pequenas serpentes, cujos rastros eram claramente visíveis. Conjecturei há quanto tempo algum turista ou viajante não perturbava o silêncio solitário daquele santuário. Sabia de um guia turístico que menosprezava esse templo, alegando não valer a pena visitá-lo. Também sabia que os visitantes não eram bem-vindos, nem mesmo esperados, pois o Departamento de Antiguidades do Governo havia isolado a entrada com um portão de madeira trancado. Nem mesmo eu fui capaz de entrar sem antes convencer o zelador árabe do templo principal a trazer seu molho de chaves e me acompanhar até o pequeno santuário de Osíris para destrancar o portão. Por quê? Seria por causa dos perigosos vãos no chão?

Qual seria o significado dessas misteriosas criptas e fúnebres corredores? Lembrei-me da curiosa cripta cercada por um fosso, escavada sob doze metros de escombros, que havia me causado tanta perplexidade em Abidos.

∧∧∧∧

Enquanto ponderava sobre a questão, o lugar funesto pareceu iluminar-se diante de meus olhos e revi mentalmente a celebração daquele antigo rito que dramatizava a morte e a ressurreição de Osíris — aquele rito que vi gravado nas paredes do pequeno templo dos Mistérios que ficava no topo do telhado de Dendera — aquele rito do qual tive a visão e que experimentei pessoalmente durante a noite que passei na sombria Câmara do

Rei na Grande Pirâmide – aquele rito que o atlante Osíris havia deixado como legado aos Sumos Sacerdotes do antigo Egito.

Por que essas misteriosas iniciações haviam dado preferência para lugares lúgubres e escuros?

A resposta é tripla: para garantir a completa segurança e sigilo do que era, afinal, um experimento ao mesmo tempo privilegiado e perigoso; para garantir a facilidade do transe do candidato, obscurecendo a visão de seus arredores e evitando a distração de sua atenção do estado interior ao qual estava prestes a entrar; e, por fim, para fornecer um simbolismo perfeito – tão caro ao coração dos antigos – da condição de escuridão espiritual e ignorância na qual os hierofantes encontravam o candidato no princípio de sua iniciação; pois, ao despertar, ele abriria os olhos para os raios do sol em outro lugar, ao qual seria levado ao final da experiência de iluminação espiritual. Após uma longa iniciação, que começava à noite e terminava com o raiar do dia, o recém-iniciado havia saído da ignorância materialista (trevas) e entrado na percepção espiritual (luz).

Os ritos secretos dos Mistérios eram praticados em criptas subterrâneas ou em câmaras reservadas construídas perto do santuário sagrado, ou ainda em pequenos templos nos telhados, nunca em outras localidades. Todos esses espaços eram território proibido para a população em geral, que não ousava se aproximar deles sob risco das mais severas penalidades. Os hierofantes encarregados de iniciar um candidato também assumiam uma difícil responsabilidade. A vida do candidato estava em suas mãos. A chegada de um intruso inesperado que interrompesse o rito de iniciação causaria a sua morte, assim como a intrusão durante uma cirurgia delicada, em nossa época, poderia significar a morte do desafortunado paciente. E o que era, afinal, a iniciação senão uma espécie de operação cirúrgica de natureza psíquica, uma separação das partes física e psíquica do homem? Por essa razão, as câmaras iniciáticas eram sempre localizadas fora de alcance e bem protegidas. Aquele que se aproximava do santuário de um grande templo teria de adentrar na completa escuridão, pois, quanto mais se afastava dos portais, mais a luz recuava, desaparecendo de vez ao se atravessar o limiar do sagrado santuário. Uma vez em transe, o corpo do candidato era deixado nessa escuridão protetora até o final de sua iniciação, quando era levado à luz.

As câmaras subterrâneas eram usadas da mesma maneira, extinguindo-se toda luz após o transe, de modo que as criptas se tornavam simbólica e literalmente sepulturas.

/\/\/\/\

Desci por uma cavidade e explorei a câmara escura onde os sacerdotes outrora praticavam seus ritos mais secretos, e então emergi aliviado para a benéfica luz do sol e o ar fresco.

Passei pelos enormes portais do belo templo de Amon-Rá em minha jornada pelas glórias obscurecidas de Karnak. Esses portais eram adequados para a passagem de gigantes em vez de meros mortais. Erguiam-se como precipícios acima de minha cabeça. O gosto egípcio por dimensões exageradas às vezes assumia proporções atordoantes, como no caso da Grande Pirâmide perto do Cairo e das paredes de pilone, sob cuja sombra me encontrava. Tinham aproximadamente quinze metros de espessura, mais grossas do que as muralhas de uma fortaleza precisam ser. Bem, de fato, o mundo exterior profano foi impedido de contaminar os espaços sagrados desse templo, chamado orgulhosamente pelos antigos "o trono do mundo". Infelizmente, era agora senão um trono destruído, e quando emergi no imenso pátio de entrada, lá encontrei uma vasta massa de alvenaria mutilada, cuja desolação era interrompida apenas por algumas colunas que ainda estavam de pé. Fui caminhando devagar, atravessando esse pátio e pisando a terra nua e o mato que crescia onde antes havia um belo pavimento de mosaico, que se estendia por centenas de metros de comprimento.

Cheguei a um alto portal, coberto de meios-relevos coloridos e ainda de pé entre os destroços de outro pilar, que agora era apenas uma massa revirada de pedras escaldantes caídas e completamente desprovida de seu contorno anterior. No entanto, aquele portal um dia devia ter se elevado trinta metros acima do solo. Não havia mais os sete degraus colocados pelos construtores diante da entrada, sete graduações simbólicas do progresso do homem do mundo inferior da existência cotidiana à esfera mais elevada de conquista espiritual. Pois os egípcios — assim como muitos dos antigos — compreendiam bem a misteriosa numeração subjacente a todo o universo construído: sabiam que o sétimo dia, ou sétimo grau, trazia o descanso, a paz suprema, tanto para o homem como para os outros seres e coisas criadas. Encontrei a presença do número sete em todos os templos por todo o território, aparecendo de forma clara e surpreendente dentro da Grande Galeria da Grande Pirâmide. Era muito adequado, portanto, colocarem esses degraus, praticamente arruinados pelo tempo e pelo homem, logo à entrada do vestíbulo da maior e mais impressionante marca de Karnak, o Grande Salão Hipostilo do templo de Amon-Rá.

Entrei, e uma perspectiva atordoante de dezesseis fileiras alinhadas de colunas se abriu diante de mim. Os raios do sol iluminavam uma cena sem paralelos em minha memória. Quase todas as cento e trinta colunas verticais projetavam uma forte sombra horizontal sobre o chão de terra. As hastes de pedra branca erguiam-se como um exército de soldados gigantescos. Sua circunferência também era incrível — cerca de nove metros de diâmetro. Era monumental essa grandiosa escala arquitetônica, essa floresta de noventa metros de largura de árvores de pedra colossais: era egípcia!

O faraó criador da maior parte desse salão foi Seti, o mesmo que mandou construir aquele templo em Abidos, onde eu havia experimentado uma paz indescritível. Aqui era impossível resistir à impressão de força e poder transmitida dos idos tempos dos construtores desse salão. Seti não viveu, não pôde viver, para concluir sua colossal criação, e por isso o grande Ramsés assumiu a tarefa inacabada, transformando as rochas de Siene (atual Assuã) em enormes pilares esculpidos, posicionando sobre eles arquitraves decoradas de trinta toneladas, sem usar cimento nem metal para fixá-las. O efeito dessa monumentalidade era suscitar na mente a busca de uma perspectiva mais ampla, remover o observador da mesquinha rotina de atividades penosamente medíocres, inspirar grandes ambições e aspirações elevadas, provocando o desejo de um alcance mais amplo na vida de cada um. Encorajar, enfim, a ser como o próprio Ramsés e planejar e construir poderosos templos de altura prodigiosa,

FIGURA 14.4.
Pilares encimados
por estruturas em
formato de sino.
Fotografia do autor.

e então estabelecer em torno deles amplas cidades-modelo, onde os homens pudessem viver à luz de ideias e ideais mais nobres.

Outrora, esse salão de devoção tinha sido coberto e pavimentado; agora estava aberto às profundezas azuis do céu, enquanto seu chão era uma mistura de terra, areia, ervas daninhas e pedras. Quando o vasto teto estava no lugar, o interior do salão devia ser, de fato, muito escuro, pois a única luz era cedida com parcimônia pelas janelas com grades de pedra do clerestório, acima da nave central. O poderoso teto, porém, havia desabado e se partido em mil pedaços, dos quais pouco restou.

Sem desejar criticar os antigos arquitetos, porém, ficava claro aos olhos que os fortes e salientes pilares foram colocados a uma distância muito pequena um do outro. Um arranjo melhor teria fornecido uma vista mais ampla e menos interrompida. Mas talvez os antigos se importassem mais com o simbolismo e menos com a perspectiva.

Cada pilar era entalhado com grande requinte e coroado por pesados botões ou cálices em forma de sino. A superfície belamente arredondada dos pedestais continha imagens coloridas e inscrições hieroglíficas, e as mesmas decorações eram vistas nas arquitraves e nas paredes também. Foram entalhadas com as histórias dos deuses e reis do Egito, ou representadas em cores que permaneciam intactas. Reconheci as figuras pintadas e os cartuchos retangulares – o Rei Seti venerando Thoth na presença dos deuses sob a árvore sagrada de Heliópolis, repelindo os hititas com suas bigas vitoriosas, obtendo altos cedros no distante Líbano para os mastros de seus templos, e retornando triunfante à sua terra amada. Havia muitas outras figuras, algumas seminuas, outras plenamente vestidas, mas todas trazendo aquela expressão estranhamente intensa e alheia, que caracterizava aquele povo. Na parede sul, gravados numa estela e firmados nos tijolos, os hieróglifos registravam o primeiro tratado oficial da história, entre Ramsés, o Grande, "valente filho de Seti I, o grande soberano do Egito" e o rei hitita Khetasira, "filho de Meresar, grandioso chefe de Kheta", como o texto o denominava, concluindo com as seguintes palavras encantadoras: "o bom tratado de paz e de fraternidade estabelece a paz entre eles para sempre".

Afastei-me até um pátio estreito e descoberto, onde um único obelisco sólido apontava seu dedo piramidal para o céu e projetava uma sombra magnífica no solo. Trazia o cartucho real de Tutmés I, que o havia erguido, e seu corpo era coberto com três linhas verticais contendo inscrições. "Hórus, Amante da Verdade, Rei do Alto e Baixo Egito, Amon. Criou-o como monumento para seu pai, Amon-Rá — o Líder das Duas Terras, erguendo para ele dois obeliscos, grandiosos, na dupla fachada", lia-se em parte de um deles essa grande adoração aos deuses.

Mais adiante, entre os restos destroçados de uma colunata, erguia-se outro obelisco, mais alto e ainda mais impressionante, como uma língua de serpente em chamas saindo do solo. Por quase trinta metros se alçava ao céu — o segundo maior obelisco ainda existente no mundo. O ereto monólito de reluzente granito rosado trazia em sua base a orgulhosa ostentação de que seu topo havia sido revestido de uma liga de ouro e prata, para que pudesse ser visto de uma grande distância, e que toda a empreitada de se extrair e transportar o granito de Assuã, para esse obelisco e para o outro já desaparecido, não levou mais de sete meses. Foi erguido por uma mulher, a veemente rainha Hatshepsut, do Egito, de certo modo parecida com a rainha Elizabeth. Por vezes, ela se vestia como homem, e seu governo foi marcado por forte masculinidade. Essa mulher de nariz comprido e pronunciada mandíbula ergueu altos obeliscos e imensos templos, enviou expedições pioneiras e empunhou o cetro dos faraós poderosamente a despeito de seu sexo; após a morte do marido, deixou de lado o véu e tudo o que ele representava.

Eis a altiva dedicatória entalhada em caracteres hieroglíficos nas quatro faces da base do obelisco:

Eu estava sentada em meu palácio, pensando em meu Criador, quando meu coração me incitou a criar para Ele dois obeliscos, cujas pontas alcançassem o céu, no nobre salão de colunas que fica entre os dois grandes pilares de Tutmés I.

Anos depois, quando virem meu monumento, exclamarão que foi feito por mim. Esta montanha de ouro foi feita sob minha ordem. Governo esta terra como o filho de Ísis; sou poderosa como o filho de Nu, quando o sol repousa no Barco da Manhã e permanece no Barco da Tarde. Existirá para sempre como a Estrela Polar. Em verdade, são dois obeliscos iluminados por Minha Majestade com ouro, para o bem de meu Pai, Amon, e por amor, a fim de perpetuar seu nome; que eles permaneçam eretos no recinto do templo para sempre. São feitos de um único bloco de granito maciço, sem qualquer junção ou divisão entre eles.

/\/\/\/\

Fui até o grande portão que outrora levava ao templo de Mut, construído pelo segundo dos Ptolomeus, mas que agora leva a campos margeados por palmeiras. Seu contorno encantador e bela aparência capturavam meu olhar repetidamente. Sobre o lintel esculpido, o sol alado desempenhava seu papel protetor, segundo o pensamento antigo, de impedir a entrada de influências malignas.

Parei para repousar numa sala retangular vermelha, na parede da qual estava inscrito o nome de Filipe da Macedônia, cuja moeda, perfeitamente preservada pela terra generosa, eu havia encontrado outro dia a cerca de quinze quilômetros dali.

E assim segui meu caminho entre os pátios arruinados e os santuários destruídos de Karnak, entre paredes cinzentas e sem teto, revestidas de relevos esculpidos, santuários de granito rosa desprovidos das estátuas de seus deuses e deusas, e ao redor de camadas de alvenaria despedaçada. Atravessei pensativo um terreno vazio e ondulante, local de uma construção que havia sido devastada até o chão e removida, para chegar a um conjunto de esfinges mutiladas e ídolos com cabeça de leoa. Caminhei com

FIGURA 14.5. Obelisco da rainha Hatshepsut, dedicado a seu "Pai, o Senhor Amon-Rá". Fotografia do autor.

cuidado pela vegetação verde e espinhosa que crescia abundante no salão arruinado de Tutmés III, e então, meditando, detive-me sob a arquitrave baixa de um santuário parcialmente destruído em sua extremidade. Frequentemente, reis haviam percorrido altivos esse caminho e inscrito suas vitórias sobre pilares e paredes, porém onde estão agora? Tutmés, Amenhotep, Seti, Ramsés, Tutancâmon, Ptolomeu — passaram em procissão diante de meus olhos — o rosto barbado desses homens, que há milhares de anos governaram o Egito e influenciaram seu futuro, desapareceu no ar. O orgulho valia a pena, eu me perguntava, quando cada conquista e cada realização estava destinada a ser levada pelo vento como poeira? Não seria melhor trilhar seu caminho neste mundo em silêncio, humildemente, lembrando que só se possui essas coisas pela graça de um poder supremo?

O dia estava quase terminando, e começava a se render ao crepúsculo como uma serpente ao seu encantador, quando terminei minha perambulação por essa arruinada cidade dos templos.

OS DIAS EM KARNAK

Um rei da XXII Dinastia havia construído um muro de tijolos de barro ao redor de todos os templos de Karnak, quando completado, seu círculo media aproximadamente dois quilômetros e meio. Karnak era uma saga de pedra, um épico de esforço majestoso e destruição inevitável, uma glória arruinada, mas imortal!

Detive-me, enquanto o maravilhoso e precipitado pôr do sol, como um anjo deslumbrante cuja trêmula auréola era colorida em todos os matizes do dourado ao vermelho, pairava sobre o cenário encerrando minha visita. A vasta imagem em ruínas, campos e deserto, impregnada de tantos matizes, fascinava-me, mergulhando-me numa devoção extática.

Repetidas vezes voltei a Karnak, deixando que os dias corressem entre passeios e pesquisas, enquanto aumentava meu estoque de memórias inesquecíveis e fatos incomuns. A sedução de Karnak nos envolve, como a névoa de um rio se aproximando quase imperceptivelmente, até chegar o momento em que despertamos e nos descobrimos já cercados. Os homens desprovidos de inteligência sutil e percepção refinada nada mais enxergam nesses templos parcialmente destruídos do que amontoados de tijolos, pedras, poeira e cimento. Sejamos piedosos com eles! Despertemo-nos da contemplação dessas majestosas ruínas com as almas impressionadas e reverentes, conscientes da beleza e dignidade que conservam mesmo em seu estado atual de patética dilapidação.

Fui afortunado por dispor de todo aquele território só para mim, pude me deslocar sem ser atrapalhado ou perturbado pelos outros, num silêncio que reinava supremo e absoluto, interrompido ocasionalmente pelo zumbido sonolento das abelhas e o chilrear agradável dos pardais. Estávamos no auge do verão, a multidão de turistas suados havia abandonado Luxor e há muito fugido diante da onda de calor sufocante que avançava e dos enxames de insetos e outros animais que voltavam à vida, no sul do Egito, durante essa estação. Moscas, mosquitos, escorpiões e serpentes, para não mencionar outras formas de vida, reapareciam naquela temperatura que debilitava os humanos, mas parecia revitalizar criaturas e insetos desagradáveis. Nos estudos, entretanto, as vantagens da solidão eram amplas o bastante para compensar as desvantagens e, quanto ao calor, parecia nunca ofuscar meu interesse intelectual. De fato, descobri ser capaz de fazer amizade com o sol; era em parte uma questão de atitude mental. Quando se percebe que o sol poderá causar mal ou fraqueza, as portas se abrem para esses malefícios. A fé ativa nos recursos interiores sempre os conduz à existência tangível.

Para mim, era enorme a vantagem da minha solitária permanência em Karnak. Poderia me entregar à sua quietude com benefício renovado.

A capacidade de ficar sozinho não é encorajada em nossa época badalada. O gosto pelo silêncio não é nutrido por esta Era da Máquina. Mas acredito na necessidade de um pequeno retiro todos os dias, um breve período de meditação solitária e silenciosa. Assim é possível renovar o coração cansado e inspirar a mente fatigada. A vida hoje parece um caldeirão ruidoso, para dentro do qual os homens são atraídos. A cada dia que passa, se tornam menos íntimos de si mesmos e mais do caldeirão.

Recorrer à meditação regular produz os frutos abundantes do evidente aprofundamento espiritual. Confere firmeza na tomada de decisões, a coragem para se viver a própria vida, independentemente da opinião alheia, e a estabilidade em meio ao ritmo frenético de hoje.

O pior resultado da vida moderna é o enfraquecimento dos poderes do pensamento profundo; na pressa insana de uma cidade como Nova York, o homem não consegue parar para refletir que sua vida interior está sendo paralisada; só consegue lembrar que está com pressa. A natureza, porém, não tem pressa — ela levou muitos milhões de anos para criar essa figura insignificante que corre pela Broadway — e ela pode muito bem esperar a chegada do tempo em que, com uma vida mais calma e com atividades mais tranquilas, o homem possa emergir dos desastres e agonias autoinfligidas e contemplar o poço profundo do pensamento divino, enterrado sob a ruidosa superfície de si mesmo e de seu ambiente.

Nossos sentidos físicos nos dominam; é hora de começarmos a dominá-los. No sagrado barco da alma, navegamos por mares onde os sentidos do corpo não ousam nos acompanhar.

Podemos compreender as doutrinas dos profetas e dominar as verdades enunciadas em seus livros e ensinamentos, muitas vezes aplicando-as à vida de meditação, e não apenas à vida atribulada do mundo cotidiano.

15

AS NOITES EM KARNAK

Mais fascinantes foram as minhas visitas à meia-noite, especialmente a que aconteceu sob a lua cheia. As noites do Egito lançam seus antigos templos sob uma luz misteriosa, revelando auspiciosamente o que deve ser revelado e ocultando o restante numa escuridão conveniente aos templos.

Havia eu empreendido vários métodos de incursão a Karnak à noite, todos igualmente admiráveis. Num barco à vela, cruzei velozmente o Nilo impulsionado por uma forte brisa; cavalguei lentamente montado na sela de um jumento; subi a velha estrada numa charrete desconfortável. Mas naquela noite de lua cheia não encontrei nada melhor do que caminhar alguns quilômetros como faziam os antigos sacerdotes, mesmo nos dias de pompa do antigo Egito. A luminosidade prateada reluzia sobre a poeira branca e espessa acumulada na estrada, em cuja margem eu caminhava. De vez em quando morcegos mergulhavam no ar e disparavam trissando. Mas, fora isso, uma grande quietude pairava sobre a terra, sem ser interrompida até eu alcançar a aldeia de Karnak, onde figuras sombrias de túnica passavam por mim à noite — por vezes com lanternas balançando nas mãos — e onde o brilho amarelado das lamparinas cintilava pelas janelas sem vidro. Meus pés pisavam silenciosamente a poeira arenosa e macia que cobria a estrada; porém aqueles camponeses de ouvidos aguçados pareciam saber, como por sexto sentido, que um estranho perambulava na aldeia à noite, pois vinham aos pares até suas portas para me olhar, ou espiavam intrigados pelas janelas. A situação era inexplicável e, no mundo imaginário criado pela lua cheia, misteriosa ao extremo. Seus movimentos faziam um cachorro ou outro latir sem entusiasmo, porém, sem me deter, tranquilizava-os com um cumprimento murmurado. Compreendia bem esse povo simples e hospitaleiro, que encarava os pequenos problemas da vida com a leveza filosófica de *Malesh!* (não tem importância!), de fato, cativante.

E ali no final do meu caminho estava o imenso pilone prateado de Ptolomeu, como uma sentinela espectral do grande templo, o topo quadrado elevava-se até o céu índigo.

Entretanto, não estava disposto a me receber, pois uma grade havia sido colocada sobre ele. Acordei o vigia adormecido que pulou sobressaltado de sua estreita cama; então ficou esfregando os olhos sonolentos no clarão de minha lanterna elétrica. Na sequência, destrancou o pequeno portão novo, recompensei-o satisfatoriamente por perturbar seu repouso, e ele permitiu que eu passasse e fosse em frente sozinho. Atravessei o pátio de entrada e me sentei por alguns minutos entre a massa de blocos calcários revirados, que outrora formavam o elevado pilone que dividia o átrio do Grande Salão Hipostilo, e meditei sobre a grandiosidade decadente daquele monumento a Amon-Rá. Logo estava caminhando entre as altas colunas e majestosas ruínas do próprio Grande Salão. O luar sobre as colunas que se erguiam ao meu lado projetava profundas sombras negras no chão, de modo que os hieróglifos esculpidos ora apareciam em brilhante relevo, ora subitamente desapareciam nas sombras. Desligava a luz da lanterna, exceto quando não enxergava o caminho, para não rivalizar com a iluminação mais suave da lua, que transformava todo o templo em um lugar encontrado apenas em sonhos. O obelisco da rainha Hatshepsut de repente me confrontou: parecia uma esplêndida agulha de prata.

Conforme me aproximava devagar dos santuários cobertos que jaziam além das impressionantes colunatas do Salão Hipostilo, através da escuridão levemente aliviada, me sobreveio a vaga sensação de não estar mais em completa solidão. No entanto, esses estupendos salões e santuários menores não eram frequentados por adoradores há pelo menos mil e

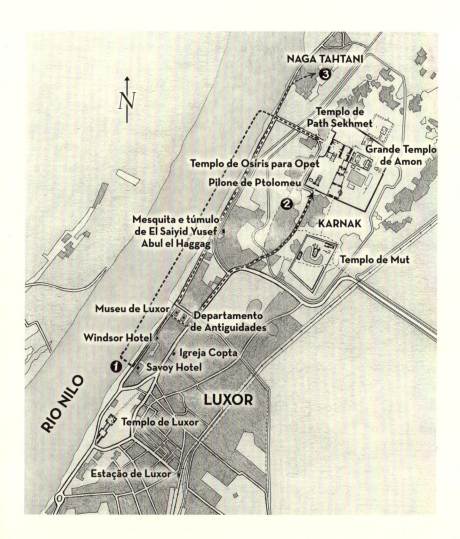

FIGURA 15.1. Mapa mostrando as várias incursões do autor ao templo de Karnak a partir da cidade de Luxor. Rosemarie Quebral Harris.

(1) Cais de Luxor, perto do Savoy Hotel, (2) Aldeia de Karnak, e (3) Aldeia de Naga Tahtani. As incursões do autor a Karnak: a pé, de jumento e de barco.

quinhentos anos; os deuses de pedra mutilados sofreram silenciosamente seu longo abandono por não menos tempo; e eu sabia que ninguém no Egito moderno poderia ser acusado de ter voltado à fé ancestral. Por que então *sentia* a companhia de pessoas vivas ao meu redor nesse lugar desgastado pelo tempo, que era tão silencioso quanto a própria sepultura? Lancei a luz da lanterna ao redor, que meramente repousava sobre ruínas de pedra e pisos quebrados, ou projetava imagens entalhadas e inscrições hieroglíficas que de súbito ganhavam vida, sem nunca revelar qualquer sinal de forma humana.

Como um visitante solitário na calada da noite, não conseguia me livrar dessa sensação de opressão enquanto caminhava. A noite sempre traz seus terrores e acentua nosso mais leve temor; havia, porém, aprendido a amar e a aceitar as suaves noites egípcias, que me assombravam com sua sublime beleza. Mas aqueles decadentes templos de Karnak assumiam um contorno um tanto sinistro na insólita luz pálida, e percebi em mim uma reação de inquietude provocada pela hora e pelo ambiente. Por que estava tão afetado assim?

Avancei no antigo caminho pavimentado que levava direto às ruínas do norte e ao sofisticado e pequeno templo de Ptah. Atravessei por entre os pilares do pequeno pátio e, tendo passado mais um portão, cruzei a entrada do santuário. Um vívido raio do luar iluminou uma das estátuas mais estranhas daquele lugar, a da deusa Sekhmet. A solitária figura da mulher, com cabeça de leoa, habitava sozinha aquele sombrio recinto. O rosto feroz e taciturno se adequava bem a seu papel na mitologia egípcia, o de destruidora punitiva da humanidade. Que terror ela deve ter inspirado em suas vítimas, que não podiam esperar qualquer misericórdia de sua parte!

Sentei-me num pedestal de granito e observei os raios prateados dançando sobre as paredes em ruínas. Em algum lugar distante, ecoava o uivo abafado de um vagante chacal. Enquanto estava sentado, quieto e passivo, a sinistra sensação de uma companhia invisível se apoderou de meu coração, gelando-o com o medo que a incerteza sempre traz.

Acaso os fantasmas daqueles sacerdotes de semblante orgulhoso e sua multidão de devotos ainda assombram esse antigo lugar e murmuram

AS NOITES EM KARNAK

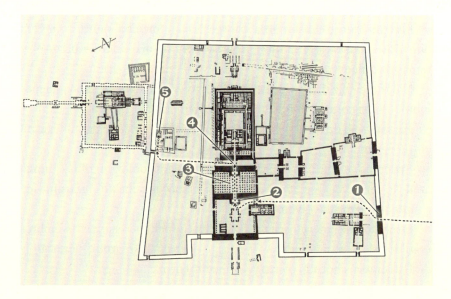

FIGURA 15.2. Detalhe do mapa mostrando as explorações noturnas do autor no templo de Karnak. Rosemarie Quebral Harris.

(1) Portão e pilone de Ptolomeu Evérgeta; (2) pátio de entrada do Grande Salão Hipostilo; (3) Grande Salão Hipostilo; (4) obelisco de Hatshepsut, e (5) templo de Ptah.

preces a Ptah, o portador do cetro, símbolo de poder e estabilidade? Os espíritos dos sacerdotes e reis desaparecidos pairavam por ali em suas antigas moradas, como sombras vivas sem substância?

Lembrei-me involuntariamente da história curiosa contada por um amigo do Cairo, um oficial inglês a serviço do governo egípcio. Meu amigo conheceu um jovem ligado à aristocracia e que tinha ido da Inglaterra para o Egito a fim de passar algumas semanas como simples turista. Era um rapaz despreocupado, interessado apenas em coisas materiais. Ao chegar em Luxor, saiu certa tarde para visitar Karnak, onde tirou uma foto do Grande Salão do templo de Amon-Rá. Após o negativo ser revelado e impresso, ficou surpreso ao descobrir na imagem a figura alta de um sacerdote egípcio de pé, com as costas apoiadas num dos pilares e os braços cruzados sobre o peito.

Esse incidente causou uma impressão tão forte na mente do jovem que todo o seu caráter mudou, e ele se tornou um devoto estudante de temas psíquicos e espirituais.

Não fui capaz de me levantar, absorto em reflexões e especulações inquietas, na companhia silenciosa das divindades de pedra.

Passei cerca de meia hora assim, e então devo ter entrado numa espécie de devaneio.

Era como se uma mortalha tivesse caído diante dos meus olhos, minha atenção se concentrou num ponto entre as sobrancelhas, e então uma luz sobrenatural me envolveu.

Dentro da luz notei uma figura masculina, de pele morena, com os ombros erguidos, de pé ao meu lado. Ao lhe dirigir o olhar, ela se virou e me encarou.

Estremeci, chocado com o reconhecimento.

Pois aquela figura era eu mesmo.

Tinha exatamente o mesmo rosto que tenho hoje, mas os trajes eram do antigo Egito. Não era príncipe nem plebeu, mas um sacerdote de certo grau. Soube disso imediatamente pelo toucado e pela túnica.

A luz se propagou rapidamente ao seu redor, e muito além – se espalhou até captar uma cena vívida no altar. A figura em minha visão se moveu e foi caminhando lentamente até o altar, quando o alcançou, rezou e permaneceu rezando... e rezando...

E enquanto caminhava, o acompanhei; e quando parava para rezar, eu rezava junto – não como acompanhante, mas como *se fosse ele*. Era espectador e ator nessa visão paradoxal. Percebi seu coração aflito, triste com a situação de seu país, triste com a decadência que havia recaído sobre esta antiga terra. Estava, sobretudo, descontente com as mãos malignas às quais a liderança de sua religião havia sido entregue. Repetidamente, em suas preces, suplicou aos antigos deuses a salvação da verdade para seu povo. Mas, no fim de suas súplicas, seu coração pesava como chumbo. Sem obter resposta, entendeu que o Egito estava inexoravelmente condenado. Virou-se cabisbaixo, profundamente entristecido.

A luz se dissipou na escuridão, o sacerdote desapareceu e com ele o altar; encontrei-me de novo em solitária meditação perto do templo de Ptah. Meu coração também estava profundamente entristecido.

Teria sido apenas algum sonho sugerido pelo ambiente?

Seria apenas a alucinação desenfreada de uma mente meditativa? A eclosão de uma ideia latente derivada de meu interesse pelo passado?

Foi a visão clarividente de um sacerdote espiritual que realmente esteve lá?

Ou foi uma reminiscência ancestral de uma primitiva existência minha no Egito?

Para mim, consciente de meus sentimentos tão intensamente agitados durante e após a visão, não havia outra resposta possível.

Um homem sábio não chegará a conclusões precipitadas, pois a Verdade é uma dama esquiva que, segundo o antigo provérbio, vive no fundo de um poço extremamente profundo.

No entanto, aceitei, precisei aceitar uma resposta afirmativa para a última pergunta.

Einstein perturbou as visões conservadoras relativas ao tempo, que outrora prevaleceram. Demonstrou matematicamente que alguém capaz de vislumbrar as coisas em quatro dimensões teria uma noção de passado e presente muito distinta daquela desfrutada pelo homem comum. Isso pode ajudar a compreender a possibilidade de a natureza guardar uma memória perfeita do passado, em que são perpetuadas as imagens de séculos desaparecidos. Compreendi bem, como nesses momentos sensíveis de meditação, um homem involuntária e misteriosamente poderia tocar essas memórias.

〜〜〜

Outra noite, dirigi-me às vinte e três horas para um encontro na pequena aldeia de Naga Tahtani, pouco além de Karnak. Luxor e Karnak ficaram para trás quando peguei a estrada margeando o Nilo por um bom tempo, depois virei em ângulo reto, e continuei seguindo por cerca de vinte minutos.

Num espaço aberto que marcava o centro da aldeia – correspondente à área verde no centro das vilas inglesas, mas aqui havia apenas uma praça arenosa sem pavimentação –, encontrei mais de duzentos homens sentados na areia. Não havia uma única mulher presente. Estavam todos vestidos com longas túnicas árabes e turbantes brancos, parecendo pessoas simples e primitivas.

Numa galeria elevada de terra batida e caiada de branco, sentavam-se quatro personalidades, quatro homens veneráveis, de mentalidade e posição superiores; eram xeques, a julgar pelos rostos e trajes, apresentavam um aspecto pitoresco em suas túnicas esvoaçantes de seda. Todos eram de idade, com cabelos grisalhos. O herói cansado dos romances fora de moda, o belo xeque do deserto que sequestra belas donzelas inglesas, pode talvez ser encontrado na Inglaterra, mas certamente não no Egito.

O xeque Abu Shrump, o único que eu conhecia daquela assembleia, estava entre eles. Recebeu-me cordialmente e apresentou-me ao chefe da aldeia de Karnak, a outro xeque — ambos se tocaram na fronte e no peito num gesto cordial de reconhecimento — e depois ao chefe da aldeia e distrito vizinho, chamado xeque Mekki Gahba, na parte externa de sua casa havia sido erguida a galeria. Insistiu, de imediato, para que eu tomasse o inevitável café, oferta que felizmente pude trocar por chá sem leite.

Tomei meu lugar numa das almofadas dispostas na plataforma ao lado do meu amigo, o xeque Abu Shrump, que morava na aldeia de Kurna, do outro lado do Nilo, e era o homem santo mais famoso e respeitado da região de Luxor num raio de trinta quilômetros.

Era um devoto seguidor do Profeta — apesar da reputação de dominar os gênios e fazer poderosos talismãs — e se vangloriava de ter feito a peregrinação a Meca. Usava um simples turbante verde na cabeça. O bigode denso, as suíças e o cavanhaque aparado já estavam brancos. O rosto de pele escura era cordial, mas grave; simpático, mas digno. Tinha olhos notadamente grandes que, em repouso, davam a impressão de profundidade. Uma longa túnica ampla, de tecido grosso marrom, alcançava seus tornozelos. No quarto dedo da mão direita, usava um grande anel de prata, cuja superfície trazia uma inscrição em árabe.

O *omdeh* (alcaide) de Luxor havia me feito um convite para participar desse encontro e insistiu para que o aceitasse. Havíamos nos encontrado na rua, numa tarde abafada, e ele me saudou em árabe: "Que seu dia seja feliz", quando o xeque Abu Shrump desceu de seu jumento maravilho-

FIGURA 15.3. Xeque Abu Shrump, sentado (no centro) entre os anciãos do distrito na praça de Naga Tahtani. Fotografia do autor.

FIGURA 15.4. Parte da aldeia de Kurna (por volta de 1935), onde o xeque Abu Shrump morava. Fotografia do autor.

samente adornado para fazer uma visita prometida e tomar chá comigo. Alguns dias depois, o alcaide foi me chamar, trazendo um convite conjunto, dele e do xeque, para participar da reunião da meia-noite dos dervixes do distrito de Karnak-Luxor.

Consegui chegar a essa curiosa reunião, sendo o único europeu entre eles, e tentei esquecer o aspecto característico de meus trajes londrinos.

Explicou-me que aquela reunião era a primeira a ser realizada em muitos anos na região, enquanto o xeque Abu Shrump destacou que as assembleias dos dervixes eram marcadas de acordo com certas fases da lua; sempre acontecendo numa noite de lua nova ou cheia, pois eram consideradas especialmente sagradas.

"Não será uma assembleia de ruidosa gritaria", acrescentou o xeque. "Somos todos pessoas tranquilas que se reúnem por amor a Alá."

Olhei ao redor. Um mastro alto havia sido instalado no centro daquele espaço aberto, e no topo esvoaçava uma flâmula rosada com letras árabes bordadas em dourado. Aldeões e beduínos sentados se agrupavam, formando um círculo perfeito de fileiras ao redor do mastro. No campo ao lado, eu havia passado por diversos animais amarrados, que pertenciam aos mais ricos daqueles homens, alguns dos quais haviam cavalgado, segundo me disseram, de aldeias a mais de trinta quilômetros de distância. Ninguém poderia estar presente, exceto os que foram convidados.

Era encantadora a cena apresentada sob o céu azul africano pontilhado de estrelas. Mais de duzentas cabeças com turbantes brancos formavam um círculo no chão abaixo de mim, mexendo-se para cima e para baixo. Alguns eram anciãos de cabelos brancos; outros, ainda meninos. Palmeiras frondosas, cujas folhas roçavam umas nas outras ao sabor da brisa noturna e cujas sombras negras eram projetadas no pátio, margeavam os dois lados do espaço aberto, enquanto nos outros lados da praça havia algumas construções. Massas de trepadeiras tropicais cercavam as casas. Mais além na escuridão, os campos, as colinas, o Nilo e o deserto. A luz da lua e das estrelas era auxiliada por uma única lâmpada potente, suspensa na galeria acima de nossas cabeças.

Com a chegada da meia-noite, um dos dervixes levantou-se e entoou um verso do sagrado Alcorão, em voz clara e melodiosa. Assim que reci-

FIGURA 15.5. Xeque Ahmad Sirry, chefe dervixe do distrito de Karnak-Luxor. Fotografia do autor.

tou a última palavra, duzentas gargantas lhe responderam em coro o cântico prolongado "Não há outro Deus senão Alá".

Um menino, que não parecia ter mais do que seis anos, embora isso significasse uma maturidade muito maior no Oriente do que na Europa, avançou até o centro da multidão, posicionando-se ao lado do mastro e de memória entoou outro verso do Alcorão, com a força plena de sua voz prateada. Em seguida, veio um ancião de barba caminhando lentamente entre cada fileira dos que se assentavam ali, carregando um turíbulo de bronze contendo carvão em brasa e um punhado de incenso. As nuvens de fumaça perfumada subiam pelo pátio até a galeria.

Então três homens ficaram frente a frente em torno do mastro e entoaram um longo cântico religioso, que durou algo entre quinze a vinte minutos. Era possível sentir, no tom solene de suas vozes, o intenso fervor devoto de seus corações. Então foram ao chão e um quarto homem se levantou para continuar o cântico. Este escolheu um canto favorito dos dervixes, que lhe saiu dos lábios com paixão quase melancólica. Seus versos poéticos em árabe expressavam aquele anseio ardoroso por Alá que o verdadeiro dervixe deve sentir. Ao terminar, suas palavras haviam se tornado súplicas dolorosas arrancadas do coração, clamores pela presença consciente de Alá, seu Criador.

Cantou:

É-me distante minha união,
Onde está do meu amado o olhar?
Ai! Que a tua distância me leva
Ao pranto e me faz suspirar.

Eis-me em noites tristes alquebrado,
A ausência extingue a esperança,
Caem-me as lágrimas, feito pérolas,
E o meu peito ao fogo se lança.
Quem mais se vê em condição igual?
Remédio, que eu saiba, não há.
Ai! Que a tua distância leva-me
Ao pranto e me faz suspirar.

Ó, primeiro, único, Eterno,
Demonstra-me o teu favor.
Pois teu servo, Ahmad El-Bakree,
Tem somente a ti por Senhor.
Pela grandeza do Profeta
Não vás seu desejo negar.
Ai! Que a tua distância leva-me
Ao pranto e me faz suspirar.

Quando se sentou, notei que a maioria dos presentes estava visivelmente comovida pelo ardente anseio que era tema de seu canto, mas o grave xeque ao meu lado permanecia imperturbável e impassível.

E então toda a assembleia se levantou, e os primeiros três cantores, junto com o menino, começaram a se mover lentamente dentro do círculo fechado. A cada passo lento, mexiam a cabeça em sincronia, ora para baixo, ora para a direita e ora para a esquerda, repetindo prolongadamente "A... lá... á... á..." tantas vezes que perdi a conta. Dessa única palavra, arrancavam uma melodia tão doce e melancólica. Os corpos balançavam de um lado para outro num ritmo monótono e preciso. Os duzentos homens permaneceram perfeitamente inertes, assistindo e ouvindo durante meia hora enquanto os dervixes circulavam entre eles num perfeito ritmo imperturbável. Quando finalmente os cantores descansaram, a paciente plateia sentou-se na areia mais uma vez. Não havia dúvida de que estavam aproveitando o espetáculo.

Seguiu-se então um intervalo, em que pequenos cafés foram servidos a todos os presentes, para mim, com grande deferência, o alcaide mandou preparar "karkade", uma bebida quente e aromática, feita das flores de uma planta típica do Sudão. É uma infusão como a do chá, mas com um sabor acre mais pronunciado.

O xeque Abu Shrump não tentou me explicar a função daquela cerimônia noturna. Apenas nos olhamos de vez em quando, e ele sabia que podia contar com a minha simpatia, pois compreendia sua felicidade diante daquela invocação noturna da presença de Alá. Ocorreu-me o pensamento de que na Europa ou na América, nos espaços de lazer das grandes cidades, milhares de outras pessoas ouviam canções, música, *jazz*. Mas eram cantos desprovidos de Deus; estavam se divertindo, é verdade, tirando algum proveito da vida, porém...?

Compartilhei meu pensamento com o xeque, como resposta ele simplesmente citou um versículo do Alcorão:

Dentro de vós mesmos há sinais para os homens de fé firme;
não os observastes? Dentro de vós mesmos penseis em Deus com
humildade, reverência e silêncio, no entardecer e no amanhecer;
e não sejais desatentos. Apenas àqueles capazes de prestar atenção,
Ele responderá.

Aqui sentados, imersos naquela luz amarelada, envoltos pela escuridão, tentamos voltar nosso coração para a adoração ao Poder Supremo. Nomeamos o inominável, Alá; mas quem, ao se fundir em terna adoração, poderia circunscrevê-Lo honestamente com qualquer nome que seja?

Olhei para o alto em silêncio. Os cintilantes planetas, suspensos no espaço daquele céu límpido, atraíam o olhar. Cada um possuía a sutil e intangível beleza de um grande poema, cada um evocava em mim a perturbadora lembrança de não ser nada além de um efêmero passageiro na superfície deste planeta, tão envolto em mistérios quanto a noite.

Olhei para baixo novamente. A ânsia por Deus estava estampada em cada um daqueles rostos sinceros diante de mim.

Mais uma vez os dervixes começaram seu cântico lento: "Não há outro Deus senão Alá!", curvando a cabeça e o corpo duas vezes a cada repetição da frase. Cantaram com voz suave no início até que, depois de um quarto de hora, aceleraram o ritmo do canto e dos movimentos, intensificando o tom da voz. Aquilo que havia sido uma canção contida se tornou no final uma progressão de exclamações agudas e impetuosas. À medida que o tempo passava, a excitação aumentava, e suas palavras pareciam exclamações roucas, pronunciadas na mesma frequência com que giravam a cabeça, cruzando as mãos sobre o peito e balançando o corpo. Porém, em nenhum momento e de modo nenhum mereciam o título de "dervixes uivantes". O espasmo do extático fervor que alcançaram de modo algum foi ofensivo, e cessou de repente após aumentar e acelerar rumo ao seu *crescendo* arrebatador.

Houve um silêncio absoluto e divino, mais impressionante ainda em contraste com o volume de som ouvido antes. Em seguida, fez-se mais um intervalo.

Café e chá foram servidos de novo, e o restante da noite prosseguiu num ritmo mais suave. Os dervixes cantavam em voz baixa, às vezes acompanhados pela plateia, cujas duzentas gargantas repetiam o nome de Alá em certos momentos, enviando uma oferenda melodiosa e pulsante de cantigas aos céus.

Quando finalmente os primeiros raios da alvorada libertadora irromperam, os dervixes ficaram em silêncio. Antes da reunião ser encerrada, sob a luz rósea da aurora que se estendia em finas flâmulas no céu, houve uma meditação final – "Sobre Alá e em Alá", como a chamavam – da qual toda a assembleia fez parte.

Alguns dias depois, o xeque Abu Shrump veio para tomarmos chá. Trouxe-me um pequeno pedaço de papel quadrado dobrado várias

FIGURA 15.6. O talismã criado na reunião dos dervixes, dado ao autor pelo xeque Abu Shrump. Do acervo do autor.

vezes até formar um pequeno pacote. Disse-me que era um talismã no qual foram inscritos versículos do Alcorão e alguns símbolos e encantamentos mágicos. Além disso, contou-me que o papel havia sido preparado na reunião dos dervixes daquela noite, junto com mais folhas, quando foram impregnadas pela influência magnética das forças superiores então evocadas. O meu nome estava escrito nele em árabe. O "papel mágico", como o velho xeque o chamava, deveria ser levado no bolso em qualquer ocasião em que desejasse que alguma empreitada em particular fosse bem-sucedida ou em qualquer lugar onde forças hostis fossem temidas.

Avisou-me, porém, com franqueza e certa ingenuidade, que o talismã não deveria ser usado durante as relações íntimas com uma mulher, pois então seria temporariamente privado de parte de seu poder.

Embora não tivesse solicitado esse curioso presente, aceitei-o naturalmente, esperando o melhor.

Abu Shrump vivia na aldeia de Kurna, a mais próxima do ermo e desolado Vale das Tumbas dos Reis, e como era o personagem mais distinto da região, havia recebido várias visitas do Sr. Howard Carter, ao longo dos muitos anos que passou escavando as redondezas, e os dois se tornaram grandes amigos.

Para ilustrar a eficácia do outro poder de seu "papel mágico", o xeque me disse que as tumbas escavadas muitas vezes eram refúgio de assustadores gênios de índole perversa, selados ali durante eras, e que ele, Abu Shrump, havia deliberadamente estendido seu poder protetor para abranger também o amigo, Howard Carter, a fim de o defender dos gênios hostis. O fato de um longo rastro de mortes e desastres recair sobre os outros membros da expedição arqueológica ligada à abertura da tumba do rei Tutancâmon, mas nada acontecer a Carter, foi algo que me impressionou.

Entre as outras atividades do xeque Abu Shrump, constava a prática da cura. Certo dia pude assistir a uma demonstração. Chegou um homem até ele com dores reumáticas na coxa esquerda. O xeque gentilmente massageou o local por um minuto, recitou uma prece do Alcorão por mais um ou dois minutos, e então disse ao seu paciente que a dor logo passaria. Dei-me ao trabalho de acompanhar a história desse caso e descobri que houve certamente uma diminuição na dor, embora fosse difícil garantir se era um alívio permanente ou temporário.

O xeque disse-me que havia aprendido esses segredos do dervixe — tais como eram — com seu avô e que essa arte remontava, pela tradição, aos tempos do próprio Maomé. "Bendito seja seu nome!", acrescentou o ancião com reverência.

16

COM O ENCANTADOR DE SERPENTES MAIS FAMOSO DO EGITO

"Ex Oriente Lux!" (A luz vem do Oriente!), diz o velho adágio. As veementes pesquisas de talentosos estudiosos e as fascinantes descobertas de curiosos viajantes combinaram-se para dar amplo testemunho à veracidade dessa expressão. Nós, ocidentais, nos orgulhamos de nossas conquistas em "modernizar" o mundo, mas às vezes ficamos perturbados ao saber das proezas realizadas por um faquir seminu, as quais somos incapazes de fazer ou compreender. É algo que ocorre com suficiente frequência para nos lembrar de que há antigos segredos e uma sabedoria ancestral nas terras que estão a leste e a oeste de Suez, e que os habitantes dessas fascinantes terras não são pagãos tão estúpidos e ignorantes como alguns pensam.

Sou levado a essa reflexão ao lembrar minhas aventuras com o xeque Moussa, o homem que no império das serpentes governava como um rei. Conheci muitos encantadores de serpentes em diferentes partes do Oriente, como qualquer um hoje pode ir e conhecer, mas fui iniciado por certos membros de sua fraternidade na arte dos truques astutos e decepcionantes segredos em que consiste seu oficio, e logo perdi o respeito por todos eles, exceto alguns. Saber que conseguiam seus efeitos com répteis inofensivos e sem presas, privava-nos do prazer de compartilhar a admiração da plateia boquiaberta, seja de nativos ou de europeus.

Mas o xeque Moussa não pertencia a esse grupo. Orgulhava-se de ser um verdadeiro mago — no sentido original dessa palavra, mal utilizada hoje — e de enfrentar, em nome do Profeta, toda estirpe de serpentes pelo uso direto do antigo poder mágico — e sem deixar de justificar seu orgulho.

Que ocidental é capaz de ir ao deserto vasculhar entre as pedras e a areia em busca de uma cobra e então agarrá-la com as mãos como se fosse uma bengala? Que ocidental permitiria ser mordido por uma serpente recém-capturada e observar, sorridente, o sangue escorrer pelo braço ferido? Que ocidental é capaz de entrar numa casa e localizar infalivelmente qualquer réptil, até então indetectável, escondido em algum buraco, canto ou mobília?

Observei o xeque fazer todas essas coisas e muito mais, exercendo assim um domínio sutil sobre a mais astuta das criaturas. Com todo o nosso avanço científico, não somos capazes nem ousamos fazer o que esse oriental fazia com despreocupada impunidade.

Na Índia, vi um encantador que chegou a uma aldeia carregando dois pequenos sacos nos ombros. Mostrou aos aldeões que um continha ratos e o outro, serpentes venenosas. Pondo a mão dentro deste último, tirou um par de serpentes e deixou que o mordessem no braço e no pescoço várias vezes. Então, tirou um rato e o colocou no chão. Atordoado por um momento, o animal olhou ao redor e, nesse instante, as serpentes o atacaram com uma mordida na cabeça. Um minuto depois, o desafortunado rato estava morto, envenenado pelas presas peçonhentas das serpentes.

O nome do xeque era a forma árabe de Moisés, sendo uma curiosa coincidência ele ter o nome do grande patriarca que surpreendeu o faraó e sua corte ao capturar uma serpente e transformá-la num cajado — se a história do Livro do Êxodo puder ser tomada literalmente.

Moussa morava na pequena aldeia de Luxor, onde o encontrei com a mesma facilidade com a qual ele encontrava cobras e víboras. O xeque não era apenas o mais conhecido encantador de serpentes de toda a região, mas, por Luxor ser a estância favorita dos turistas, pode-se dizer que é o mais conhecido do mundo, pois os turistas voltam para casa e espalham sua fama a distantes partes da terra.

COM O ENCANTADOR DE SERPENTES MAIS FAMOSO DO EGITO   305

FIGURA 16.1. O autor segurando duas cobras recém-capturadas, sob a tutela atenta do xeque Moussa. Do acervo do autor.

Moussa não era aquele tipo de encantador de serpentes que reunia uma pequena multidão ao seu redor numa rua poeirenta e então colocava uma cobra sem presas para dançar ao som de uma flauta. Por isso, centenas de turistas visitaram Luxor sem saber de sua existência, mas vários dos antigos *habitués*, que vinham toda temporada e passavam a conhecer o lugar e seus habitantes, cedo ou tarde o encontravam.

A profissão de Moussa era na realidade, para os nativos, a de caçador não oficial de serpentes, assim como em algumas cidades da Europa ainda hoje é possível encontrar a ocupação oficial de caçador de ratos. Sempre que se suspeitava da presença de uma serpente em qualquer domicílio em Luxor, ou sempre que uma delas fosse avistada fazendo uma aparição fugaz num cômodo ou jardim, o morador assustado corria imediatamente para buscar o xeque Moussa, que, por sua vez, detectaria sem erro o esconderijo do réptil — fosse numa fissura na parede, entre as vigas do teto ou num buraco no jardim —, dando ordens à criatura para que aparecesse. Via de regra, obedecia, mas, caso recusasse, Moussa enfiava a mão no refúgio suspeito e arrancava o réptil detido pela garganta. Depois disso, colocava-o em seu cesto redondo e o levava embora. Se um fazendeiro encontrasse serpentes com muita frequência no pasto de seu gado, mandava chamar Moussa, que o livrava do perigo. De modo semelhante, antes que os poucos hotéis, ao chegar os meses de novembro ou dezembro, abrissem de novo as portas fechadas aos turistas, seus gerentes mandavam vir Moussa para uma completa inspeção de suas instalações, o que, por vezes, se tornava uma excitante caça às serpentes, pois elas gostam de entrar e fazer ninhos em prédios vazios. Quando Moussa deixava o hotel, garantia por juramento que nenhuma única cobra foi deixada para trás — tão eficaz era o seu trabalho.

Quando ficamos um diante do outro pela primeira vez — o xeque Moussa el Hawi e eu —, uma multidão de quarenta e poucas pessoas havia se reunido do lado de fora, enquanto ele tomava o chá com frutas que lhe ofereci. Haviam o observado caminhando devagar pela rua, com seu cesto redondo e sua vara, os apetrechos de sua profissão, e adivinharam corretamente que estava prestes a embarcar em algum serviço. Conforme as temperaturas espantosas do alto verão caíam sobre a cidade, a multidão de ociosos e desocupados, que não queria ou não podia fazer nada, sentiu o cheiro de algo interessante prestes a acontecer, um intervalo em seu estado monótono e semiletárgico, e começou a segui-lo pelo caminho empoeirado que levava ao meu domicílio. Ficaram esperando pacientemente do lado de fora, até que seu conhecido animador ressurgisse.

Enquanto Moussa estava sentado numa cadeira de vime, que rangia com seus movimentos, observei-o. Sua estatura era baixa e ele usava um turbante achatado constituído de várias dobras de linho branco.

FIGURA 16.2. Xeque Moussa na frente de um hotel local. Fotografia do autor.

Uma parte da camisa branca em forma de triângulo aparecia em seu peito, com o vértice apontando para baixo, sob a túnica longa, pesada, marrom-escura, feita de pelo de cabra, de textura grossa, do tipo que os beduínos árabes vestem sobre suas túnicas brancas esvoaçantes.

Não tinha mais do que 48 anos, julguei, embora o rosto e a testa estivessem um tanto vincados. A barba eriçada de uma semana por fazer despontava no queixo, o irregular bigode não aparado e o nariz bulboso foram o que notei primeiro; mas os olhos dotados de pálpebras pesadas e ligeiramente úmidos não me causaram maiores impressões. A expressão da boca era agradável e de bom temperamento. Tratava-se, obviamente, de um homem simples, sem erudição, de gostos simples, por mais experiente que fosse em sua peculiar profissão.

Dois grandes anéis de prata lhe adornavam a mão direita; e outros dois, a esquerda. Soube, a partir das inscrições gravadas, que três deles eram usados por acreditar serem portadores de algum misterioso poder protetor. Enquanto o quarto anel era um simples sinete com seu nome gravado, expressando sua confiança em Alá. Eu sabia que, como Maomé reprovava o ouro, seus devotos seguidores preferiam anéis de prata mesmo quando podiam comprar os de ouro.

Terminando o chá, partimos para o trabalho. Moussa se ofereceu para capturar serpentes em qualquer lugar de minha escolha, para que não pudesse acusá-lo de tê-las escondido previamente num lugar já preparado. Além disso, não se incomodava que o levasse a qualquer lugar para caçar.

Escolhi um grande jardim que pertencia a uma velha casa caindo aos pedaços, desabitada havia um bom tempo em consequência da disputa entre parentes sobre quem seria o legítimo herdeiro da propriedade outrora desejável. Desde a morte do dono, permaneceu sem inquilinos, enquanto os vários requerentes pagavam advogados e participavam de audiências num esforço para obter o que provavelmente não tinham direito. Enquanto isso, os ladrões haviam roubado toda a mobília, o telhado e o assoalho foram arrancados, as paredes rachadas e em ruína provavelmente estão prestes a desabar e, quando a disputa judicial terminasse, talvez não houvesse mais casa para ocupar. Em todo caso, o espaço há muito tempo teria se transformado num abrigo gratuito, embora não mobiliado, para serpentes, escorpiões, ratos e outras criaturas menos litigiosas que os seres humanos. O jardim se estendia até o rio Nilo e parecia tão descuidado quanto um matagal; estava em condição de ruína suficiente para atrair todas as cobras de Luxor. Moussa parecia bastante satisfeito com a minha escolha, assim marchamos até o cenário de suas próximas proezas. Uma multidão de quarenta e poucos parasitas maltrapilhos ficou tão animada com a ideia que, enquanto marchava, apesar do calor desgastante, bradava uma ou duas vezes em árabe o equivalente a "Viva o xeque Moussa!"

∧∧∧

Quando chegamos ao jardim, Moussa insistiu em esclarecer qualquer dúvida que houvesse em minha mente — embora eu não tivesse

FIGURA 16.3. O xeque Moussa segura um escorpião com as mãos desprotegidas. Fotografia do autor.

nenhuma, pois acreditava em sua honestidade –, e despindo-se de sua túnica marrom e da branca, ficou apenas de camisa e meias! O motivo dessa exibição inesperada era provar que não escondia serpentes na túnica ou, talvez, enroladas nas pernas! Assegurei-lhe de que a prova já era suficiente, e ele se vestiu novamente.

Moussa caminhou bem devagar pela área do jardim coberta de entulhos, carregando na mão direita uma vara firme de palmeira, de quase um metro de comprimento. Parou de repente e, então, golpeou de leve as pedras. Ao mesmo tempo, fez um som gutural com a língua e, com a voz aguda, começou a recitar ininterruptamente certas frases do Alcorão, alternando encantamentos mágicos e invocações para que algum escorpião surgisse.

"Há um escorpião embaixo dessa pedra", disse, apontando para um pedregulho. "Sinto o cheiro!"

Nenhum escorpião surgiu, então Moussa recomeçou suas invocações e encantamentos, dessa vez com a voz mais firme, em tom enfático de comando. O esforço foi bem-sucedido, pois um grande escorpião cedeu às suas exortações e, de imediato, saiu rastejando de debaixo da pedra e então parou. Moussa se abaixou e o apanhou com os dedos desprotegidos. Trouxe-o até mim e o ergueu no ar, para que eu pudesse examiná-lo com cuidado. Era uma pequena criatura amarelo-esverdeada, de aproximadamente sete centímetros de comprimento. O ferrão — aquela arma perigosa, porém minúscula, presa na extremidade da cauda — estava em perfeito estado, intacto. Naquela minúscula vesícula amarela presa ao ferrão havia veneno suficiente, talvez, para causar uma morte dolorosa a qualquer um. Embora o terrível ferrão estivesse ameaçadoramente erguido no ar, o escorpião nem uma só vez o cravou na pele de Moussa.

"Satisfeito?", perguntou o encantador. "Está vendo como é grande, mas não me pica. Nenhum escorpião pode me picar, pois os proíbo!"

Colocou-o no dorso da mão esquerda.

O venenoso animal moveu instintivamente o ferrão várias vezes para atacá-lo, mas parava sempre que a ponta chegava a meio centímetro da pele do capturador.

Depois, para mais uma demonstração de seu poder sobre o escorpião, Moussa o colocou no chão. O escorpião correu para as pedras e entulhos, como se estivesse prestes a fugir, quando então o xeque de repente ordenou que parasse. E o animal parou!

Moussa o apanhou novamente e o levou para o cesto de vime. Era um grande receptáculo, com formato estranho, lembrando um gigantesco tinteiro. Levantou a tampa bem ajustada, colocou o escorpião lá dentro e fechou o cesto.

Saímos em busca de uma presa maior. Moussa me garantiu que seria capaz de detectar o paradeiro de uma serpente apenas pelo olfato, uma explicação que não me pareceu muito convincente. Contudo, parou novamente numa parte do jardim perto do Nilo, emitiu um breve comando e bateu com a vara de palmeira nas raízes de uma árvore. Então começou, no mesmo tom agudo e monótono, uma série sonora

COM O ENCANTADOR DE SERPENTES MAIS FAMOSO DO EGITO 311

FIGURAS 16.4, 16.5 e 16.6. Moussa à procura da serpente; primeiro golpeando o chão com a vara... depois ordenando que a serpente saísse... por fim, enfiando a mão na toca, trazendo-a para fora. Fotografias do autor.

de frases recorrentes chamando a serpente para sair do buraco, invocando-a em nome de Alá, seu Profeta, e do rei Salomão, a não resistir à sua vontade. Sua conduta era muito intensa e concentrada. De vez em quando tornava a bater nas raízes da árvore.

Dois minutos se passaram assim, sem nenhuma serpente aparecer. Moussa parecia estar um pouco irritado e exaltado pela desobediência ao comando. O suor descia pelo rosto em grandes gotas, e os lábios tremiam. Golpeando a árvore com a vara, "Pela vida do Profeta! Juro que ela está ali", disse. Sussurrando a si mesmo, abaixou-se rente ao chão por um momento e gritou: "Afastem-se todos! Uma cobra grande está vindo!"

A multidão de espectadores se dispersou num segundo, mantendo uma distância segura, enquanto recuei um ou dois metros, observando atentamente cada movimento do xeque. Moussa dobrou a manga direita da túnica marrom, olhou com cuidado para o chão sobre o qual se curvava e, proferindo fórmulas mágicas com força redobrada, bravamente enfiou a mão nas profundezas do buraco estreito entre as raízes. Do lugar onde estava, não dava para ver a serpente, mas era evidente que havia recuado para dentro do refúgio. Diante disso, com um ar profundamente irritado no rosto, Moussa retirou o braço, dobrou ainda mais a manga e mais uma vez mergulhou o braço na escuridão do buraco, dessa vez quase até o ombro. Num instante, sua mão estava estendida novamente com uma serpente que se contorcia, lutando firmemente em seu punho. O encantador retirou-a à força, como se fosse apenas um pedaço inofensivo de corda, em vez de um vivo e rastejante portador da morte.

Arremessou-a no chão, deixou que se enrolasse por um momento e, imediatamente, a apanhou pela cauda. A serpente se contorceu de um lado para outro, demonstrando surpreendente agilidade, mas era incapaz de escapar. Em seguida, o encantador a agarrou por atrás da garganta e a ergueu novamente, convidando-me a chegar mais perto para examinar a vítima de sua arte. O corpo do réptil balançava para frente e para trás, sibilando alto e continuamente num acesso de fúria por ter sido pega. Sua língua bifurcada dispa-

FIGURA 16.7. Xeque Moussa segura tranquilamente uma serpente enfeitiçada na mão esquerda, enquanto expõe outra recém-capturada à multidão de aldeões. Fotografia do autor.

FIGURA 16.8. A uma distância segura, o xeque mostra uma serpente às crianças da aldeia. Fotografia do autor.

rava para fora e para dentro com a velocidade de um relâmpago, mas o punho de Moussa era ferrenho. Quando percebeu que não havia como escapar, a serpente enfurecida se acalmou um pouco, aparentemente esperando a hora de agir. Nesse instante, Moussa enunciou uma poderosa invocação, deixando-a escorregar da mão e deslizar de um lado para outro no chão, quando novamente tocou-lhe na cauda como medida preventiva.

A serpente tinha o padrão familiar de sua espécie, e sua pele verde e cinza-amarelada parecia bastante colorida.

Aproximei-me um ou dois passos e a estudei interessado. Mantinha aberto o capelo, as curiosas marcas que identificam sua espécie pareciam um par de óculos, e um odor levemente enjoativo emanava do corpo escamoso. A criatura tinha cerca de um metro e meio de comprimento e seis centímetros de espessura. Os pequenos olhos sinistros fitavam o xeque de forma fixa e malévola. Moussa entoou uma nova invocação, investindo todo seu poder de comando e determinação. Apontando o dedo indicador para a serpente, ordenou que colocasse a cabeça em sua mão, ao mesmo tempo proibindo-a de mordê-lo. A serpente sibilou, aparentemente resistindo a ele, e lançou a língua bifurcada para fora. Mas, devagar, extremamente devagar, o tempo todo encarando com seus olhos redondos o capturador, ela avançou e por fim cedeu ao que parecia inevitável.

A serpente parou de sibilar e suavemente colocou a cabeça na palma da mão estendida do encantador! Ali repousou, como uma criança repousaria a cabeça cansada no colo da mãe, quieta e tranquila.

Era certamente uma cena incomum e que nunca tinha visto antes. Assisti-a sem fôlego.

Quis testar a autenticidade da proeza daquele encantador e de suas serpentes, para provar se eram de fato venenosas. Apanhei uma grande colher e pedi que Moussa a inserisse na pequena boca vermelha da serpente, o que foi feito. Conforme as mandíbulas se fecharam sobre a colher, o veneno escorria continuamente pelas presas curvas, num fluido cor de âmbar. Rapidamente a colher de prata ficou preenchida de veneno, com consistência de glicerina e aparência de melaço; o que me surpreendeu quando atinei que uma ou duas gotas daquele veneno seriam suficientes para matar um homem.

Como último feito, o xeque Moussa segurou a serpente e, com um único movimento, lançou-a envolta do pescoço, como se fosse a estola de uma mulher. A cobra parecia plenamente domesticada, aceitando essa posição indigna sem aparentemente resistir.

O homem ergueu a tampa do cesto e segurou a cabeça da serpente acima da abertura. Com uma única palavra, ordenou que a criatura entrasse. Sem demora, a serpente deslizou para as profundezas do cesto, até que todo o seu corpo longo e liso desaparecesse. Então algo aconteceu — sem dúvida o encontro com o grande escorpião que já estava no fundo do cesto — pois a cobra de repente se contorceu tentando sair do cesto. Com uma palavra ríspida de Moussa, uma hesitação momentânea, e ela voltou para sua prisão circular. Seu capturador a tampou e fechou com força.

O que aconteceria dentro do cesto? Imaginei o escorpião virulento e a serpente letal engajados num combate mortífero e me perguntei quem seria vitorioso. Ou será que apenas descansariam, lado a lado, em paz?

Moussa virou o rosto cansado, mas triunfante, na minha direção. Sua demonstração havia terminado.

Estávamos agora cercados por um enorme grupo de espectadores que havia gradualmente se aproximado cada vez mais à medida que o perigo diminuía e a coragem aumentava. O público original de quarenta pessoas agora havia dobrado de número, pois as notícias viajam com uma rapidez no Oriente que desafia a compreensão. Em comum acordo, a multidão — de todas as classes, dos mendigos aos senhores, meninos e meninas, de pé ou apoiados, em posições variadas — ofereceu uma tremenda ovação para o vitorioso encantador de serpentes.

"Louvado seja o xeque Moussa!", bradou três vezes o excêntrico coro.

∧∧∧

Dois dias depois, ao voltar de uma breve viagem, subindo o Nilo, para visitar uma anciã eremita e faquir, que vivia isolada em sua cabana numa ilha, encontrei o xeque sentado de pernas cruzadas na varanda, aguardando pacientemente a minha chegada. Cumprimentou-me com um sorriso, enquanto eu tirava o chapéu e o convidava para entrar e tomar um chá; convite que agradeceu, mas recusou, dizendo que entraria apenas para uma breve conversa.

Uma hora depois, como resultado dessa conversa, o encantador de serpentes me aceitou como pupilo. "O senhor é o meu primeiro discípulo europeu – e o segundo discípulo que já tive."

Compreendi claramente a alusão. Seu primeiro pupilo foi o filho mais novo, a quem treinou durante vários meses para o suceder na profissão depois de sua morte. Um dia, após o menino aprender a tradição secreta, Moussa o enviou ao deserto sozinho – pela primeira vez não acompanhou o filho –, dizendo: "Seu aprendizado está concluído. Vá e capture sozinho sua primeira serpente".

O menino nunca retornou; quando o pai foi buscá-lo, encontrou-o morto.

O corpo jazia recurvado, as expressões e a postura revelavam os estertores violentos que acompanham uma mordida fatal de cobra.

A explicação do pai era que um encantador de serpentes nasce e não se faz, ou seja, é crucial ter tendência inata para o trabalho. O menino não tinha vocação, mas o pai o havia escolhido por uma questão de conveniência. No entanto, disse ter três outros filhos e que, quando chegasse a idade e não pudesse mais continuar, ou pressentisse a chegada da morte, então iniciaria um deles para tomar o seu lugar.

Moussa me fez compreender que eu não era um discípulo profissional, mas honorário, e precisei lhe prometer não realizar o encantamento de serpentes para ganhos financeiros. O motivo disso, ele não deixou muito claro, mas compreendi que sua própria iniciação foi obtida sob juramento de não revelar os segredos que lhe foram confiados, exceto a um membro de sua família escolhido e treinado para ser seu sucessor. Aparentemente, o propósito desse juramento era manter o conhecimento dentro da família,

COM O ENCANTADOR DE SERPENTES MAIS FAMOSO DO EGITO 317

colocando-a numa posição excepcional, vantajosa e influente. O encantador de serpentes me explicou que seu mestre foi, portanto, o próprio pai, o xeque Mahmed, que, por sua vez, havia sido treinado pelo avô de Moussa.

Do mencionado avô, Moussa me contou outra anedota para ilustrar a importância de exercitar o autocontrole ao se lidar com serpentes. Ao término de uma temporada de verão, o avô havia sido contratado para remover todas as cobras de um grande edifício, tendo sucesso em capturar todos os répteis do lugar — exceto um. Era um pequeno, mas terrível espécime de víbora. A serpente havia feito seu ninho num buraco da cozinha, de onde se recusava obstinadamente a sair. Repetidas vezes, o encantador a chamou, sem reposta. Por fim, perdeu a calma e, em vez de proferir outra invocação mais adequada à sua necessidade, gritou: "Se não consigo tirá-la daí por encantamento, então tiro à força!" Assim, o avô de Moussa enfiou a mão no buraco e tentou apanhar a víbora. Conseguiu arrastá-la para fora, mas levou uma mordida no polegar. Quando as presas pontiagudas foram-lhe cravadas na pele, injetaram seu veneno mortífero na carne. Ao se espalhar pela mão e pelo braço, este inchou até se tornar escuro. Dentro de poucas horas, o infeliz homem morreu. Após uma vida toda imune no exercício da vocação, havia sido repentinamente privado de sua imunidade. Esse era um risco do ofício, disse o xeque, mas tudo é de acordo com a vontade de Alá.

Evidentemente, que o encantamento de serpentes no Egito estava longe de ser uma vocação que atraísse muitos recrutas, pois tinha ouvido falar de outras fatalidades. Na Índia, no entanto, havia poucas histórias de encantadores mortos no exercício da profissão. No entanto, entre a população dos indianos não iniciados, só no último ano, nada menos que vinte e seis mil foram vítimas de mordidas fatais de serpentes peçonhentas — a maioria sendo najas.

Moussa propôs transmitir-me um conhecimento que afastaria a mordida até mesmo da serpente mais venenosa. Expondo o braço direito até o cotovelo, mostrou-me um bracelete de corda com sete pequenos talismãs de couro, cada um dos quais tinha a forma de um quadrado de cerca de três centímetros. Era espalhafatosa a combinação de suas várias cores, efeito ampliado pelo fio de lã colorido ao qual foram costuradas. Explicou-me que em cada um daqueles minúsculos amuletos havia um papel com certos versículos do Alcorão inscritos junto com alguns encantamentos mágicos.

"Sempre uso isso como proteção adicional contra serpentes perigosas", me informou. "Esses talismãs foram feitos segundo as doutrinas da magia. É necessário que o senhor tenha um também e, por isso, irei prepará-lo. Primeiro, vou trazer o papel com as inscrições para mostrar-lhe o seu poder."

Fiz-lhe algumas perguntas sobre suas proezas.

"O que acontece com as serpentes que o senhor captura, xeque Moussa?"

"Mantenho-as até morrerem. Sou proibido de matá-las, pois assim perderia meu poder sobre elas."

"Mas, nesse caso, o senhor deve ter em casa uma seção inteira de serpentes do jardim zoológico!", exclamei.

Xeque Moussa deu risada.

"Ah, não! Capturo três tipos de serpentes. As menores brigam com os escorpiões dentro dos cestos e acabam sendo mortas, no geral. Como são os escorpiões que as matam, a culpa não é minha!"

Era uma espécie de lógica extremamente ilusória, e me perguntei se isso não atrairia o anjo vingador do reino das serpentes.

Moussa explicou-me que não podia se dar ao trabalho e à responsabilidade de soltá-las novamente. Além do mais, uma vez que as soltasse, jamais retornariam. Porém houve casos em que as soltou no deserto.

"Dentro de três ou quatro dias, as serpentes perversas, com má índole, costumam se enfurecer contra si mesmas mordendo-se, e assim cometem suicídio. As serpentes boas e maiores deixo morrer de causas naturais, de fome. Então em nenhum desses casos, eu as mato."

"Com qual poder o senhor encanta as serpentes para que saiam de seus buracos? É uma espécie de hipnotismo?"

"Não exatamente. Pela honra do islã, só posso dizer que é um poder passado de mestre para discípulo pela iniciação. Apenas pronunciar as invocações não é o suficiente para dominar as serpentes. Os talismãs, as preces e os comandos são todos necessários e muito úteis, assim como as invocações secretas comunicadas ao discípulo apenas para uso mental, mas o principal poder de encantar as serpentes vem da força que é concedida ao pupilo pelo mestre. Assim como um novo clérigo da igreja cristã recebe a graça quando o bispo impõe as mãos sobre sua cabeça na cerimônia de ordenação, também o poder sobre as serpentes é repassado invisivelmente ao discípulo. É essa força que realmente o capacita a dominar serpentes."

Então o xeque me disse que era realmente um membro de certa ordem dervixe especializada na manipulação de serpentes venenosas, e que essa ordem era a única tribo de magos a usar poderes místicos para dominar as serpentes. Esses dervixes até cerca de um século atrás eram numerosos no Egito, mas agora estão quase desaparecidos no mundo moderno. O encantador de serpentes comum nunca era iniciado nessa ordem dervixe e, por consequência, dependia de truques como trabalhar com serpentes inofensivas, usar certas substâncias que protegiam a pele ou algum outro método inferior.

Moussa se dispôs a me transmitir certo grau desse poder místico, o suficiente para me imunizar contra a picada das serpentes mais mortíferas e dos escorpiões mais perigosos. Isso, combinado com as palavras certas invocadas, públicas e secretas, que transmitiria a mim junto com o prometido talismã escrito, constituiria a minha iniciação em sua ordem dervixe. Deveria eu, no entanto, seguir as detalhadas instruções dadas durante o treinamento, incluindo a de continuar a respeitar o nome de Alá e Seu Profeta, Maomé. Aceitei as condições.

Outra exigência extraordinária – mas bastante comum em todas as iniciações de iogues e faquires do Oriente – era que, durante os sete dias antes da transmissão desse poder, o discípulo precisaria se isolar e viver apenas com um pouco de pão e água. Deveria, também, dedicar essa semana a preces e meditação, desapegando-se de todas as preocupações e interesses mundanos naquele período.

O xeque afirmava que esse poder secreto, associado à invocação oculta, havia sido repassado tradicionalmente desde os tempos do rei Salomão, por quem Moussa parecia ter uma exagerada reverência. Quanto a isso, ele não era o único, pois descobri que a maioria dos faquires egípcios parecia enxergar Salomão como o primeiro e maior dos faquires, o mestre supremo da sabedoria oculta e o verdadeiro mago com poderes ilimitados.

∧∧∧

No devido tempo, completadas todas as preliminares, o xeque me revelou uma "Palavra de Poder" secreta em árabe que, segundo ele, tinha o poder de influenciar as serpentes se pronunciada mentalmente por qualquer pessoa bem treinada, e também me trouxe o talismã prometido. Era uma folha de papel preenchida com escritos em árabe, em sua maioria encantamentos mágicos e versículos do Alcorão. Além disso, trouxe ainda uma pequena bolsa de couro em que deveria guardar o papel por alguns dias após usá-lo; ele mesmo se prontificou para costurá-la. Era um belo objeto vermelho de couro de cordeiro, com um lado marcado com linhas diagonais cruzadas. Uma longa meada de linhas nas cores escarlate, verde e amarela atravessava uma das bordas da bolsa para fechá-la e mantê-la presa à roupa.

"Este talismã só será útil ao senhor, pois escrevi seu nome nele", observou Moussa, "e não terá qualquer valor para mais ninguém. Depois de costurá-lo, use-o sempre debaixo da camisa, rente à pele, e tome cuidado para não o perder. Se assim acontecer, jamais irá encontrá-lo. Carregue nele o papel dobrado em pequenos pedaços."

Sem qualquer alarido ou cerimônia, além de uma imposição de mãos e uma longa invocação cantada, a transmissão final do poder

FIGURA 16.9. O talismã dado ao autor pelo xeque Moussa. Fotografia do autor.

místico foi concluída. Dali em diante, estaria imune contra escorpiões e cobras, afirmou. O efeito da iniciação ainda estava por ser testado; embora Moussa admitisse que a imunidade duraria não mais do que dois anos, depois desse tempo eu deveria procurá-lo novamente, se desejasse obter a renovação do poder transmitido.

FIGURA 17.1. O autor observando uma naja. Do acervo do autor.

17

ME TORNO UM DERVIXE
ENCANTADOR DE SERPENTES

Houve uma espécie de prelúdio ao meu verdadeiro treinamento de encantador, memorizando as invocações de Rifa'i e depois praticando com várias espécies de serpentes totalmente inofensivas, mas que demonstravam grande disposição em me morder. A sensação de ser mordido era extremamente desagradável, como se um anzol rasgasse a pele. As feridas, porém, eram superficiais e sem qualquer vestígio de veneno. O passo seguinte era manejar serpentes venenosas, cujas presas haviam sido extraídas. Esses miseráveis répteis também gostavam de morder um mero iniciante como eu, até que chegou a hora em que meus encantamentos realmente pareciam funcionar. Desenvolvi tanta confiança que notei minha vontade prevalecendo sobre a das serpentes. Esses elementos, a fé corajosa, os pensamentos concentrados e a incessante força de vontade, logo descobri, tinham um importante papel em tornar submissas essas criaturas.

Continuei meu treinamento cruzando o Nilo e indo ao deserto com o xeque para procurar serpentes venenosas com todas as presas. Moussa capturou duas, uma grande naja de bela pele verde rajada de amarelo, e a outra um réptil menor e esguio, com a cabeça em formato de losango e o mesmo padrão geométrico ao longo das costas. Retornamos triunfantes a Luxor, com elas guardadas no cesto em segurança.

Fomos para uma área aberta do jardim. De repente, Moussa tirou a tampa e mergulhou a mão no cesto, exclamando:

"Agora começa a sua primeira lição. Segure esta serpente!"

A cobra estava estendida em minha direção, movendo a cabeça de um lado para outro.

Fiquei assustado com esse súbito comando. Nunca antes havia deliberadamente me aproximado de uma serpente dessas sem proteção, que dirá tentar segurá-la. Hesitei.

"Não tenha medo!", disse o xeque, confiante.

Num instante me dei conta de que essa experiência era um teste. As engrenagens do meu cérebro começaram a girar em alta velocidade. Mais uma vez hesitei — e quem não hesitaria em apanhar uma serpente mortífera, recém-capturada, capaz de causar a morte com as mais horríveis agonias? E então senti, como uma espécie de interação telepática entre o pensamento do mestre e o meu, que aceitar o medo da serpente nesse momento crucial poderia significar não passar no teste e, talvez, o fim do sonho de me tornar um encantador de serpentes. A situação exigia uma decisão instantânea, fosse de aceitação ou recusa; e óbvio, a primeira opção era o ideal se eu quisesse continuar a misteriosa interação com a tribo das serpentes.

"Tudo bem!", disse mentalmente. "Morrer agora ou depois — *malesh*! (Não importa!)". Estendi a mão e agarrei o corpo anelado da serpente. Em vez do toque frio e pegajoso que esperava, fui surpreendido ao descobrir que o contato não era de todo desagradável.

A serpente mexeu a cabeça para olhar seu novo capturador. Nosso olhar se cruzou. A víbora parou seu movimento e permaneceu em fixa vigília, tão inerte quanto uma vara.

De novo aquela sensação natural e inevitável de medo passou por mim, mas não durou mais do que um relâmpago. Num instante retornei à minha resolução de prosseguir até o final, a todo custo, resolução à qual me agarrei desde então com implacável determinação.

Moussa olhou para mim e sorriu com entusiasmo.

"Está vendo, agora o senhor se tornou o mestre dela", anunciou com orgulho.

Se a serpente havia aceitado completamente ou não a situação, era cedo demais para saber. A espécie das serpentes não ganhou a reputação

FIGURA 17.2. O autor diante da perspectiva de segurar uma recém-capturada – e mortífera – serpente. Do acervo do autor.

de astuta e traiçoeira à toa; não presumi que uma primeira vitória significasse ganhar a guerra. Como um novato, faltava-me a plena certeza interior que tanto admirava no caráter de um homem como meu mestre.

A serpente começou a se mover flexivelmente em minha mão. Girou para frente e para trás, ainda mantendo a cabeça perversa e os olhos malignos voltados para mim, apontando-me sua pequena língua bifurcada. O sibilo que emitia às vezes soava como a respiração pesada de uma pessoa.

Era uma criatura proscrita que desconhecia, nem poderia conhecer, o significado de misericórdia, impiedosamente em guerra com o mundo: que, como um ismaelita, compreendia plenamente viver numa classe à parte, o odiado inimigo de todo o restante do reino animal e de quase toda a raça humana também.

FIGURA 17.3. O autor segurando uma serpente viva pela metade do corpo sob o olhar atento de Moussa. Note-se, perto de seu ombro esquerdo, a cabeça desfocada da serpente. Do acervo do autor.

    A serpente aproximava cada vez mais de mim a pequena cabeça, e presumi que meu segundo teste estava próximo. Não sou um apaixonado pela vida e não duvido que a morte abra outra porta, entretanto preferiria esvair minha força vital em uma boa causa. Moussa tomou a serpente de mim e a colocou no chão. Embora não tivesse o menor desejo de lidar com ela, de continuar segurando aquela criatura esguia e contorcida, fiquei curiosamente fascinado por ela e satisfeito pela oportunidade de poder estudá-la tão de perto. Serpenteava à minha frente agora, a cabeça e a parte frontal do corpo graciosamente erguidas a cerca de quarenta e cinco centímetros de distância de mim e do chão, continuava a observar-me de perto.

FIGURA 17.4. Moussa segura uma naja para que o autor pudesse examinar os olhos e a boca dela. Do acervo do autor.

Retribui seu olhar, especulando sobre os poderes mortíferos daquela pequena boca. Todo o perigo da serpente está concentrado naquela abertura ameaçadora, assim como todo seu mistério parecia concentrar-se naqueles olhos fixos e sem pálpebras.

A mordida de uma naja egípcia injeta um veneno que logo paralisa os nervos, atrofiando ou destruindo o sistema nervoso. Inevitavelmente a isso se segue a falência cardíaca e a incapacidade de respirar.

Que arranjo a natureza fez para dar às serpentes tais poderes de vida e morte, questionei-me em silêncio. Pedi a Moussa que me deixasse examinar o interior da boca da naja. Num instante concordou e, segurando-a pelo pescoço, colocou uma vareta na fenda estreita da boca, revelando uma estrutura anatômica desconhecida para mim.

A cavidade bucal era de um vermelho vívido, contrastando com o verde e o amarelo opaco da pele. Fiquei impressionado com o mecanismo altamente eficiente de mordida revelado. Os dentes curvados que serviam como presas ficavam bem na frente do maxilar, um de cada lado, acolhidos no maxilar superior. Pelo movimento da boca ao tentar se desvencilhar da vareta, que lhe incomodava o palato, descobri que o par de dentes venenosos não era fixo, mas se articulava por meio de um músculo, de modo que os dentes podiam deslizar para frente, numa posição semiereta, e depois para trás. Não me lembro de nenhuma outra espécie animal com dentes móveis.

As presas ativas estavam recolhidas dentro de uma membrana e atrás delas havia outros dentes de reserva. Dos dois lados de cada presa havia uma pequena cavidade que secretava o veneno. A glândula que alimentava essa vesícula provavelmente funcionava com base no mesmo princípio das nossas glândulas salivares.

Outra característica da presa é o fato de ser oca. Seria possível traçar uma analogia com a agulha de uma seringa. A serpente crava as presas afiadas como agulhas direto na carne da vítima contraindo simultaneamente os músculos das cavidades venenosas adjacentes, fazendo o veneno correr pela presa e ser injetado na ferida; assim como a agulha penetra na carne injetando a droga contida na seringa.

O xeque me sugeriu prosseguir com a segunda experiência no domínio das serpentes, fazendo a criatura adormecer e, ao mesmo tempo, testando a eficácia do talismã feito para mim, o que era essencial ao sucesso do experimento.

Soltou-a e recuou para o lado. O réptil de imediato me encarou e fixou-me com aqueles olhos negros, reluzentes e obstinados. Primeiro testei sua atenção andando devagar ao seu redor até completar um círculo. Em perfeita sincronia, a naja movia o belo corpo desenhado e a cabeça paralelamente a cada passo meu. Nem por um instante aquele terrível par de olhos se desviou dos meus. Talvez minha movimentação a incomodasse, pois começou a se erguer um pouco mais, levantando a cabeça achatada, sibilando com força e raiva, disparando o fio negro da língua, e dilatando o capelo real. Sempre tive a impressão de que, quando uma naja expande o capelo, de modo a assumir uma curva elíptica tão perfeita quanto a de um guarda-chuva, é para aterrorizar a vítima. A sinistra marca em forma de óculos na frente do capelo armado acentuava esse efeito.

Sabia eu que, mesmo sem dar um bote para me morder colocando minha vida em risco, bastava lançar um pouco de veneno em meus olhos – algo feito instintivamente por algumas serpentes – para causar cegueira permanente.

FIGURA 17.5. A serpente sob o efeito mágico do talismã – o papel dobrado – colocado pelo autor na primeira volta do corpo da serpente. Fotografia do autor.

FIGURA 17.6. A mesma serpente da foto anterior agora completamente subjugada e inerte, com a cabeça sob as dobras do talismã mágico. Fotografia do autor.

Empenhei-me para fazer minha vontade prevalecer sobre a serpente. "Durma!", ordenei mentalmente. Em seguida, me aproximei alguns centímetros, com o talismã na mão direita, dando ainda o comando silencioso. O som sibilante cessou, o capelo se contraiu, os movimentos começaram a se tornar mais lânguidos, e a naja perdeu a realeza que até então havia ostentado. Dobrei o papel na forma de um telhado, e o coloquei sobre a cabeça da naja, que deitou quase imediatamente, por isso precisei reposicionar o talismã. Por fim, perdeu as forças e prostrou-se no chão, com o corpo sinuoso formando a letra S sobre a poeira.

Daquele momento em diante, permaneceu imóvel e rígida. Se de fato estava adormecida, em estado hipnótico ou vigilante, mas impotente, cedendo à "magia" do talismã, não procurei descobrir.

Assim terminou minha primeira tentativa de encantar serpentes.

$$\wedge\wedge\wedge$$

Em algumas outras ocasiões, Moussa e eu saímos em breves expedições para caçar membros da tribo das serpentes e trazê-los de volta vivos. Eu não conseguia detectar o paradeiro delas, mas Moussa as recolhia em diferentes pontos do deserto ou ao longo das margens menos frequentadas do Nilo, com espantosa celeridade. Alegava ser capaz de farejá-las, rastreando-as assim, um dom que nunca adquiri. Segundo Moussa um treinamento de pelo menos um ou dois anos era necessário para o desenvolvimento de um encantador de serpentes completo, provido de todas as qualificações profissionais.

Às vezes as serpentes sibilavam e até cuspiam em Moussa com raiva quando as chamava; mas, cedo ou tarde, sempre cediam e vinham deslizando mansamente para suas mãos. Numa ocasião, porém, houve um acidente.

Havíamos capturado uma víbora-de-chifres, que foi motivo de aborrecimento desde o começo. Quando enfim conseguimos convencê-la a entrar no cesto, aparentemente interpretou um movimento do xeque como ataque – algumas serpentes são criaturas surpreendentemente nervosas – e o atingiu em autodefesa. A pequena boca se fechou num átimo sobre o braço direito de Moussa, mordendo-o. Imediatamente o sangue escorreu pela pele. O fluxo do fluido vermelho aumentou, e rapidamente amarrei um lenço em torno da ferida para estancá-la, preparando-me para as ações posteriores aconselhadas por ele. Esperava que o xeque tivesse realizado sua última vontade e deixado o testamento pronto, e que algum parente cuidasse da esposa e dos filhos.

Mas Moussa apenas sorriu.

"Malesh!", murmurou. "Não tem importância. A víbora não pode me ferir. Foi apenas uma mordida com os dentes, não com as presas."

ME TORNO UM DERVIXE ENCANTADOR DE SERPENTES

Fiquei estarrecido.

"Nenhuma serpente tem permissão para me morder com as presas venenosas", acrescentou, "mas às vezes recebo o que é apenas uma mordida com os dentes comuns. Já aconteceu antes e não me incomoda."

Era verdade — o xeque era imune à mordida de répteis, por mais venenosa que fosse para os outros. E, para provar isso, Moussa obrigou a serpente a abrir a boca e então colocou os dedos bem embaixo das presas. A qualquer momento o réptil poderia, se desejasse, enterrar as presas em seus dedos e matá-lo; entretanto, não as moveu e, por fim, o xeque retirou a mão, intacta.

No dia seguinte não havia inflamação, e o braço ferido estava quase curado.

Com frequência, me contavam ter visto casos de serpentes cujas presas foram removidas. Embora a preocupação com a verdade seja louvável, ligar esses exemplos às nossas serpentes seria forçar a credulidade a limites intoleráveis.

Quanto à imunidade de dois anos que o xeque alegava ter me conferido, só posso dizer que desde então manejei najas mortíferas e víboras venenosas várias vezes e até mesmo as coloquei ao redor do pescoço, porém nunca me atacaram. Quase as adotei como animais de estimação, tamanho meu interesse por essas misteriosas criaturas. Moussa me alertou, no entanto, que os escorpiões de cor preta eram perversos e desobedientes, e que meu poder poderia falhar em dominá-los; além disso, sempre havia o pequeno risco de uma serpente com tal índole ser encontrada. Segundo o xeque, caso encontrasse uma serpente perigosa, poderia reconhecê-la primeiro proferindo a "Palavra de Poder" secreta antes de me aproximar dela. Se a serpente a ignorasse e não cessasse seus movimentos, deveria deixá-la em paz, pois poderia atacar e matar alguém, por ser totalmente perversa.

Algum tempo depois, tive a oportunidade inesperada de lidar com um escorpião, quando me despedi do xeque e prossegui minha viagem ao sul do Egito. Dediquei um bom tempo em pesquisar o magnífico templo antigo de Edfu e, como os degraus há muito tempo haviam desaparecido, decidi descer pelo buraco no chão de uma pequena câmara perto do santuário. Era preciso andar com cuidado nesses subterrâneos em ruínas, porque as serpentes gostavam especialmente deles. Quando chegava a época de trocar a pele, penetravam propositalmente nas fendas estreitas da alvenaria, comprimindo o corpo e assim raspando a pele antiga. Além disso, gostavam da solidão e da escuridão, da frieza sombria daqueles antigos refúgios e, portanto, frequentemente proliferavam ali.

Rastejando por um túnel extremamente estreito, onde pesava a poeira intacta de muitos séculos, passei a outro corredor sombrio e acabei chegando numa cripta subterrânea de teto baixo. Reconheci de imediato que este deveria ter servido para propósitos de iniciação nos ritos secretos dos antigos Mistérios. O lugar era escuro como breu e precisei da minha lanterna elétrica de bolso para iluminar o caminho.

Depois de examinar minuciosamente o local, me virei e voltei por onde vim. De repente, um escorpião amarelo monstruoso surgiu de uma fenda nas pedras e veio correndo até os meus pés. Escorpiões têm predileção por criptas subterrâneas de antigas ruínas. Meus movimentos eram limitados pelos escombros, pela escuridão e pelo teto baixo do corredor. Mantive minha posição, e apontei o dedo indicador para o animal venenoso. Em voz alta, pronunciei a "Palavra de Poder" e ordenei terminantemente que parasse. Moussa havia me orientado a pronunciar essa invocação — assim como todas as invocações mágicas — com a máxima concentração mental e força que pudesse reunir.

O escorpião ficou imóvel, como se de repente estivesse diante de uma barreira!

Permaneceu no mesmo lugar, paralisado, e não tentou avançar nem recuar, enquanto segui meu caminho em segurança.

Pelo que posso dizer, talvez o desventurado escorpião ainda esteja no mesmo lugar, esperando o comando para ser libertado!

De vez em quando, por diversão, Moussa tinha o hábito de se aproximar de uma árvore que sabia ser o esconderijo de um escorpião e lhe ordenar que descesse. Depois de um intervalo, breve ou longo, um escorpião invariavelmente aparecia na árvore e saltava no turbante do xeque!

Certa ocasião, ao discutir o poder místico próprio dos dervixes encantadores de serpente da ordem Rifa'i, tentei convencer Moussa a

ME TORNO UM DERVIXE ENCANTADOR DE SERPENTES

FIGURA 17.7. O templo de Edfu, onde o autor deteve um escorpião com a "Palavra de Poder" de Moussa. Do acervo do autor.

definir qual era a natureza precisa desse poder. Ele apenas pôde ou quis me dizer que:

"É somente pelo poder de Alá que uma serpente se rende a nós. As serpentes confiam em nós, pois somos proibidos de matá-las por nossas próprias mãos. Não traímos sua confiança. Bem, nossas invocações sempre contêm algumas palavras do sagrado Alcorão".

Não trairei nenhum segredo se revelar aqui o encantamento usado pelos dervixes de Rifa'i, em cuja ordem fui iniciado, porque esse é um clamor cantado publicamente, e já foi ouvido, sem dúvida, em sua forma árabe original, sonora e poética, por centenas de pessoas não iniciadas.

Visto que a mera expressão do pensamento tem peso, não vejo motivo para a tradução não ser igualmente eficaz, embora o encantamento sozinho dificilmente induza uma serpente a sair do esconderijo e colocar a cabeça no colo de alguém! As palavras são as seguintes:

"Ó tu, serpente! Venha! Conjuro-te por Alá, se tu estás em cima ou em baixo, que saias!

"Ninguém vence Alá e sobre Ele ninguém pode prevalecer. Ó meu socorro na hora da necessidade! Em nome do santo Lugar e do santo Livro, conjuro-te que saias!

"Em nome Daquele cujo esplendor abriu todas as portas, sai e submete-te à aliança. Eu sou o dono da Palavra.

"Em nome do Mestre Supremo de toda ajuda. Apelo a ti, com a permissão do meu xeque e Mestre de minha fraternidade, Ahmed al Rifa'i. Sai!

"Em nome de Salomão, o Sábio, que detém domínio sobre todos os répteis. Escuta! Alá te ordena. Sai, ó serpente! Sai! A paz esteja contigo. Não te causarei dano".

∿∿∿

Depois de me despedir do xeque Moussa, não pude deixar de pensar recorrentemente que sob as doutrinas e práticas dos dervixes Rifa'i haveria o remanescente de algum culto ancestral às serpentes que remontaria talvez a uma antiguidade imensurável. Sabia que Moussa – como bom muçulmano que era – negaria isso enfaticamente; de fato, o indaguei certa vez sobre essa questão, mas ele se esquivou, respondendo não haver outro Deus senão Alá! Quanto mais eu insistia, mais ele enfatizava a supremacia de Alá, percebi então que não queria, ou não poderia, tratar da questão com clareza, por isso achei melhor mudar de assunto.

Reunindo o que aprendi com todo tipo de encantador de serpentes, comparando a adoração praticada na Índia com a sabidamente realizada no antigo Egito, e analisando minha própria mudança de percepção sobre a tribo das serpentes desde o dia memorável da minha iniciação, fui finalmente forçado a concluir que minha conjetura estava correta. Quanto mais pensava na questão, mais provas conseguia reunir na mente de que esse estranho conhecimento era apenas uma relíquia de uma das primeiras religiões do continente africano.

Notei uma mudança gradual, porém drástica em minha concepção sobre o mundo dos répteis. Já não os olhava com aquela assombrosa e incontrolável repugnância de antes, com o horror que brota automaticamente no coração de todo ser humano normal. Já não os via como inimigos temidos e implacáveis de todos os outros seres vivos. Já não os temia como encarnações rastejantes do engano e da traição. Em vez disso, lentamente e cada vez mais passei a sentir uma admiração peculiar pela brilhante e sinuosa beleza de seu corpo e pelo ar gracioso do capelo levantado, uma estranha fascinação pelo seu inegável e inquietante mistério, e um sentimento sutil de piedade por elas. Essa mudança não era algo buscado por mim, havia crescido imperceptivelmente e por vontade própria.

É um contraste marcante que, em todos os países cristãos, a serpente seja vista apenas como um símbolo do mal, ou do próprio diabo, ao passo que em quase todas as civilizações antigas e mesmo entre as poucas primitivas remanescentes hoje, como na África Central, ela era e ainda é classificada em duas espécies – as divinas e as demoníacas.

Em toda a África, em toda a Índia, entre os druidas e na maior parte da América Central, onde persistiram os ecos da Atlântida, a veneração às serpentes existiu como uma realidade. Os muros quilométricos do grande templo asteca do México foram decorados com serpentes esculpidas.

Os dravidianos, povo aborígene de pele negra da Índia, que em sua maior parte foi para o sul, consideram a naja – especialmente a variedade com o desenho em forma de óculos no capelo – como uma criatura divina e hesitam em matá-la, apesar de matarem qualquer outra serpente sem remorso. Alguns sacerdotes chegam a abrigar najas sem presas nos templos, alimentando-as com leite e açúcar e mimando-as com adoração cerimonial. Essas serpentes se tornam bastante dóceis e saem de suas tocas no templo quando uma flauta de junco é tocada. Quando uma delas morre, é envolta em um sudário e cremada como se fosse um corpo humano.

Muitos camponeses, seja no norte como no sul, oeste, leste e no centro da Índia, sentem grande satisfação em venerar a imagem de uma naja ou em oferecer comida perto da toca onde uma delas habita, pois consideram tal criatura o veículo corporal de algum poder superior, algum espírito a ser reverenciado e honrado. Essa noção lhes foi transmitida pelas mais antigas tradições de sua terra, e eles a aceitam sem questionar, como fazem com diversas noções estranhas. Nenhuma outra espécie de serpente recebe essa veneração.

No santuário de muitos templos, envolvido por escuridão ou iluminado pela mais tênue luz, cujo limiar nenhum homem de outra fé pode atravessar, uma serpente esculpida se enrola na base do altar, erguendo a cabeça encapelada. Voltemos à África do Sul, onde os zulus que vivem longe das cidades e ainda não assimilaram as noções de civilização acreditam que, em certos casos, quando uma serpente entra em suas casas e cabanas, isso significa que o espírito de algum parente morto teria reencarnado. Por isso, não a matam, apenas tentam tirá-la de casa, chamando geralmente um curandeiro que muitas vezes combina o encantamento de serpentes com outras atividades.

Pensei nessa extraordinária crença zulu várias vezes ao fitar os olhos de uma serpente. Apesar de sua fixidez desconcertante e misteriosa, ocasionalmente sentia a sensação estranha e indescritível de que por trás daqueles olhos havia uma inteligência quase humana.

Uma vez, ao enrolar no pescoço uma serpente de espécie grande e espessa, durante não mais do que um minuto, experimentei um súbito afastamento mental do ambiente terrestre, recaindo num estado psíquico desconcertante. A sensação era de estar perdendo o vínculo com o mundo físico e de que o mundo dos espíritos se abria. Era como se estivesse partindo dessa esfera giratória de terra e água, em direção a outra sombria, espectral e sobrenatural, cuja atmosfera era nitidamente maligna. Não me agradava a ideia de entrar em tal condição e perder o "controle", com a morte rastejante tão perto do rosto; deixei que a serpente caísse com cuidado no chão. Imediatamente minha consciência voltou ao normal e se concentrou de novo no mundo físico familiar ao meu redor, com o qual já estava acostumado. Isso me aconteceu apenas uma vez, mas foi inesquecível.

Teria eu sentido o próprio estado de consciência da serpente? Estaria consciente em dois mundos ao mesmo tempo, sendo um deles um inferno de horrores? Quem poderia dizer?

Numa expedição pela selva no sul da Índia me deparei, inesperadamente, com uma insólita visão, nada menos que uma reunião de najas. Um grande número dessas feras havia se reunido em círculo, e seus corpos estavam majestosamente erguidos. O que aquelas cabeças encapeladas discutiam, eu me perguntava. Que segredos misteriosos comunicavam umas às outras? Mas devo confessar que saí correndo. Naquela época uma naja já me era bastante desagradável – uma multidão era mais do que a sensibilidade humana podia suportar.

Nos monumentos esculpidos e pintados do antigo Egito, uma serpente é vista a cada passo. Na arquitrave do gigantesco pilone de entrada do templo de Amon-Rá, em Karnak, erguem-se duas magníficas najas de pedra, equilibrando as colunas com graciosidade. Não muito longe dali, o pequeno templo de Osíris tem uma profusão de esculturas de serpentes alinhadas em fileiras. Do outro lado do rio, as paredes de quase todos os túmulos reais do Vale dos Mortos, onde múmias definhadas pelo tempo jazem nas profundezas das colinas tebanas, são testemunhas da importante posição que a serpente ocupava na religião e no pensamento dos primeiros egípcios. Muitas representações das cerimônias públicas nos templos de todo o Egito demonstram precisamente a mesma coisa. E, por fim, os santuários onde eram realizados os ritos secretos dos Mistérios também não deixaram de contribuir com seu silencioso testemunho. No topo de cada obelisco e nos pórticos da maioria dos templos, havia serpentes esculpidas. No disco perfeito, emblema do amado e sempre venerado sol, quase sempre um par de serpentes ergue a cabeça encapelada.

Esses emblemas tinham uma relação significativa com o mundo psíquico, e fora dele – com a possibilidade de degenerar em feitiçaria ao cair em mãos perversas – a reputação maléfica do símbolo da serpente se desenvolveu, além de suas temidas qualidades físicas.

Os egípcios reconheciam essa possibilidade e representaram tanto serpentes boas quanto más. A primeira costumava ser desenhada ereta, e a segunda, rastejando. Tinham seu demônio na forma de Apepi, a tenebrosa serpente de muitas voltas, e que liderava o poder das trevas.

Contudo, um simbolismo superior era reconhecido: a serpente oferece um símbolo perfeito da Força Criadora Energética do Espírito Supremo que criou o universo, bem como da própria Criação. Os faraós usavam a figura da serpente encapelada na frente de seus toucados como símbolo de sua suposta linhagem divina. A serpente, portanto, simbolizava a divindade tanto quanto certas espécies simbolizavam o demônio.

A força primordial que se moveu pela face obscura do abismo no princípio da Criação era a força divina simbolizada pela serpente boa. Assim como a serpente assume uma centena de padrões diferentes em seus movimentos e permanece um único ser, também o universo assumiu inúmeros padrões (formas e tipos de coisas e criaturas) e, no entanto, em sua natureza essencial permanece o espírito único. A ciência começou a endossar essa última declaração, simplesmente dando outro nome ao "espírito". A serpente periodicamente abandona sua velha pele morta e assume uma nova, assim como as formas que compõem o universo morrem e, depois, lenta ou aceleradamente, retornam ao estado primordial da matéria. "Tu és pó e ao pó retornarás"... Porém o simbolismo não termina aí. A nova pele da serpente representa a nova forma na qual essa matéria será finalmente moldada. A serpente continua a viver, apesar da morte de sua pele externa, do mesmo modo que o espírito é eterno e permanece imortal, apesar da morte de suas formas exteriores.

A serpente se move por si mesma, prescindindo de mãos, pés e outros membros externos. A Força Criadora igualmente se move por si mesma ao passar de uma forma a outra, seja para criar o mundo inteiro ou uma única criatura.

Quando os egípcios representaram a serpente escamada mordendo a própria cauda, formando assim um círculo completo, pretendiam simbolizar o universo criado. As escamas são as estrelas. O ato de morder a si mesma simboliza a autodissolução do universo, que ocorrerá algum dia, quando o Espírito se retirar da Matéria.

No simbolismo da serpente, há muitos outros significados que variam do divino ao diabólico. Há finalmente o significado especial que lhe é atribuído nos Mistérios.

Nesses ritos secretos, ela representava a ação da Força que libertava a alma do homem durante a iniciação, uma Força que se arrastava devagar pelo corpo do iniciado em transe, quase exatamente como o lento rastejar da serpente.

Assim o símbolo da serpente ergue sua cabeça sobre o mundo antigo de duas maneiras distintas: como o diabo que deve ser combatido e temido como a Fonte de Todo Mal, e como a divindade que deve ser reverenciada e venerada como o Criador de Todas as Coisas.

FIGURA 17.8. Detalhe de um painel mostrando a barca de Rá. Fotografia do autor.

FIGURA 17.9. Painel mostrando a serpente protetora do faraó vivificado. Imagem de um exemplar único do *Livro Daquele que Está no Submundo* (no terceiro corredor do túmulo de Ramsés IX). Do acervo do autor.

FIGURA 18.1. O autor e seu meio de transporte – não o jumento mencionado neste capítulo, que não foi imortalizado num retrato, mas seu primo – o cavalo. Do acervo do autor.

18

ENCONTRO COM UM ADEPTO

A alguns quilômetros a oeste do Nilo, em Luxor, uma longa cadeia de colinas rosadas e acinzentadas se estende contra o céu, formando uma barreira entre o deserto da Líbia e o vale cultivado do rio. Oculto entre elas, está um desfiladeiro árido e queimado pelo sol, onde não cresce nem é capaz de crescer qualquer vegetação. No solo de pedras rochosas e na aridez da areia, as únicas formas de vida são serpentes e escorpiões. Há muito tempo nesse vale descampado, jaziam enterrados os mortos da realeza da desaparecida cidade de Tebas, onde é o famoso Vale das Tumbas dos Reis. Escrevi "jaziam enterrados", no passado, porque muitos desses corpos mumificados agora já foram exumados de suas cavernas sombrias e expostos nas galerias abafadas de grandes museus para o mundo inteiro ver. E se alguns, entretanto, escaparam à descoberta, não foi por falta de tempo, empenho ou dinheiro.

Havia muita coisa que eu desejava estudar nas próprias tumbas: nos templos descobertos que ficam a poucos quilômetros do Vale; nos pequenos fragmentos de Tebas que agora espreitam acima do solo; e na fronteira ocidental do próprio deserto. Para realizar todas essas breves, mas frequentes expedições a Luxor, não há animal mais adequado do que o jumento como meio de transporte, porque este sabe como caminhar com passo firme entre rochas, pedras pontiagudas e na beirada de precipícios.

Havia contratado um *boy* como ajudante geral e uma de suas primeiras tarefas foi encontrar um agente capaz de me fornecer um bom animal para breves excursões. Yussef era chamado de *boy* em deferência à terminologia convencional dos viajantes, embora já houvesse passado dos quarenta anos e tivesse esposa e três filhos. Com frequência se referia a sua família; na verdade, todas as vezes que eu pegava a carteira para acertar nossas contas. E quando de brincadeira tentei colocar uma serpente em seu pescoço, reclamou com indignação que, se o réptil o mordesse, não haveria ninguém "para dar de comer à minha família". Aparentemente o prolongado costume de alimentar os jumentos o levou a ver a própria família como via os animais, em sua demanda pelo sustento necessário. De qualquer modo, era um homem gentil e possuía excelente senso de humor; resumindo, estimava-o.

Concluiu as negociações com o agente e, acertados os termos, logo voltou com um jumento branco de boa aparência, bom tamanho e bem selado. Montei o animal e começamos a andar. Tudo seguiu bem até chegarmos às margens do Nilo, onde nós três embarcamos e navegamos rumo ao lado oeste do largo rio cinzento. Ao desembarcarmos, montei novamente e seguimos numa viagem de onze quilômetros até o Vale.

Não demorou mais do que um quarto de hora cavalgando para descobrir e confirmar o fato de que o animal contradizia sua boa aparência. Quando enfim já havíamos percorrido quase metade da distância, reclamei a Yussef, alegando que dessa vez suas habilidades de seleção não estavam no mesmo padrão que, sem dúvida, costumavam estar ou, então, a qualidade da tropa do agente deveria ser de extrema precariedade, se esse animal representava seu melhor espécime. Acrescentei que a criatura era bastante preguiçosa e lamentei acusá-lo de preferir dormir a cavalgar. Yussef lançou as mãos aos céus e revirou os olhos para cima. "In sha Allah!", exclamou estarrecido, "quem somos nós para ousar condenar a obra do Todo-Poderoso?"

Sua pergunta me pareceu incontestável e dali em diante recaí em silêncio eterno quanto a esse assunto em particular. Deixamos os milharais para trás e avistamos os Colossos gêmeos de Mêmnon; um par de gigantescas estátuas com os rostos dilapidados e totalmente inexpressi-

FIGURA 18.2. A face norte dos dois Colossos de Mêmnon, aquele que "cantou" como sino durante a época dos Ptolomeus. Fotografia do autor.

vos, cujos corpos deformados sentados no trono outrora repousavam de sentinela na frente do pilone do desaparecido templo mortuário, construído por Amenhotep III, elevando-se quinze metros acima do campo de trigo que substituiu o templo. Sem nariz, olhos, orelhas nem boca, os Colossos estão sentados há séculos lamentando talvez, como o visitante romano Petrônio gravou em sua base, os ferimentos que lhes foram infligidos pelo invasor persa Cambises. Outrora, uma passarela de pedra se estendia por mais de trezentos metros atrás deles, ladeada por pares de estátuas e esfinges. Tudo isso já desapareceu também. Afastamo-nos da vegetação fértil das planícies do Nilo e partimos tangente ao rio, viajando rumo a um ponto onde as colinas tebanas se encontravam. Na estrada, cruzamos os familiares grupos de homens de túnica branca e mulheres de túnica preta.

Passamos por uma típica aldeia de pequenas casas de barro, algumas caiadas de branco, um diminuto minarete próximo à cúpula de uma pequena mesquita branca e o inevitável bosque de palmeiras de agradável sombra.

Parei perto do poço da aldeia para que o jumento sedento e seu passageiro humano bebessem. O animal mergulhou o focinho num estranho bebedouro, nada menos do que um sarcófago de pedra partido que poderia, em outros tempos, ter abrigado um faraó!

Prosseguimos sem parar nos templos parcialmente destruídos de Kurna, nem nos túmulos escavados dos nobres tebanos de Abd el-Kurna, nem mesmo na necrópole notável de Dra Abu el-Naga.

Queria avançar até o pequeno vale desolado que conduz às alturas antes que o sol escaldante estivesse sobre nós. Havíamos partido ao amanhecer, o que não era cedo demais nessa época do verão; pois sabia que naquelas alturas rochosas a temperatura duplicaria e os raios do sol retornariam, refletindo novamente sobre nós.

Aos poucos avançamos a oeste rumo à antiga estrada e demos a volta para alcançar o sopé das montanhas, onde o chão estava coberto por pedras de todo formato. Aqui entramos no primeiro desfiladeiro estreito.

Pisando a estrada seca, arenosa e ladeada por rochas, o jumento lentamente me trouxe à entrada do famoso Vale, para onde os poderosos faraós de outrora foram transportados quando jaziam envolvidos nas garras da morte e seu esplendor terreno havia alcançado o inexorável fim.

Contemplei, em contraste com o cobalto do céu, o belo espetáculo dos rosados penhascos escarpados que se erguiam como sentinelas à direita e à esquerda para resguardar o caminho. Ao longo do desfiladeiro estendia-se a elevada silhueta da cordilheira. As montanhas refletiam o clarão branco ofuscante enquanto os escombros no chão propagavam o calor intenso. Cercado de ambos os lados por escarpadas muralhas de calcário, seu completo isolamento e absoluta falta de vegetação viva mostravam o quanto esse lugar era extraordinariamente adequado para o propósito melancólico ao qual se destinava – abrigar as múmias dos reis do Egito. Do outro lado, repousavam os nobres e os sumos sacerdotes.

FIGURA 18.3. A aldeia de Karnak (por volta de 1930). Fotografia do autor.

Continuei subindo o vale rumo à extremidade mais distante, onde jaziam as tumbas abertas, cujas laterais foram escavadas, e aberturas tinham sido perfuradas para as sepulturas, tarefa não muito fácil, pois cada vão teve de ser escavado na rocha maciça. Meu jumento pisava com extrema prudência enquanto serpenteávamos pela ravina seca, onde pedregulhos caídos, pedras ásperas, quartzo solto e sílex entulhavam a travessia estreita, dificultando o avanço. Às vezes, nas laterais imponentes surgia um cume enegrecido e queimado. Pilhas cintilantes de pedras calcárias lascadas brilhavam ofuscantes à luz intensamente branca do sol. O calor pesava sobre tudo como uma neblina inescapável, palpitando visivelmente no ar. Não havia nem mesmo um filete de sombra, parecia termos entrado numa enorme fornalha. Meus lábios queimavam, e a língua estava seca. A cena era indescritivelmente desoladora, porém havia certa grandeza em sua melancolia.

Nem um som sequer rompia o silêncio, nem um pássaro erguia seu canto no ar desértico dominado pelo calor, nada verde se via brotar na solidão de pedra e areia.

As sombrias montanhas culminavam num único pico, cujos barrancos íngremes estavam cobertos de escombros, mas mesmo antes de chegarmos lá as tumbas se revelavam. Os homens haviam escavado as antigas colinas repletas de múmias e tesouros, trazendo à luz o que fora guardado com tanto cuidado.

∧∧∧∧

As encostas do Vale eram simplesmente favos de corredores íngremes que levavam às câmaras sepulcrais, formando uma cidade subterrânea dos mortos. Descer a escadaria escavada na rocha e então entrar no sombrio corredor em declive de uma dessas tumbas era equivalente a descer ao submundo. Direcionei a luz da lanterna nas paredes. Estavam cobertas com um fino estuque pintado vividamente do chão ao teto com serpentes contorcidas, retratos de reis e sacerdotes erguendo as mãos suplicantes às divindades, barcas sagradas e espíritos guardiões, crocodilos com cabeça humana e oferendas funerárias, escaravelhos e morcegos simbólicos, todos arranjados numa série de cenas sucessivas retratando as ocupações do falecido e sua jornada no submundo. Colunas de hieróglifos também estavam inscritas nas paredes, com o objetivo de auxiliar a alma recém-chegada em sua perigosa passagem, pois eram textos retirados do *Livro dos Portões* e do *Livro Daquele Que Está no Submundo*. Esses textos se referiam ao mundo inferior dos espíritos, dos poderes das serpentes que o protegiam e de um inferno sem fim, cuja escuridão era absoluta. Contavam também como agir para resguardar a alma durante a passagem, de modo a escapar das terríveis provações, como se dirigir aos deuses do julgamento e como responder-lhes.

Adentrei cada vez mais fundo na tumba, uma passagem inclinada levava a uma câmara, e esta a outra passagem íngreme, o que se repetia até aproximadamente noventa metros colina adentro. Milhares de toneladas de rocha maciça se empilhavam acima de minha cabeça. Cada centímetro das paredes se via coberto de imagens e inscrições, o todo formando uma exibição da vida do antigo Egito e erguendo um espelho diante da morte. Na câmara principal, havia uma abertura no chão onde repousava um pesado sarcófago de granito. Esse caixão de pedra já foi a última morada de um faraó ricamente adornado com joias, mas sua

ENCONTRO COM UM ADEPTO

FIGURA 18.4. Entrada para uma tumba escavada na rocha (por volta de 1930), antes dos modernos esforços de preservação. Fotografia do autor.

múmia rígida, coberta de betume e linho, havia sido removida junto com todas as outras múmias encontradas, para repousar nas galerias iluminadas dos museus e satisfazer a curiosidade do século XX.

Tendo percorrido a multidão de olhos pintados e a densa, porém, refrescante escuridão, enfim emergi sob os raios ardentes do intolerável brilho do sol da manhã, antes de atravessar alguns metros de trilha pedregosa e mergulhar de novo em outra tumba profunda e decorada. Visitei meia dúzia de tumbas assim, fazendo uma inspeção superficial em grandes extensões de instrutivas paredes pintadas, que revisitaria nos dias seguintes para uma pesquisa mais detalhada. A impressionante tumba de Seti, embora escavada na rocha a mais de cento e vinte metros das entranhas da terra, não me arrebatou tanto quanto aquela menor de Ramsés IX, onde encontrei esculturas e pinturas que se destacavam de tudo que vi nas tumbas do Vale. Eram de natureza mais espiritual do que as outras, reluzentes e vivas, em vez de deprimir a mente a alçavam na direção do destino glorioso do homem e sua inextinguível imortalidade.

Acima do portal de entrada, estava pintado o grande disco vermelho do sol, com o próprio Ramsés a venerá-lo. Em seu simbolismo singelo, como na natureza o sol vermelho do poente mergulha na noite negra, assim a alma do rei desceria ao túmulo escuro com ele; então, inevitável como o raiar do sol, sua alma se ergueria triunfante de novo rumo a uma nova vida. Como o sol surge infalivelmente no oriente a cada manhã após desaparecer e, portanto, é imortal, também a alma do faraó surgiria no mundo espiritual após atravessar as regiões escuras do mundo inferior – pois também é imortal.

Mas, para aqueles que passaram pela iniciação dos antigos Mistérios, havia um significado ainda mais profundo. A morte havia perdido seu terror, pois já "morreram" em vida; e sabiam que a alma não apenas viveria após a morte, mas renasceria *na carne*. A luz da minha lanterna elétrica iluminava a parede esquerda da primeira passagem conforme eu avançava, e ali vi as representações de Ramsés na presença dos grandes deuses – Osíris, Harakhte e Amon-Rá. Segui em frente, e lá estava o rei queimando incenso num ato de adoração. Passei por duas câmaras superiores, cujos limiares ostentavam louvores hieroglíficos ao deus Sol, e alcancei outra parede, onde um sacerdote derramava sobre o faraó, como se o batizasse, um fluxo de caracteres simbólicos – entre os quais a cruz ansata, a chave dos Mistérios e o emblema da vida eterna. Ramsés havia mudado de roupa, pois agora assumiria a forma de Osíris. Sua alma fora libertada e justificada, e ele realmente havia ressuscitado, tendo o direito de acrescentar o nome do divino Osíris ao seu.

Sua bela oração dizia:

"Eis-me em Tua presença, ó Senhor de Amentet. Não há pecado em meu corpo. Nunca falei, conscientemente, aquilo que não fosse verdade, tampouco fiz algo com o coração falso. Concede-me ser como aqueles beneficiados que estão em teu séquito e que possa ser um Osíris imensamente favorecido pelo gracioso Deus e amado pelo Senhor do Mundo".

E Thoth, registrando em sua tábua o resultado da pesagem do coração do falecido, anuncia a sentença do grande conselho dos deuses: "Ouvi este julgamento. O coração de Osíris foi realmente pesado e sua alma foi testemunha: considerado puro no tribunal da Grande Balança. Não há

ENCONTRO COM UM ADEPTO

nele nenhuma maldade; não há perversidade em suas ações, tampouco proferiu injúrias enquanto esteve na terra".

E o grande conselho dos deuses respondeu: "Aquilo que sair da tua boca será declarado verdadeiro. Osíris vitorioso é santo e justo. Não pecou, tampouco nos causou qualquer dano. Não será permitido ao devorador prevalecer sobre ele. A entrada na presença do deus Osíris lhe será concedida no lar eterno dos Campos da Paz".

No terceiro corredor o rei ofertava a Ptah uma estatueta sacrificial da deusa da Verdade. Depois vinha a imagem de sua própria múmia estendida e na forma de Osíris, acima dela o sol nascente, de cujo disco radiante emergia o escaravelho – símbolo da vida recém-criada e da garantida ressurreição da alma.

Passei por duas câmaras e desci ao principal jazigo, agora saqueado dos tesouros e despojado de seu faraó e sua urna. Apenas uma marca indicava o local onde seu sarcófago estivera. Outros emblemas da imortalidade foram pintados na parede dessa câmara, como o infante Hórus sentado na presença do sol alado. A abóbada do teto ostentava uma representação do céu noturno estrelado e das constelações zodiacais que constituem a gloriosa coleção celestial.

Retornei desses submundos carregados e supermundos paradisíacos até a entrada, cena após cena passando por mim à luz da lanterna como um filme cinematográfico se desenrolando. Mais uma vez, o brilho intenso me ofuscou subitamente.

Essas tumbas abertas fornecem uma prova irrefutável da tolice de considerar como infundadas todas as tradições antigas. Diodoro, que escreveu por volta de 55 a.C., mencionou registros de sacerdotes egípcios que se referiam ao fato de haver quarenta e sete faraós enterrados em Tebas. Os egiptólogos modernos não desconsideraram a declaração de Diodoro, mas se basearam nela com plena fé, o que lhes permitiu fazer as descobertas do Vale dos Reis, que nos anos posteriores culminaram na descoberta do túmulo e dos tesouros de Tutancâmon.

Mas agora queria deixar os faraós que buscaram a imortalidade espúria na morte, empregando embalsamação e faixas de linho. Era fim de tarde, o ar pesava com o calor do pleno verão ressecando o céu da boca, atravessei a trilha pedregosa em busca de Yussef e seu precioso frasco de chá revigorante. Yussef saíra à procura de sombra. Olhei ao redor, havia desaparecido. Teria derretido no calor. Mas, enfim, o que não detectaram meus olhos, detectaram os ouvidos. Da entrada da tumba afastada de um dos renomados reis guerreiros do Egito, ouvi o sonoro refrão de um vigoroso ronco. Corri até lá e me deparei com um homem de túnica branca prostrado, que pelo rosto parecia estar envolvido em algum sonho delicioso.

Era Yussef!

∧∧∧

Os dias foram transcorrendo agradavelmente, enquanto saciava minha sede infinita pela pesquisa sobre os pensamentos secretos e a perspectiva sagrada do mundo tebano de outrora. As figuras tranquilas e majestosas dos deuses tornaram-se tão familiares – e até amigáveis – e o rosto grave e preocupado de seus adoradores mortais era como a forma viva dos atuais habitantes do sucessor de Tebas, Luxor. Notei os sinais psíquicos deixados na atmosfera de algumas das tumbas dessa outrora grande raça, que marcaram a triste decadência em práticas de bruxaria.

Foi numa dessas expedições de estudo que encontrei o homem cujas conversas hesitei em registrar nestes capítulos, porque as implicações de algumas de suas declarações estavam além da minha capacidade de investigação pessoal e, fora isso, tais declarações podem surpreender nosso prosaico século ou – mais provavelmente – ridicularizar seu merecido nome incógnito e, consequentemente, a mim mesmo por considerar tais fábulas dignas de relato. Contudo, coloquei os prós e contras na balança, e o prato dos prós era mais pesado do que o outro. Além do mais, era e ainda é desejo desse homem que sejam publicados seus relatos, cuja importância para o nosso tempo ele parecia capaz de avaliar melhor do que meu desinteressado julgamento pessoal.

O dia de pesquisa nas Tumbas dos Reis foi proveitoso, tendo começado logo após o amanhecer e continuado até o final da tarde. Para chegar em casa mais rápido, tomei o percurso equestre que passava pelas montanhas da Líbia e descia nas imediações do incomparável templo com terraço construído dentro da face do penhasco, o de Deir el Bahri, nos despenhadeiros, e assim evitei, ao preço de uma dura escalada, o desvio considerável feito pela antiga estrada em torno daquelas montanhas.

Aqui o jumento que tanto me decepcionou no início, mas com o qual havia aos poucos me reconciliado – e começava a nutrir afeto – demonstrou seu verdadeiro valor ao encontrar um caminho seguro pelo íngreme precipício. Cada casco do animal outrora maltratado se plantava com eficiência entre os escombros escorregadios de pedras soltas e rochas quebradiças que constituíam a nossa trilha. Não fiz a menor tentativa de conduzir o jumento; era desnecessário, porque seu instinto infalível sabia melhor do que eu onde plantar aqueles cascos. Era realmente um animal potente e muito mais alto do que os vistos na Inglaterra, sendo quase do tamanho de uma pequena mula. Subindo sem parar, lutamos para escalar o alto pico, cujo imponente cume cobre toda a cordilheira, enquanto o sol implacável derramava seus impiedosos raios sobre nós. Em longos trechos do caminho e algumas curvas perigosas, precisei descer e deixar que o jumento fosse à minha frente, para não o sobrecarregar. À medida que se aproximava o final da escalada pelo desfiladeiro escorregadio, pressionei os pés nos estribos para evitar cair. Quando chegamos no topo, saltei do lombo da criatura ofegante e deixei que descansasse. Contemplei o magnífico panorama que se estendia seiscentos metros abaixo. O pico dominava completamente as montanhas e a planície ao redor. Havia um contraste marcante entre o deserto amarelo e o verde exuberante das terras irrigadas. A paz contemplativa desse espetáculo me levou a uma plena sensação de conforto espiritual. Que lugar para entrar em comunhão com a natureza! Toda a vista ficou em silêncio, e não consegui resistir à sensação de ter abandonado todos os elos com o mundo afora.

Virei-me e dei alguns passos – e então notei um estranho.

Estava sentado – ou melhor, agachado com as pernas cruzadas – numa pedra baixa, cuidadosamente coberta com um lenço. Tinha um turbante na cabeça, de cujas dobras saíam longos cabelos negros como um corvo, com alguns fios grisalhos. Permanecia imóvel e também parecia contemplar o grande espetáculo que a natureza desdobrava aos nossos pés. Era um homem de estatura e pés pequenos, bem trajado numa túnica cinza-escuro com gola. Embora o rosto fosse endurecido pela presença de um cavanhaque, parecia ter cerca de quarenta anos, mais ou menos. Apenas depois de ter virado a cabeça na minha direção pude observar seus olhos. Quando toda a força de seu olhar estava voltava para mim, tive a sensação indescritível de estar na presença de um homem completamente incomum. Senti que aquele encontro ficaria gravado para sempre em minha memória.

Seus olhos eram a característica mais marcante de um rosto todo singular. Eram grandes e belos, círculos perfeitos de cor luminosa, e o branco dos olhos era tão pronunciado que dava uma impressão de profundidade quase sobrenatural às pupilas negras como azeviche.

Olhamos um para o outro em silêncio durante alguns minutos. Havia tamanha autoridade e distinção em seu rosto que julguei ser quase impertinente abordá-lo. Lamento, infelizmente, não me lembrar quais foram as primeiras palavras que me dirigiu, pois minha mente parecia enevoada mesmo antes de ele começar a falar. Alguma glândula oculta de minha latente clarividência começou a funcionar subitamente dentro do cérebro. Vi um radiante anel luminoso girando em alta velocidade diante de mim, um pouco acima da minha cabeça. Com seu funcionamento, houve uma regressão em minhas amarras físicas e entrei num estado de consciência etéreo e sobrenatural.

Basta dizer que ele se dirigiu a mim quando a visão do anel giratório desapareceu; e minha mente voltou a perceber que eu estava no topo do pico mais alto das colinas tebanas, cercado por uma paisagem de grandeza desoladora.

Quebrei o silêncio saudando-o com um "boa-tarde" em árabe. Respondeu-me de imediato, num inglês perfeito. Se tivesse fechado os olhos, poderia supor que algum universitário nascido na Inglaterra estava me respondendo e não um oriental em sua longa túnica.

E antes que pudesse pensar sobre a forma como deveria me apresentar, inesperadamente deixei escapar estas palavras, como se impulsionado por uma força interior:

FIGURA 18.5. Ra-Mak-Hotep. Do acervo do autor.

"Senhor, tenho certeza de que compreenderá a experiência peculiar que acabo de ter aqui na sua presença". E lhe descrevi a minha inesperada visão.

O estranho me olhou meditativo, então acenou com a cabeça.

"Compreendo", respondeu calmamente.

"Sou sensível a vibrações", continuei "e o fato de isso ter acontecido quando sua personalidade entrou em contato com a minha me faz acreditar que o senhor possui algum poder incomum."

Novamente seus olhos me estudaram. Depois de uma pausa, disse-me:

"Eu deliberadamente queria que o senhor tivesse essa experiência. Desejei lhe transmitir silenciosamente certa mensagem – o que aconteceu!"

"O que quer dizer com isso?"

"Que agora o senhor reconhece a Ordem à qual pertenço."

Era verdade. Havia encontrado nele todos os sinais que identificavam um faquir ou iogue de grau elevado. Mesmo sem lembrar minha extraordinária experiência, bastava olhar em seus olhos para obter uma confirmação intuitiva.

O que mais atraiu atenção e conquistou minha admiração foi o tamanho e a qualidade de seus olhos. Eram grandes e brilhantes, intensos e autoritários, fitavam-me estranhamente. Ao falar com ele, fui dominado pela sensação irresistível de seu duplo poder, ao mesmo tempo penetrante e hipnótico. Seus olhos liam a minha alma e a governavam. Extraíam segredos da minha mente e me compeliam a permanecer passivo diante dele.

"É realmente um prazer inesperado", exclamei. "É surpreendente para mim que nesta região deserta e selvagem a única pessoa encontrada seja alguém da sua Ordem."

"O senhor acha?", respondeu. "Não me surpreendo. O momento para este encontro estava marcado. Não é por mero acaso que o senhor conversa comigo agora. Digo-lhe que um poder superior ao acaso primeiro determinou e depois preparou nosso encontro."

Escutava com uma leve e ansiosa emoção. Meus pensamentos corriam de um lado para o outro na tentativa de compreender a situação, enquanto meus sentimentos naturalmente me levavam ao estado de veneração, que um homem dotado de conhecimento espiritual sempre me inspira.

Continuou a me contar como os caminhos de alguns homens se cruzam e entrecruzam sob o comando de forças invisíveis, e como aparentes coincidências podem ser elos predeterminados, numa cadeia de causas destinadas a produzir certos efeitos. Contou-me outras coisas também, referindo-se calmamente a si mesmo — sem a menor vaidade, apenas como mera constatação do fato em si — como um Adepto.

"É a palavra que prefiro a qualquer outra; servia para os antigos — incluindo os egípcios — e serve para mim. Naqueles tempos, o Adepto era conhecido e sua posição era reconhecida. Hoje é praticamente desconhecido, e sua simples existência é discutida com desdém. Mas a roda há de girar, e este século será obrigado a reconhecer que a lei

ENCONTRO COM UM ADEPTO

da evolução espiritual está sempre em ação, criando inevitavelmente aqueles que são capazes de funcionar livremente como seres espirituais e como humanos."

Senti que me dizia a verdade. Era de fato um daqueles homens misteriosos de quem, não raro, trata a tradição oriental – aqueles adeptos admitidos na assembleia dos deuses e que conheciam os segredos espirituais mais profundos e inacessíveis ao homem comum.

Preferem agir em silêncio e sigilo a serem perturbados pela incompreensão do mundo, e quando um canal público deve existir não raramente enviam seus discípulos, que assim se tornam presas da crítica dos ignorantes e alvos para as flechas afiadas dos mal-intencionados.

Disse o homem que era capaz de trocar pensamentos com seus colegas Adeptos à vontade e a qualquer distância; que um Adepto era capaz de temporariamente se servir do corpo de outra pessoa – geralmente um discípulo – por um processo chamado tecnicamente de "eclipse", durante o qual projeta sua alma no corpo do outro, estando esse outro perfeitamente pronto, disposto, receptivo e passivo.

"Estava esperando pelo senhor aqui", comentou com um leve sorriso. "O senhor é escritor. Há uma mensagem a ser transmitida ao mundo. Anote-a quando eu lhe der, pois é importante. Enquanto isso, nosso encontro de hoje é apenas uma apresentação, Sr. Paul Brunton!"

Recuei sobressaltado. Como descobriu o meu nome? Mas, é claro, os Adeptos eram famosos por seus poderes extraordinários de leitura da mente, mesmo a longa distância.

"Posso saber o seu nome também?", arrisquei.

Ele apertou os lábios e olhou para a paisagem panorâmica abaixo da montanha. Observei sua nobre face e esperei pela resposta.

"Sim, pode", respondeu enfim. "Mas é apenas para sua informação particular, não para ser publicada. Não desejo que minha identidade seja revelada. Chamo-me Ra-Mak-Hotep. Sim, é um nome egípcio antigo e os egiptólogos podem, sem dúvida, oferecer uma excelente interpretação literal das palavras – mas, para mim, significa apenas uma coisa: *em paz*. O Egito não é minha terra natal. Agora o mundo inteiro é minha terra natal. Ásia, África, Europa e América – conheço todas essas terras e percorro-as. Apenas meu corpo é oriental, minha mente não pertence a nenhum país, e meu coração pertence à Paz."

Sua fala era breve, enfática e comovente, porém parecia bastante óbvio que todos os seus sentimentos estavam sob perfeito controle.

Durante mais de uma hora conversamos sobre questões espirituais, sentados no alto da montanha sob um sol cujo brilho ofuscava o olhar e cujo calor ainda acariciava de perto. Esqueci essas circunstâncias, absorto naquele homem e em suas palavras. Falou-me de diversos assuntos a respeito do mundo e de alguns outros que se referiam apenas a mim. Deu-me instruções precisas, sugerindo-me exercícios especiais ligados aos meus esforços para atingir um grau de equilíbrio e de iluminação espiritual superior ao que havia alcançado até então. Falou com franqueza, até criticando com certa severidade os obstáculos em meu caminho decorrentes de minhas falhas pessoais. Por fim, marcou um encontro comigo no dia seguinte, junto ao altar romano na colunata de um templo erguido às margens do Nilo, em Luxor.

Sem se levantar de seu assento de pedra, despediu-se de mim, desculpando-se por não poder conversar mais, pois estava bastante ocupado naquele momento.

Deixei-o com pesar, relutante em me separar de alguém cuja conversa era tão original e fascinante, e cuja personalidade me inspirava e edificava.

A descida da montanha era íngreme e escorregadia; desci a pé pelas rochas e pedregulhos, segurando a rédea do jumento com uma mão. Chegando ao sopé da montanha, montei na sela e dei uma última olhada para cima.

Ra-Mak-Hotep nem sequer havia começado sua jornada de volta. Certamente ainda estava agachado no topo desolado daquela montanha.

O que faria lá em cima para mantê-lo "bastante ocupado", sentado tão imóvel quanto uma estátua? Ainda estaria lá quando as sombras do crepúsculo se aprofundassem sobre as encostas rosadas das colinas da Líbia?

19

AS TUMBAS:
A SOLENE MENSAGEM DO ADEPTO

O segundo encontro aconteceu, como deveria, nas ruínas do templo de Luxor. Sentei-me sobre um longo bloco de pedra com hieróglifos entalhados, enquanto o Adepto se sentou de pernas cruzadas no mesmo bloco de frente para mim.

Estava preparado, com caderno e caneta à mão, de prontidão para anotar sua mensagem, registrar nas folhas brancas os caracteres menos pitorescos de nosso sistema de hieróglifos do século XX — a taquigrafia.

Ra-Mak-Hotep não perdeu tempo com preliminares, e tratou diretamente do tema de sua mensagem:

"Aqueles que violaram as tumbas do antigo Egito libertaram forças que colocaram o mundo em perigo. Tanto os saqueadores de túmulos do passado quanto os arqueólogos do presente abriram, sem saber, as tumbas daqueles que lidavam com magia negra. No ciclo final da história egípcia houve grande degeneração dos homens sábios — os sacerdotes — e a feitiçaria e a magia negra eram comumente praticadas. Quando a luz clara da verdade que outrora reluzia na genuína religião egípcia se tornou tênue, e as sombras nocivas das doutrinas falsas e materialistas a encobriram e substituíram, a prática da mumificação surgiu, acompanhada por elaborados rituais. Entretanto, sob os ensinamentos enganosos e habilmente deturpados que sustentavam essa prática, havia um elemento de interesse pessoal oculto, visando estender e preservar por muito tempo o vínculo físico com o mundo material por meio do embalsamamento do corpo.

"Essa prática originalmente se destinava apenas aos Reis-Adeptos da pré-histórica era de ouro do Egito, e aos Sumos Sacerdotes espiritualmente avançados, verdadeiros veículos de Deus, para que seus corpos materiais, impregnados com seu sagrado poder, pudessem continuar existindo e servindo como foco de irradiação para o mundo.

"Uma espécie de adoração aos ancestrais também se desenvolveu; nela os corpos dos mortos eram embalsamados apenas como um rito formal para mostrar às futuras gerações como eram seus ancestrais falecidos. Não passava, na verdade, de uma falsa representação da mumificação praticada em épocas remotas do Egito, feita para preservar as relíquias sagradas dos bons reis e sacerdotes. No período sombrio que mais tarde se seguiu no Egito, quando foi privado da verdadeira luz espiritual, e as forças infernais do submundo foram evocadas por aqueles dotados de muito conhecimento, mas pouca compaixão, os homens instruídos das classes sacerdotais e dominantes passaram a ter seus corpos embalsamados. Às vezes, isso era feito para fins de magia negra; outras vezes, por medo da destruição do espírito no purgatório que o aguardava após a morte e, outras ainda, por ignorância na adaptação dos costumes. Na maioria dos casos, antes de morrer esse homem providenciava e preparava a sua tumba ainda em vida. Após a preparação da tumba, invocava (ou um sacerdote com conhecimento suficiente fazia a invocação) uma entidade espiritual, criação elemental artificial, imperceptível aos sentidos corporais, por vezes boa, mas geralmente maligna, para que protegesse e vigiasse a múmia, agindo como espírito guardião de seu túmulo.

"Para melhor proteção dos corpos embalsamados, as tumbas eram escondidas com habilidade e cuidado, e então geralmente era ensinado ao povo que qualquer um que as profanasse seria punido pelos poderes espirituais com o mais terrível castigo. Esse ensinamento foi aceito, e as tumbas permaneceram em paz por muito tempo. No entanto, com a crescente decadência de sacerdotes e governantes, até o povo começou a perder sua fé supersticiosa, iniciando a pilhagem dos túmulos, para saquear as joias enterradas com as múmias de quase todos os personagens importantes.

"Era verdade que, no caso do corpo embalsamado de uma pessoa com conhecimento de magia ou sob a proteção direta de alguém com tal saber, os poderes espirituais eram invocados para proteger essas tumbas e castigar os intrusos. Esses poderes eram muitas vezes terrivelmente maléficos, ameaçadores e destrutivos. Existiam dentro das tumbas fechadas e poderiam continuar existindo por milhares de anos. Quando os arqueólogos, por total ignorância, abrem essas sepulturas protegidas por espíritos, fazem-no por sua própria conta e risco.

"Entretanto, se a questão fosse afetar apenas a segurança dos arqueólogos e de suas famílias, o que vou lhe dizer seria de pouca importância. Mas não é. Tal assunto afeta a segurança do mundo inteiro.

"Entre os túmulos escavados de grandes e pequenos personagens, há aqueles que foram assim protegidos. Cada tumba que foi aberta deixa escapar, como um dilúvio, uma torrente reprimida de entidades espirituais malignas e nocivas sobre o nosso mundo *físico*. Cada múmia tirada de uma dessas tumbas e transportada aos museus europeus e americanos carrega consigo um vínculo etéreo com essas entidades e, portanto, sua terrível influência. Essas influências somente podem causar danos ao mundo, danos de diversos tipos, ao ponto de afetar destrutivamente o destino das nações. Vocês, ocidentais, não têm qualquer proteção contra essas influências, que não são menos potentes apenas por serem invisíveis aos seus olhos.

"Quando a sociedade moderna perceber que há espíritos malignos aprisionados nessas tumbas, poderá ser tarde demais; pois então todas estarão abertas, e aquelas criaturas diabólicas terão escapado. Entre outras coisas, elas são e serão responsáveis por traições internacionais. A ignorância das leis da natureza não isenta o homem de sofrer sempre que transgredi-las; e a ignorância da existência de forças mágicas maléficas não isentará nosso século de ser castigado por intrusões desnecessárias em seus reinos.

"Esses espíritos elementais criados artificialmente foram libertados em número suficiente durante o presente século para aterrorizar o mundo de seu reino psíquico, que é imaterial o bastante para ser invisível, mas próximo o suficiente para influenciar a existência física dos vivos.

Nós, que zelamos pelo bem-estar espiritual da humanidade, enfrentamos essas forças sombrias em seu próprio plano, mas pela lei da natureza não temos permissão para aniquilá-las nem tampouco para destruir homens vivos, mesmo sabendo que são potencialmente perigosos para a humanidade e seus semelhantes. Nossos poderes estão restritos a defender as pessoas e instituições sob nossa proteção especial.

"Os objetos que foram tirados das tumbas com as múmias – tais como escaravelhos, joias, amuletos e móveis – carregam consigo a influência dessas tumbas. Se não estiverem magicamente ligados a entidades malignas, então mal nenhum poderá resultar de sua apropriação e manuseio, mas se o estiverem, então poderá trazer infortúnio e desastre. Mas os arqueólogos e egiptólogos de hoje, inconscientes de tais fatos e incapazes de detectar a diferença entre os dois, examinam ambos. Quer dê atenção ou não, receba o mundo esta mensagem: *Que não profanem as tumbas, cuja natureza psíquica os homens não entendem. Que o mundo pare de abrir essas sepulturas até ter adquirido conhecimento suficiente para compreender as graves consequências do que está fazendo.*

"A maioria dos reis tinha algum grau de poder oculto, fosse para o bem ou para o mal, pois eram iniciados pelos Sumos Sacerdotes.

"Originalmente, o poder mágico de prejudicar os outros era usado apenas para autodefesa ou para combater criminosos, mas com o declínio dos elevados ideais do Egito, esse conhecimento foi pervertido em propósitos malignos, como os de prejudicar inimigos a distância ou remover aqueles que estavam no caminho da ambição do mago (ou seu benfeitor). O conhecimento também foi usado para proteger as tumbas.

"Cada abertura de uma tumba do antigo Egito pode implicar num contato inconsciente com as forças invisíveis, um contato de caráter perigoso. Até mesmo na abertura da tumba de um rei que tivesse boa alma e poderes avançados, malefícios podem sobrevir como castigo por se perturbar o túmulo de tão avançada alma. Entretanto, os objetos roubados de seu sepulcro – como os escaravelhos – não teriam influência nociva, mas, ao contrário, benéfica. Se esse objeto for possuído por alguém com maus pensamentos, isso não o ajudará; pois seus benefícios são apenas para aqueles com bom caráter. Por mais nobre que seja a alma do falecido e por mais duradoura que seja sua influência espiritual, essa última regra sempre se aplica. O rei Tutancâmon, por exemplo, era um homem desses. Possuía grande conhecimento oculto e uma alma espiritualizada. A abertura de sua tumba trouxe grande sofrimento aos seus violadores, mas também, de modo insondável, ao mundo como um todo. Durante os próximos anos, o mundo sofrerá e pagará pela profanação dos mortos do Egito, embora esses problemas materiais sejam transformados em benefícios espirituais.

∿∿

"Repito, portanto, que os estrangeiros correm severos riscos quando, por causa de tesouros ocultos ou daquela exagerada curiosidade muitas vezes disfarçada de interesse científico, procuram explorar qualquer país antigo onde a magia era entendida e praticada. As tumbas secretas dos grandes Lamas em Lhasa, no Tibete, explicam em parte a relutância dos tibetanos em permitir que os estrangeiros entrem em seu país. No entanto, chegará o dia em que as pessoas poderão ver esses túmulos e interferir neles, atraindo para si os consequentes infortúnios.

"Na Antiguidade, o Egito era o principal centro de conhecimento e prática da magia. Na magia branca ou negra, ou seja, usada para fins bons ou maus, o Egito superava até mesmo a Índia. Essas poderosas forças psíquicas, libertadas no passado, ainda hoje afetam o país e seu povo − novamente, seja para o bem ou para o mal. Entre os malefícios, por exemplo, temos doenças como o eczema, que é simplesmente consequência das influências mágicas malignas que ainda persistem na terra e afetam os egípcios vivos.

"Que esta advertência seja transmitida pela sua escrita. Agora o senhor pode compreender a razão do nosso encontro. Mesmo que seja desprezado e ignorado, nosso dever − se o aceitar − terá sido cumprido. As leis da natureza não perdoam a ignorância, nem mesmo essa desculpa será levada em conta."

Assim termina a mensagem de Ra-Mak-Hotep. Transcrevi-a fielmente e a coloquei aqui pelo seu valor.

Nos reencontramos mais algumas vezes, o Adepto e eu, e então fui chamado a continuar minhas viagens rumo ao sul. A cada uma de nossas reuniões, armazenava em minha mente informações sobre os princípios da misteriosa fraternidade à qual ele pertencia. Ao fazer referência a algumas experiências minhas na Índia, onde conheci um jovem iogue que afirmava que seu mestre tinha mais de quatrocentos anos, Ra-Mak-Hotep com gravidade asseverou a perturbadora e incrível revelação de que ainda hoje existem alguns dos Adeptos que viveram e atuaram no antigo Egito.

Nunca esquecerei o estarrecimento com que recebi essa revelação.

O ponto central de suas afirmações se refere à existência de Adeptos cujos corpos jazem em estado de coma em certas tumbas egípcias ainda não descobertas e que, de acordo com ele, nunca serão encontradas pelos arqueólogos de hoje.

"Os túmulos desses grandes Adeptos", explicou, "foram muito bem guardados e jamais serão encontrados pelos seus 'escavadores'. Essas tumbas não são as dos mortos, mas dos vivos. Não contêm múmias, mas o corpo dos Adeptos num estado peculiar, mais bem descrito pela palavra 'transe'. O senhor descobriu na Índia faquires que se permitem ser enterrados, por breves ou longos períodos de tempo, enquanto mantêm seu corpo em estado de transe.[1] A função dos órgãos respiratórios foram completamente suspensas durante seu sepultamento. Até certo ponto, os Adeptos egípcios estão num estado semelhante, e, por ser muito mais profundo seu conhecimento, mantiveram seus corpos em transe, porém vivos, por milhares de anos.

"Além do mais, há uma diferença vital entre eles e os faquires hindus. Estes últimos entram num estado totalmente inconsciente durante o enterro e não se lembram de nada até despertarem novamente – a menos que sejam Adeptos, nesse caso jamais poderiam ser persuadidos a realizar uma demonstração pública de seus poderes. Os Adeptos egípcios, porém, permanecem plenamente conscientes enquanto estão enterrados e, embora seus corpos estejam em coma, seus espíritos estão livres e em ação. Na Índia, o senhor visitou o Sábio Que Nunca

AS TUMBAS: A SOLENE MENSAGEM DO ADEPTO

Fala, que vive perto de Madras, e na ocasião da sua primeira visita, encontrou-o em profundo transe, parecendo estar morto. Porém o senhor deve saber que a mente dele estava acordada, porque, em sua segunda visita, ele não apenas sabia de tudo que houve na primeira, como ainda mencionou ter se oposto à sua tentativa de fotografá-lo na ocasião. Esses homens operam nos reinos interiores do ser, ou até mesmo no reino físico, usando um corpo etéreo. Os Adeptos egípcios enterrados encontram-se mentalmente numa condição semelhante, enquanto fisicamente seus corpos estão, é claro, num transe muito mais profundo. Seus espíritos se movem e viajam, suas mentes pensam com plena consciência, e eles têm a vantagem de estar cientes dos dois mundos – o material e o espiritual.

"Seus corpos estão ocultos em túmulos desconhecidos, aguardando seus espíritos retornarem. Esses, algum dia, reanimarão seus corpos em coma, e poderão retornar mais uma vez ao mundo externo. O processo de reanimação precisará ser realizado por pessoas adequadas, que possuam o conhecimento necessário. Parte do ritual de despertar consistirá em entoar certas 'Palavras de Poder' secretas. Pode lhe parecer curioso, mas esses corpos jazem aparentemente embalsamados, pois estão envoltos em linho e fechados em sarcófagos. Há, porém, a diferença essencial de que o coração deles nunca foi arrancado, como ocorre com as múmias verdadeiras. Todos os seus órgãos vitais permanecem intactos, exceto o estômago, que colapsa devido ao fato de não receber alimentos desde o início do transe. Outra diferença é que o Adepto vivo tem o rosto e o corpo inteiramente coberto por uma camada de cera. Essa cobertura é aplicada após o estado de transe ter sido induzido.

"Seus túmulos foram bem escondidos, e são em número extremamente pequeno – é natural, visto que apenas os Adeptos altamente avançados poderiam entrar nesse estado, e nem todos estavam dispostos a isso. Não gosto de usar a palavra 'transe' no caso deles, porque não passa a impressão correta, mas não conheço nenhuma outra que possa ser usada de maneira adequada. Sua condição é bastante diferente, por exemplo, do transe de médiuns espíritas ou de pessoas hipnotizadas. Há graus muito profundos de transe que os pesquisadores modernos jamais identificaram. Todas as condições com que os pesquisadores tiveram contato até então são superficiais em relação ao estado profundo e incomparável dos Adeptos egípcios sepultados. No aparente repouso destes últimos há, na verdade, muita atividade; não estão de fato em transe, no sentido que entendemos essa palavra.

"Há um Adepto que está em sua tumba desde 260 a.C.; um outro desde 3000 a.C. e mais um que repousa há 10.000 anos! Todos trabalham ativamente, e em segredo, pelo bem-estar espiritual da humanidade. Apesar do fato de seus corpos estarem enterrados, sabem o que acontece no mundo inteiro. São homens perfeitos. Com isso, quero dizer que seus corpos não podem ser tocados — nem mesmo por um inseto ou parasita —, tão tremenda é a irradiação de suas forças espirituais. Ademais, permanecem em constante comunicação telepática com certos Adeptos vivos hoje num corpo físico. Os tesouros espirituais preservados pelos antigos Adeptos egípcios são entregues a esses Adeptos vivos. Quando chegar o momento de acordá-los, o ritual de estimulação precisará ser realizado por um deles."

EPÍLOGO

Após ter peregrinado por toda a extensão desta terra intemporal que é o Egito e testemunhado as coisas mais diversas e curiosas, regressei aos meus bons amigos que continuavam em eterna meditação na fronteira do deserto da Líbia.

"Dize-me, ó sábia Esfinge", clamei, "onde posso repousar meus pés cansados, que parecem ter caminhado o suficiente pela estrada poeirenta da vida?"

E a Esfinge respondeu:

"Pergunta Àquela de quem sou uma filha solitária, cujo ventre me gerou para suportar os golpes dolorosos deste mundo. Pois sou o próprio Homem e ali está minha mãe, a Terra. Pergunta a ela!

Então caminhei um pouco mais e cheguei à Grande Pirâmide. Adentrei a escura passagem e rastejei até as entranhas da terra, rumo às lúgubres criptas subterrâneas.

Pronunciei a senha de saudação, segundo as instruções do sétimo versículo do sexagésimo quatro capítulo do mais antigo livro de todo o Egito:

"Salve! Senhor do Santuário que Jaz no Âmago da Terra!"

Então sentei-me no chão rochoso e mergulhei minha mente em sua própria quietude nativa, aguardando pacientemente uma resposta.

Quando, enfim, apareceu o Grande, o Mestre da Morada Divina, supliquei-Lhe que me guiasse à presença Dela, a "Mestra do Templo Oculto", que não é outra senão a Alma Viva de Nossa Terra.

E o Mestre cedeu à minha forte súplica e me conduziu por uma porta secreta para dentro do Templo oculto nestas redondezas. A Divina Mãe me recebeu graciosamente, porém permaneceu sentada a distância e ordenou-me declarar o meu pedido.

A ela repeti a pergunta:

"Dize-me, ó Mestra do Templo Oculto, onde posso repousar meus pés cansados, que parecem ter caminhado o suficiente pela estrada poeirenta da vida?"

Antes de responder, fitou profunda e sinceramente os meus olhos:

"Sete caminhos se abrem diante de ti, ó Buscador. Sete degraus esperam ser escalados pelo homem que deseja adentrar meu domínio secreto. Sete lições devem ser dominadas pelos membros da raça humana que anseiam ver minha face desvelada. Até que tenhas peregrinado por todo o caminho, subido todos os degraus e dominado as lições, não podes esperar encontrar repouso para teus pés ou paz para tua alma."

Ouvi sua voz suave, que parecia falar de uma miríade de éons por trás de seus tons serenos, reverberando pelo Grande Salão do Templo.

"Quais são esses caminhos, ó Divina Mãe?"

Disse-me:

"A Estrada que leva a Muitas Moradas; o Caminho que Conduz ao Deserto, a Rua onde Crescem Flores Vermelhas; a Escalada das Altas Montanhas; a Descida às Cavernas Escuras; o Caminho da Peregrinação e o Caminho da Quietude."

Perguntei:

"Quais são os sete degraus?"

"O primeiro são as Lágrimas", respondeu, "o segundo, a Oração; o terceiro, as Obras; o quarto, o Repouso; o quinto, a Morte; o sexto, a Vida, e o último é a Compaixão."

"E quais são as sete lições que o homem deve aprender, ó Mãe?"

"O Prazer é a primeira e a mais fácil", respondeu, "a Dor vem depois; a Aversão é a terceira; a Ilusão, a quarta; a Verdade, a quinta; o Amor é a sexta, e a Paz deve ser aprendida por fim."

Refleti sobre suas respostas.

Então a Mestra do Templo Oculto se retirou do Grande Salão, e vi atrás dela uma grande estrela dourada, e dentro da estrela, uma coroa radiante com duas meias-luas de prata. Sob a coroa havia uma cruz branca e, em torno da cruz, sete rosas vermelhas.

EPÍLOGO

A Esfinge. Do acervo do autor.

A parede atrás era de um azul profundo e sobre ela de repente apareceram muitas palavras reluzentes como joias encrustadas. E dessas palavras, fui ordenado a ler apenas as últimas.

Eram as seguintes:

"Pois o Egito é a imagem das coisas do céu e, em verdade, um templo do mundo inteiro.

"E quando o Egito testemunhar essas coisas, então o Senhor e Pai, que é o Deus Supremo, Primeiro em Poder e Governador do Mundo, examinará o coração e as ações dos homens e, por Sua vontade, virá convocá-los para sua antiga bondade, a fim de que o mundo em si possa parecer verdadeiramente uma obra adorável de Suas mãos."

COMENTÁRIO SOBRE O EPÍLOGO
(Dado ao autor para explicar seus sentidos simbólicos)

SETE CAMINHOS

Muitas Moradas – nos templos há capelas, santuários, criptas e câmaras, cada um servindo a um propósito. As muitas moradas servem para a obtenção de uma experiência completa, a realização como seres humanos e a construção dos diferentes aspectos da natureza. É preciso harmonizá-los. Cada morada é um aspecto do ser – incluindo o externo (a sociedade é a morada dos outros).

Caminho que Conduz ao Deserto – O eremita se retira para encontrar a paz (na natureza) após se afastar do mundo (primeiro externa, depois internamente) e deixar de encontrar satisfação em coisas mundanas (a sociedade e a natureza humana).

Rua onde Crescem Flores Vermelhas – O astral, as paixões que atormentam a pessoa que busca alcançar a autopurificação. As flores da paixão são herdadas da natureza animal, mas não somos apenas animais, por isso devemos controlá-las. Essa rua é a nossa herança animal – e devemos afirmar nossa humanidade controlando nossos instintos.

A Escalada das Altas Montanhas – A aspiração é essencial para nos alçar a partir do nível onde estamos. Esse é o anseio do ser superior. É preciso coragem para isso. É solitária a escalada de quem se ergue da multidão satisfeita com pequenas contentações.

Descida às Cavernas Escuras – Há fases em que não se consegue enxergar o caminho – tateamos, cercados pela escuridão. A escuridão é a incerteza, ou seja, se estamos avançando ou regredindo. Quando essa sensação se torna aguda, temos a noite escura da alma, onde há um grande deserto espiritual, uma estagnação. Interiormente estagnado, as aspirações se acalmam e ficam inertes. Essa escuridão deve ser suportada (pois também passará).

Caminho da Peregrinação – Este é o caminho da incapacidade de se ver satisfeito com o que foi conquistado. Deve-se continuar buscando – a sede pelo conhecimento. Pode-se passar por diferentes ensinamentos e assimilar algo de cada um. Durante esse período, você é um sábio peregrino e um buscador.

Caminho da Quietude – No final deve-se abandonar toda a aspiração, e a visita a centros e gurus. Deve-se aquietar-se e permitir que o Deus interior conduza e ofereça a graça. Deve-se confiar no Deus interior.

Dependendo do histórico prévio, é necessário percorrer esses caminhos em maior ou menor grau.

SETE DEGRAUS

Lágrimas – Todos devemos passar pelo sofrimento a fim de ele nos mostrar que o mundo não é o que parece ser, ou seja, um lugar prazeroso.

Oração – Ore pedindo orientação e auxílio.

Obras – É preciso se aperfeiçoar para se tornar melhor.

Repouso – Aqui o equilíbrio é alcançado e se chega à metade do caminho, o final da parte mais longa e o início da parte mais breve. Descansa-se do esforço realizado no longo caminho (as disciplinas). Pondera-se o que foi obtido. Agora se pode descansar desses esforços, o que permite a paz. Chegou-se ao breve caminho.

Morte – A morte do ego é revelada no breve caminho. A vida que se desenvolve no Eu Superior faz o ego morrer sem o seu esforço.

Vida – A etapa em que se obtém a união consciente com a vida, a mente e o poder – o ser consciente por trás do universo (*Īśvara*). Há harmonia entre *Īśvara* e a Sua vontade.

Compaixão – Após a harmonia e a unidade com *Īśvara*, é alcançada a consciência e a paz interior. Então vem o sentimento de que se está bem...

mas há os outros que não estão encontrando nem procurando. A compaixão, ou piedade, desperta. Esse é o último degrau, porque é necessário refazer o caminho e se colocar no lugar dos outros e levantá-los para que consigam prosseguir. Isso pode ser realizado de diversas maneiras – publicamente, em segredo, por meio de aulas, escritos, instituições. Alguns permanecem no escuro, mas outros não.

SETE LIÇÕES

Prazer – A lição mais fácil de aprender; há uma alegria temporária, todavia, é sempre seguida pela dor. Havendo a expansão a partir do prazer, segue-se a contração pela dor.

Dor – Fornece a contrapartida valiosa para as lições do prazer.

Aversão – Gera apenas mais aversão, infinitamente. Devemos aprender sobre o carma, e que a aversão volta como um bumerangue. Devemos aprender a assumir o oposto da aversão, que é a compaixão ou amor. Os efeitos da aversão afligem os outros, assim como a si mesmo. As nações também sofrem assim.

Ilusão – Desperta da natureza ilusória do mundo e da vida pessoal: aqui começa o breve caminho. Temos metafísica para entendê-la no nível intelectual e experiência suficiente para enxergá-la na vida real e não sermos enganados. Aqui se move rumo à consciência do Eu Superior. Percebemos como a ilusão é pequena em comparação com o real.

Verdade – Esta é a mais difícil de suportar. É preciso encarar a verdade sobre si mesmo e para si mesmo, a verdade de que a vida pessoal precisa ser abandonada no fim (pois não há imortalidade para a personalidade). Isso precisa ser encarado e aceito, e é verdadeiro em todo o universo – tudo está condenado a se desintegrar. Mas isso acontece por fusão, ao nos perdermos no grande oceano do Ser, portanto não é uma perda total.

Amor – A grande harmonia, a música das esferas, a harmonia cósmica. O significado tremendo no propósito de Deus, que pode nem sempre atrair o homem. Essa é a relação amorosa entre os homens, e entre Deus e o homem.

Paz – Aqui não há mais demandas nem desejos, e se está satisfeito com o ser interior. Não há mais reencarnação forçada (pois retornamos através de nosso desejo). Quando se liberta disso, alcança-se à paz. Isso não é apreciado até que se tenha a experiência. As almas mais velhas já experimentaram tudo, e por isso valorizam a paz – é uma questão de idade ou maturidade da alma.

No fim do Epílogo, o "Governador" é *Īśvara*: corresponde à consciência, ou seja, ver o mundo como obra de Suas mãos.

NOTAS

CAPÍTULO 1

1. Ureu, do latim *uraeus*, é a representação da serpente sagrada que aparece na arte egípcia antiga, especialmente no toucado dos governantes, sendo usada como símbolo de soberania. Fonte: *The Merriam-Webster Dictionary*. (N.E.)

CAPÍTULO 2

1. "Todos os fatos levam à conclusão de que os egípcios já haviam feito imenso progresso na arte da civilização antes da época de Menés, o primeiro dos faraós, e talvez antes de se estabelecer no vale do Nilo", considerou *sir* J. G. Wilkinson, um dos mais notáveis egiptólogos já formados pela escola inglesa.

CAPÍTULO 3

1. Esta última frase é uma correção posterior feita por Paul Brunton, haja vista que o livro foi publicado pela primeira vez em 1935. (N.E.)

CAPÍTULO 4

1. A descida ao inferno é fácil. (N.T.)
2. O Dr. Abbate Pacha, vice-presidente do Instituto Egípcio, passou uma noite no deserto próximo às Pirâmides, na companhia de William Groff, membro do Instituto. No relato oficial de suas experiências, dizia: "Por volta das vinte horas, reparei numa luz que parecia girar lentamente em torno da Terceira Pirâmide, quase até o ápice; era como uma pequena chama. A luz deu três voltas em torno da Pirâmide e então desapareceu. Durante uma boa parte da noite observei com atenção essa Pirâmide e perto das vinte e três horas notei novamente a mesma luz, mas agora era de uma cor azulada. Subia devagar, quase em linha reta, chegando a certa altura acima do vértice da Pirâmide, quando então desapareceu". Ao buscar entre os beduínos uma resposta para suas dúvidas, Groff descobriu que essa luz misteriosa havia sido vista com mais ou menos frequência no passado, e as tradições de sua existência remontam há séculos. Os árabes explicavam essas luzes como espíritos guardiões da Pirâmide, mas Groff tentou, sem sucesso, encontrar uma explicação natural para o fenômeno.

CAPÍTULO 6

1. Tradução aproximada do editor: "No entanto, o perigo científico aqui não reside tanto nos estatísticos excessivamente zelosos, como nos que tendem a seguir sua intenção sobre um número limitado..."
2. Os iogues da Índia me deram uma explicação um tanto parecida desse fenômeno. Alegam que todo homem possui um "corpo anímico" invisível e que neste há sete centros nervosos situados na região próxima ao sistema cérebro-espinhal e ligados ao cérebro superior, e cada um desses centros invisíveis controla nossos sentidos físicos como verdadeiros agentes fiscalizadores. Assim, situaram o primeiro centro na região sacral, controladora do olfato; o segundo centro, controlador do paladar, está situado no baço; o terceiro, que corresponde à visão, está

no umbigo, e assim por diante. Segundo sua teoria, os objetos externos são realmente percebidos pelos sentidos desse "corpo anímico", que é o agente interno cuja cooperação é essencial para o funcionamento bem-sucedido de todos os sentidos físicos do homem. Esses são meros instrumentos, sem tal cooperação se tornam incapazes de realizar suas funções. Em outras palavras, a visão, a audição, etc. são principalmente faculdades mentais, e apenas secundariamente físicas. Os iogues alegavam que, por meio do controle *consciente* da atenção, ao se concentrarem profundamente, as proezas realizadas pelos voluntários hipnotizados podem ser feitas à vontade, sem um hipnotizador.

CAPÍTULO 7

1. Lembro agora que Brama, o iogue hindu do meu livro *Índia Secreta*, cuja trajetória acadêmica era semelhante à de Tahra Bey, me contou certa vez que qualquer iogue praticante da proeza de ser enterrado vivo, por um período predeterminado de tempo, se recusava a ser enterrado onde houvesse criaturas destrutivas, como as conhecidas formigas brancas, capazes de perfurar caixões de madeira e devorar o corpo em transe.

CAPÍTULO 11

1. A tradução usada aqui é de Haroldo de Campos. Provavelmente por equívoco, Paul Brunton menciona a *Odisseia*, mas, na verdade, o verso é da *Ilíada*, canto II, vv. 139-40. (N.T.)

CAPÍTULO 13

1. Esta não é mais a explicação para a precessão dos equinócios; e sim para a oscilação do eixo da Terra. (N.E.)

CAPÍTULO 19

1. No relato sobre os iogues indianos em meu livro *Índia Secreta,* há uma referência a um desses faquires no Capítulo 6. Pode ser de interesse do leitor suplementar essa referência com os seguintes detalhes, que cito do relato oficial de *sir* Claude Wade.

O faquir era enterrado vivo dentro de um caixão situado num cubículo de um metro de profundidade abaixo do assoalho e guardado por duas companhias de soldados. Quatro sentinelas foram mobilizadas e revezavam a cada duas horas, noite e dia, para proteger o lugar contra intrusos.

"Ao abrir o caixão", escreveu *sir* Claude, "vimos a figura dentro de um saco de linho branco preso por um cordão acima da cabeça. O ajudante começou a derramar água morna sobre o corpo – as pernas e os braços estavam enrugados e rígidos, o rosto intacto, e a cabeça reclinada no ombro como a de um cadáver. Então chamei o médico que estava nos atendendo para que viesse examinar o corpo, assim o fez, mas não conseguiu encontrar nenhuma pulsação no coração nem nas têmporas ou no braço. Havia, porém, um calor na região do cérebro que não existia em qualquer outra parte do corpo. O processo de reanimação incluía banhos com água quente, fricções, a remoção da cera e do algodão das narinas e orelhas, massagens nas pálpebras com manteiga clarificada e o que parecerá o mais curioso para muitos: a aplicação de um bolo de trigo quente de cerca de dois centímetros de espessura no topo da cabeça. Após o bolo ser aplicado pela terceira vez, o corpo teve uma convulsão violenta, as narinas se inflaram, a respiração começou e os membros assumiram a plenitude natural, mas mal se podia perceber a pulsação. A língua foi untada com a manteiga clarificada, os globos oculares se dilataram e recuperaram a cor natural, então o faquir reconheceu os presentes e falou."

Lembro-me de um ancião indiano que havia testemunhado o caso de um iogue enterrado vivo por vinte e sete dias. Segundo ele, quando o homem foi desenterrado e ressuscitado, o ar entrou em seus pulmões com um assobio, como o apito de um vapor.

ÍNDICE REMISSIVO

Esta terra antiga. Do acervo do autor.

A

ábaco (elemento arquitetônico), 259
Abaz I, 261
Abbate, Pacha, Dr., 376
Abd el-Kurna, 344
Abidos, 202-04, 209-12, **213**-14, 277, 280
    Tábua de, 208
Abissínia, 122, 177-78
Abraão (Antigo Testamento), 178, 186
Abu Shrump, xeque, 294, **295**, 296, 299
    talismã de, 301-02
Adão (Antigo Testamento), 178, 191
Adepto, 229-31, 239, 263, 354-56, 357, 362-64
    e faquires da Índia, 362

Ades, M. Eduard, 127-**128**, 128-34

África do Sul, 336

ágata, lembrança de um mago, 124

Agulha de Cleópatra, 228

Ahmed al "Rifa'i", 334

Al Ahram (jornal do Cairo), 114

álcool no islã, 197-98

Alcorão, 109, 120, 163-64, 166, 171-73, 178, 179, 181-83, 186, 188-89, 194, 198-**99**, 296-97, 299300, 302, 309, 318, 320, 333

Alexandre, o Grande, 47, 56

Alexandria, 262, 264, 266

    Biblioteca de, 228

Aliança, 100

alma, 53, 99-100, 102, 154, 156, 158, 161, 216-17, 220, 243, 346, 348-50, 355, 366

    e os Mistérios, 218-22, 225-27, 233-34, 236, 239-41, 244, 338, 348

        no islã, 186

        poder da, 154, 160

        símbolo do pássaro de, 99, 219, 221

Almamune, califa, 78, 84

al-Maraghi, xeque, Mustafa, 181, **184**

Alto Egito, 36, 49, 269

Amenhotep III, 343

Amenhotep, 284

Amentet, 348

Amenti, a Terra Escondida, 55

América Central, 335

Amon, 100, 270, 282-83

    e Amunet, 273

Amon-Rá, 270, 275, 282, **284**, 348

    Grande Salão de, 269, 288

Templo de, **271**, 280, 291, 337.

Ver também Salão Hipostilo

amuletos, uso de, 243, 360

Amunet (deusa), 271-73

anjos, 120, 161, 178, 200, 240

Ano Novo, procissão de, 215

ansata, **273**. *Ver também* cruz ansata

Anu, 213

Anúbis, 208, **209**, 234

    Mestre dos Mistérios, 234, **235**

Apepi (demônio egípcio), 337

Apuleio, iniciado nos Mistérios de Ísis, 222

"Aquietai-vos e sabei que sou Deus", 205

Arafat, 179

Aristides, iniciado nos Mistérios, 238

Aristóteles, 237

Armais, 28

Arriano (historiador), 47

Assuã, 282

Astecas, 335

astrologia, 122, 252. *Ver também* horóscopo, zodíaco

Ataba el Khadra (praça no Cairo), 105, 112, **126**

Atlântida, 20, 23, 36, 42-46, 50-52, 101, 211, 222, 226, 255, 263-64, 278, 335

    e América Central, 42-43, 211, 335

    e origem da Esfinge, 42-43, 50

    e origem da Grande Pirâmide, 50

    emigração de, 42-43, 211

    naufrágio de, 42, 101, 211, 263

Aurélio, Marco, 40

ÍNDICE REMISSIVO

B

Ba (homem-pássaro), 99, 218-**219**, 221, **235**, **242**

Bab el Wazir (cemitério no Cairo), 107, **126**

Babilônia, escrita e desenho, 263

bastão **209**

Belerofonte (navio), 21

Benares, 142

Berger, Dr., 134

Bes, **244**

Bey, Khaled Hassanein, Sua Excelência, 173

Bibars, Al Sahir, rei, 193

Boussard, tenente e Pedra de Roseta, 266

Buda, 199

Budge, Wallis, 26, 60

C

Caaba, 177, 181

Cádi, Grão (Sudão), 183

Cadija, esposa de Maomé, 175-76

Cairo, **104**, 105, **108**, **126**, 127, 172, 183-85

    bairro europeu, 126

    mesquitas de, 68, 165-68, **169**-70, **187**

        Ponte Qasr el-Nil, 117-**19**

        Praça Ismailia, 126, 170

        terremoto, 68, 71

Caldeus, 253

Câmara da Rainha, 65, 74, 88-89, 92

Câmara do Rei, 58, 60, 64-**65**, 65, 71, 74, 77, 78-79, 81, 85, 89, 90-92, 99, 102, 123, 216, 277-78

    diagramas de, **65**, **73**, **79**

Cambises, 21, 343

camelos, 19, 107, 120, 175, 179, 256

Caminho Aberto de Jesus, 248

caminho do Sonho, 96

Carlos, rei da Romênia, 136

Carnarvon, lorde, 117

Carter, Sr. Howard, 302

cartuchos, 80, 208, 281

Caviglia, Capitão (arqueólogo), 40, 49, 77, 85

Celtas, Mistérios dos, 237

cenotáfio, 210

Cesarião (filho de Cleópatra), 261

cetro do Egito, triplo, 208-**09**

chá, persa, 109, 123, 173

Chave dos Mistérios, 208, 272-**73**

China, antiga, escrita e desenho, 263

Cícero, iniciado nos Mistérios, 238

Cidade do Sol. *Ver* Heliópolis

Cidade dos Mortos, 24-25, 26, 28

ciência, 44, 127, 136, 155, 160-62, 173, 182, 194, 231, 255, 338

Cinégio, 259

clarividência, 134, 135, 234, 273, 352

Cleópatra, 21, 261-**262**

cobras. *Ver* serpentes

Colinas de Mokattam, 68, 107

Colossos de Mêmnon, **343**

coma cataléptico, 142, 146, 151-55, 159-60, 218

Cook, Capitão, 43

Coptas, 138

coração, pesagem do, 348

cordão umbilical, psíquico, 99

Coríntios, Livro de, 227

corpo anímico, 376

Cretenses, Mistérios dos, 237

criptas, usadas na iniciação, 28, 239, 246-48, 277-79, 332

    do Templo de Dendera, 261

Cristo, 176, 185, 203

    e o ensino dos Mistérios, 220, 247-48 *Ver também* Jesus

Crotona, Academia de Pitágoras, 233

cruz ansata, 208, **219**, 272-**73**, 274, 348

curandeiro(a), 105-07, 112, 119

curvar a língua, 152-53

D

Daoud, Ismail, 7

Davison, Nathaniel, 77-78

Deir el Bahri, 351

Departamento de Antiguidades, Egípcio, 81-83, 277

dervixes Rifa'i, 332-34

Dervixes, 158, 161, 296-**297**, 300-02

    canção de, 297

    manipulação de cobras, 319, 323

    Rifa'i, encantamento de, 323, 332-34

Deus da luz, o Sol, 43

Diodoro, 237, 349

Dixon, Waynman (engenheiro civil), 88

do islã, xeque, Sua Eminência, 181

Dra Abu el-Naga, 344

Dravidianos, 335

Druidas, 335

    Mistérios dos, 237

Duplo, luminoso, 244

E

Edfu, templo de, 49, 331, 333

Édipo, 48

Einstein, 293

el Badawi, xeque Sayid Ahmad, 138

el Hawi, xeque Moussa, 306, 323-44

elementais, 94, 357-60

encantadores de serpentes, 303, 313

encantamentos e invocações, 106, 121, 122, 136, 320, 323, 332-33

entidades espirituais, mal, 358-60

equinócio, precessão de, 60, 251-53, 377

escaravelhos (besouro), 260, 346, 360

    símbolo da vida e ressureição, 349

escorpiões, 285, 308-**09**, 310, 315, 318-19, 331-**33**, 341

escrita demótica, 267

Esfinge, 19, 35, 365, 367

    e o deus Hormakhu, 273

    e o Sol, 44

    escavações da, 39-41

    gênios, guardiões da, 123-24

    idade da, 42

    mutilações na, 46-48

    relevos esculpidos de, em Karnak, 271-74

ÍNDICE REMISSIVO

Espanha, Rainha de, 140

espíritos malignos, 359

Ésquilo, iniciado nos Mistérios, 238

estado de morte, 99-100

Estobeu, iniciado nos Mistérios, 234

Estrabão, 203

Estrela do Norte, 283. *Ver também* Estrela Polar

Estrela Polar, 60-61, 88, 251

Êxodo, Livro do, 304

F

fantasmas, 26, 94, 290

faquires, 105, 106, 136, 149, 303, 316, 319, 354, 362, 378

    Rei Salomão como primeiro dos, 320, 334

    testado por médicos, 140-44, 146-47, 153

Filipe da Macedônia, **271**, 283

Forte St. Julien, 267

Fosso (câmara na Grande Pirâmide), 76, 86-87

Fuad I, Rei do Egito, 136

G

Gabriel, 178

Gahba, xeque Mekki, 294

Ganges, água e ritual, 256

Gênesis, Livro do, 44, 61

Gênio (guia), 244

gênios, 111, 118, 119-24, 294, 302

    como guardas, 123

    comparados com anjos, 120

    pedidos de, 120

Gizé, 26, 38, 49, 69, 86

glândula pineal, 273

Godivari. *Ver* Ganges

Gósen, 230

governo, símbolos de, 208

Grã-Bretanha, antiga

    e Egito, 261

    e o culto de Serápis, 261

    Mistérios de, 237

Grande Galeria, 59, 64, **65**, 74, **75**, 77, 85-86, 88, 93, 280

Grande Pirâmide, **19**, **25**, 29, 50, 55, 81, 123, 210, 216, 228, 274, 278, 280, 365

    a Gruta (câmara) em, 85-86

    chamado *A Luz*, 68

    e longitudes, 56

    entrada de, 69-72, 73

    gênios como guardiões de, 124

    hieróglifos dentro e fora, 64, 68, 80

    idade de, 57, 61, 100

    o Fosso (câmara) em, 76, 86-87

    o Poço (eixo) em, 76, 85-86

    protegido pela Esfinge, 274

    Sala do Conhecimento em, 97

    salvaguarda em, 79

    santuário mais importante dos Mistérios, 228

    seres benevolentes em, 95

    seres hostis em, 94

    Sumo Sacerdote em, 95, 100-02, 216

    vida animal em, 92

Grande Precessão, 251

Grande Salão de Amon-Rá, 269, 271, 288

Grande Templo de Heliópolis, 229

Grandes Mistérios, 234

grego
    governar o Egito, 266-67
    idioma usado no Egito, 266-67
    Mistérios, 237
    representação dos Mistérios, 220

Groff, William, 376

Gruta (câmara na Grande Pirâmide), 85-86

H

Harakhte, 206, 348

Harmaquis (deus Sol), 28

Harun al-Rashid, califa, 70

Hassan, professor Selim (arqueólogo), 28, 49

Hassan, Sultão, mesquita de, hieróglifos quase faltando, 68, 126

Hathor (deusa), 244
    templo de, 215-17, 251, 259-62, 275-76

Hatshepsut, Rainha, **271**, 282-**84**, 288, **291**

Heliópolis, 43, 210, 228-29, 266, 281

Heqet, **244**

Heráclito, iniciado dos Mistérios, 238

Hermes (Profeta), 246

Heródoto, 210, 228, 253
    iniciado dos Mistérios, 224, 265

Heru-Khut, deus da Esfinge, 38

Hichens, Robert (romancista), 115

hierofantes, 215, 220, 236-39, 239-40, 273, 278
    comparado com hipnotizador, 234-36
    desaparecimento de, 237-39, 247

hieróglifos, 28, 37-38, 49, 98, 205, 208, 215, 218, 220-22, 228, 239, 247, 258-60, 263-67, 272, 275, 281-83, 288, 290, 346, 348, 356
    descrito por Plotino, 264
    quase ausente na Grande Pirâmide, 64, 68-69, 80
    significado secreto ou esotérico de, 230-31, 262-65, 272

Hindus, Mistérios de, 237

Hira, Monte. (Arábia), 175

Hititas, **271**, 281-82,

Homero, 227, 269
    iniciado dos Mistérios, 227

Hormakhu, deus associado com Esfinge, 273

horóscopo, 110. *Ver também* astrologia

Hórus, 22, 206, 221, 260, 271, 273, 282, 349
    cabeça de falcão, 23, 208-**09**, 246, 274

I

íbis, 264

Igreja Cristã triunfa sobre a antiga religião egípcia, 259

Ilha de Páscoa, 43

ÍNDICE REMISSIVO

Imperador negro da Abissínia, 177

incas, 42

Índia, 30, 42, 55-56, 106, 116-17, 124, 136, 139, 144, 152-54, 160, 197, 256, 304, 317, 334-336, 361-63, 376-78

Índia Secreta, 116, 377

índios americanos, Mistérios de, 42, 237

iniciados e iniciação

    de estrangeiros, 222-25

    de faquires, 137-38

    de magos, 120-21

    Dervixe, 316-17

    e glândula pineal, 273

    e sobrevivendo à morte, 235-36, 348

    importância da escuridão, luz solar, 277-78

    nos Antigos Mistérios, 208, 215, 233, 254, 259, 264, 272-73, 278, 332, 337, 338

        Órfico, 233

        símbolos de, 208-10

        uso de cripta, 332

invocações Rifa'i, 323

iogue(s), 124, 142, 145, 152, 319, 354, 362, 376-78

Iseion, 226

Iside et Osiride, De, 226

Ísis, 22-23, 222, 226, 241-42, 243, 260, 283

    irmã de Néftis, 241

    Mãe da Sabedoria, 206

islã

    a alma no, 186

    divórcio no, 197

    e álcool, 197-98

    e ciência, 181-84, 194

    e monges, 199

    e mulheres, 194-96, 198

    e poligamia, 196-98

    guerra e conquistas, 190-92

    oração no, 189-90

    papel das mesquitas no, 181-85, 188-90

    propagação de, 190-93

    universidades do, 181-82, 193-94

Ismael, 187

J

Jafar, 177

Jâmblico, iniciado dos Mistérios, 224-26, 265

Japão, Mistérios no, 238

Jesus, 21, 177-78, 187, 199, 248

    e o Caminho Aberto, 248

Jiu-jítsu, 238

José, filho de Jacó, 58

Josefo, historiador antigo, 63

Júlio César, 261

jumento, **340**, 342, 344-45, 351, 356

K

Ka, **244**

Karnak, 269, 287, 337, **345**

    como sede egípcia do sacerdócio, 269

Khaled Hassanein Bey, Sua Excelência, 173

Khamseen (vento), 36

Khepera, deus da imortalidade, 26

Kheta, 282

Khetasira, (rei hitita), 282

Khnum Khufu, 80

Khnum, 80

Khufu (Rei), 31, 57, 80

Kurna, 294, **295**, 302, 344

kwappo, 238

L

Lamas, tibetano, 261

Lane, Edward, 182

Latif, Abdul, 48, 68

Latona (deusa), 48

Lhasa, Tibete, 361

Líbano, cedros de, 281

Licurgo, iniciado dos Mistérios, 224

Lindsay, lorde, 78

Livro Daquele que Está no Submundo, 339, 346

Livro do Mestre do Templo Secreto, 242

Livro dos Mortos, O 210, 218, 241-43, 265

autor de, 263

Livro dos Portões, 346

longitudes e meridiano central, 56

lótus, 206, **209, 246**

Louvre, 236

Lua, fases e iniciação, 274

Lua, senhor da (Thoth), 274

Lúcio, 222-24

Luxor, 201, 269-70, 285, 289, 291, 293-94, 296, 304-05, 308, 323, 341

Tebas dos últimos dias, 350

Templo de, 356, 357

Luz, A (nome da Grande Pirâmide), 68

Luz, algo mais próximo de Deus, 44

M

Maçonaria, 208-09, 238

magia, negra e branca, 78, 105, 111-14, 118, 119-25, 176, 202, 207, 217, 229-30, 236, 238, 247, 274, 300, 302, 304, 310, 318-20, 328- 30, 332, 357-61

Maias, 42, 237

mamelucos, 46

Manetho, 229

Maomé, 165, 172, 175-79, 181-83, 186-88, 197-99, 302, 308

Marco Aurélio, 40

Mariette, Auguste (arqueólogo), 28, 40

Maspero, 40

Meca, 106, 170-71, 175-78, 181, 190, 200, 294

Medina, 178

Mêmnon, Colossos de, **343**

Menés, primeiro faraó, 21, 375

Mênfis, 26, 228, 236, 267

Menipo da Babilônia, iniciado nos Mistérios, 238

Meresar, 282

mesquitas do Cairo, 69, 165-**66**, **167-69**

Mesquitas

não são essenciais para o islã, 189

primeira, 178

Mil e uma Noites, 70

Mistérios de Elêusis, 237

Mistérios egípcios, 222. *Ver também* iniciados e iniciação; Mistérios; Osíris e mistérios de Osíris

Mistérios, 208-10, 215, 233, 254, 259, 265, 272-75, 278, 332, 337, 338, 348

Chave para, 208, 272-**73**

comparados à experiência hipnótica, 218-19, 234-79, 239, 364

de Ísis, 220-224

de Osíris, 210, 216, 224

Grandes, 234

Iniciados famosos, 222-29, 234, 237, 264

Moisés, 21, 46, 178-79, 186-87, 199, 227-30

Iniciado nos Mistérios, 227-29

monges, indesejáveis no islã, 199

morcegos, 87, 92, 202, 287

hibernação de, 155

no templo de Dendera, 260

símbolos pintados de, 346

morte, 245

e iniciação, 233

e os Mistérios, 217

sensação de morte, 98

Sócrates em, 237

Muhammad Ali, Sharia (rua do Cairo), 126, 171

mulheres no islã, 195-96, 198

múmias, 26, 64, 202, 218, 347, 347, 349

ligado a entidades malignas, 359

Mussolini, Benito, 136

Mut, Templo de, 283

N

Naga Tahtani, **289**, 293, 295

najas, 28, 304-5, 310-**11**, 312, 314, 317, **322**, 324, **325**-27, 328, 329-31, 335-37

real, 276

Napoleão, 21, 46, 56, 230, 252, 266-67

e Almirante Nelson, 266

e mapeamento do Egito, 56-57

"nascido duas vezes", 220

Neferhotep, Rei, 210

Néftis, **241-42**

Nilo, 21, 36, 39, 42, 46, 56, **67**, **157**, 210, 256, 263, 266-71, 274, 330, 356, 375

Nova York, 67, 174, 286

Novo Testamento, 227

Nu, 242, 283

Núbia, 39, 258

O

obeliscos, 228, 254, 271, 282-**84**, 288, **291**, 337

Oberammergau, 220

Odisseia, 227

On (cidade). *Ver* Heliópolis

oração, no islã, 189-90

noturna, 215-16

Osarsiph (nome de Moisés), 229

Osíris e Mistérios de Osíris, 22, **23**, 47, 202-03, 205-06, 209-14, 215-**17**, 218-**221**, 224-225, 226, 229, 236, 239, **241-42**, 243-44, **246**, 265, 275, 277, 348-50

desmembramento de, 243

divindade suprema, 206

morte e ressurreição, 215, 218, 220, 277

rituais mais elevados, 229, 236

templos de, 202, 210, **217, 251, 271, 276**-78, 337

P

Palavras de Deus, 264-65

"Palavras de poder", 121, 274, 363

Paris, 58, 236, 249

Pedra de Roseta, 267

Pedra Sagrada, 181. *Ver* Caaba

Pedra Viva (do islã), 181

Pentateuco, 230

peregrinação a Meca, 190, 294

Persigny, M., 58

Peru, 43

Petrie, *sir* Flinders (arqueólogo), 60

Petrônio, 343

Píndaro, iniciado nos Mistérios, 238

Pitágoras, 214

iniciado nos Mistérios, 224, 238

Platão, 227-28

iniciado nos Mistérios, 224

no Egito, 43

Plínio, 24, 55-56

Plotino

em hieróglifos, 264

iniciado nos Mistérios, 264

Plutarco, 206, 224-25

iniciado nos Mistérios, 224

Poço, o (eixo na Grande Pirâmide), 76, 85-86

poligamia no islã, 197-98

Ponte Qasr el-Nil no Cairo, 114, 117-**19**, 126

poupas, com crista, 270

Praça Ismailia, Cairo, 126, 170

prata para os muçulmanos, 308

precessão dos equinócios, 60-61, 251-53, 377

Preyer, Dr., 134

Primeira Pirâmide. *Ver* Grande Pirâmide

Proclo, iniciado nos Mistérios, 227

Proctor (astrônomo), 58

Prosérpina, 224

Ptah, 206, 349

Templo de, 290-91, 292

Ptah-Mer, Sumo Sacerdote de Memphis, 236

Ptolomeu II, 283

Ptolomeu V, 267

Ptolomeus, 259-61, 270, 275, 284, 288, **291, 343**

Q

Quarta Dinastia, 24, 32, 39, 57, 80

Quatro Deuses, Guardiões da Humanidade, 51

Quatro Sagrados, 51

Quéfren (Rei), 31, 39, 49

Quensu, deus com cabeça de falcão, 270

templo de, 270-**71**, 277-78

Quéops, nome grego para Khufu, 57, 80. *Ver também* Khufu

ÍNDICE REMISSIVO

391

R

Ra (deus Sol), 20, 38, 213
  hino a, 44
  oferenda, 103
Ra-Mak-Hotep, **353**, 355-57, 361-62
Ramsés II (Ramsés, o Grande), 208,
271, 282, 284, 348
Ramsés IV, 271-72, 274, 280
Ramsés IX, **339**, 347
Reis Adeptos do Egito, 358
Representação da Paixão, Europa, 220
Representação dos Mistérios,
Grécia, 220
ressurreição, 46, 52, 215, 218, 245, 349
  de Osíris, 215, 218, 219, 277
  por faquires, 138
Romanos, Mistérios de, 237

S

Said (faquir), 158-59
Sais, local dos Mistérios
Osirianos, 212
Sala do Conhecimento
na Grande Pirâmide, 97
Saladino, 21
Salão Hipostilo, **213**, **271**, 280, 288,
288-**91**. *Ver também* Amon-Rá,
Templo de Salmista, 205
Salomão, Rei, 312
  primeiro faquir, 320, 334
segredo, importante na iniciação, 222,
228, 236-37, 273-74, 277
Segunda Pirâmide, 39, 49, 66
Sekhmet (deusa), 290

Ser, celestial, 244
Serápis, 261
serpentes, 159, 285-86, **305**, **313**,
325-27, **329**, **339**
  adoração em várias religiões e
culturas, 334, 335-36 *Ver também*
najas; encantadores de serpentes;
símbolo de *uraeus*; víboras
  e força criativa divina, 337-38
  em países cristãos, 335
  mal e bem, 336-37, 338
  mordendo o próprio rabo,
símbolo do Universo, 338
  na escultura, 337
  nos mistérios antigos, 338
  simbolismo de, 49
Set, satã egípcio, 49
sete
  maravilhas do mundo, 56
  simbolismo de, 279-80
Seti I, 202-03, 205, 207-09, **211**, 213,
280-81, 284
  cenotáfio de, 210
  templo de (em Abidos), 202
  túmulo de, 347
Shrump. *Ver* Abu Shrump, xeque
Shu, deus do ar, 210
Siene (atual Assuã), granito de, 63,
89, 282
símbolo de *uraeus*, 28, 49
Sirry, xeque Ahmad, **297**
Smyth, Piazzi (astrônomo), 59, 62, 72,
73, 79
Sócrates, sobre a morte e os

Mistérios, 238

Sófocles, iniciado nos Mistérios, 238

sol alado, 275, 283, 349

Sol

adoração, 28-29, 39, 42-46,
103, 274

alado, 260, 275, 283, 349

Cidade do, 229. *Ver* Heliópolis

e iniciação, 274, 278-79

Templo do, 42-44, 228

Sólon, iniciado nos Mistérios,
224, 238

Sumos Sacerdotes, 124, 218, 223, 236,
278, 344, 358, 360

e demônios, 247

na Grande Pirâmide, 95,
100-02, 216

T

Tábua de Abidos, 208

Tahra Bey (faquir), 106, 136-47,
149-62, 377

fotografias de, **135, 137, 139, 147,
150, 156**

Tales, iniciado nos Mistérios, 224

talismãs

do xeque Abu Shrump, 294,
300, **301**

do xeque Moussa el Hawi, 318-19,
320, 328-29, 329-30

Tanta, 138, **157**

Tártaros, 192-94

Tebas, 48, 269, 341, 349

atual Luxor, 350

Tehuti, 263

Templo da Esfinge

chamados, **25, 50**

verdade, 50, **82**

templo de Dendera, 215-17, 249,
257, 262

criptas de, 261, 276-79

destruição da arte em, 259

e assassinato de Osíris, 215-17, 277

templo do Sol, 42-43, 228

Templo dos Mistérios no telhado, **217,
251**, 277

e Mistérios de Osíris, 277-78

reconstrução de, 252

zodíaco esculpido no teto, 249-50,
251-55, 260

Teodósio, Edito de, 259

Terceira Pirâmide, 66, 78, 376

terremoto

guardas na Grande Pirâmide,
79-80

no Cairo, 68, 71

Thoth, 212, **244**, 281, 348

autor de *O Livro dos Mortos*, 263

com cabeça de íbis, 274

deus da sabedoria e aprendizado
secreto, 274

inventor dos hieróglifos, 263

Senhor da Lua, 274

Tibete, 361

Tinis, 210

Tora, 63

transe hipnótico, 106, 115, 127, 217, 330, 377

    em comparação com a experiência do Mistérios, 217-19, 234-35, 239, 363

Tumbas dos Reis, 302, 341, 350

Tutancâmon, 284, 349

    túmulo de (e desastres), 117, 302, 361

Tutmés I, **271**, 282-83

Tutmés III, 228, **271**, 284

Tutmés IV, **27, 37**, 38-40

U

Universidade da Mesquita Al-Azhar, 106, 121, **126**, 181-**182**, 183-**184**, 185, 193, 200

urnas, 24

Utchat (olho sagrado), **244**

V

Vale dos Mortos, 337

Vale dos Túmulos dos Reis, 302, 341

Velho Testamento, 227, 230-31

Verdade

deus da, 275

deusa da, 349

véu de mulheres, 195-96

víboras, 303-05, 331

Vigilantes Silenciosos deste Mundo, 51

Vítor Emanuel, Rei da Itália, 136

Vitória, Rainha da Inglaterra, 78

Vulcano, 48

Vyse, Coronel Howard, 30, 78, 79-80, 89

W

Wade, *sir* Claude, 378

Waraqa, 176

Wilkinson, sir J. G. (egiptólogo), 375

Y

Yucatán, 43

Z

zodíaco, 249-50, 249-55, 260, 349

Zulus, 336

SOBRE O AUTOR E ESTE LIVRO

Paul Brunton é um dos mais brilhantes autores do século XX que escreveram sobre espiritualidade. É reconhecido por introduzir a meditação e a ioga no Ocidente e por apresentar seu conhecimento filosófico numa linguagem sem jargões. Nascido em Londres em 1898, escreveu onze livros, iniciando com o bem-sucedido *Índia Secreta* (1934) e concluindo com *A Crise Espiritual do Homem* (1952). Até hoje, seus livros são *best-sellers* em vários países. Brunton foi a fonte mais popular e de maior autoridade para informações sobre filosofias orientais, gurus e sistemas de meditação entre as décadas de 1930 e 1960. Por volta de 1950, se retirou da vida pública e continuou a escrever o material que constituiu a publicação póstuma *Os Notebooks de Paul Brunton* – uma verdadeira filosofia espiritual do Oriente e do Ocidente. Seus livros são escritos com a paixão de um autêntico pioneiro e a consideração de um praticante inveterado, representando um farol para todos os buscadores contemporâneos.

Após viajar pelo mundo, Paul Brunton viveu os últimos vinte anos de sua vida na Suíça. Gostava do clima ameno e da majestosa paisagem montanhosa. Visitantes e correspondência vinham de todo o mundo.

PB, como gostava de ser chamado, era um homem quieto e gentil. Uma aura de bondade e paz emanava de si. Embora sua espiritualidade fosse evidente, recusou-se a se tornar o centro de qualquer organização. Em vez disso, encorajou os buscadores a seguir o caminho independente para descobrir sua própria realidade interior.

Egito Secreto, de Paul Brunton, é tanto uma aventura exterior entre faquires, ocultistas e o mundo muçulmano quanto uma exploração interior dos mistérios egípcios, demonstrando a verdade segundo a qual somos mais do que o corpo, e a liberdade espiritual está ao nosso alcance.

Para mais informações sobre Paul Brunton e sua obra, acesse:
www.paulbrunton.com.br (em português)
www.paulbrunton.org (em inglês)

OBRAS COMPLETAS DE PAUL BRUNTON

PRIMEIRAS PUBLICAÇÕES
Índia Secreta
O Caminho Secreto
Egito Secreto
Mensagem de Arunachala
Um Eremita no Himalaia
A Busca do Eu Superior
A Realidade Interna
Indian Philosophy and Modern Culture
A Sabedoria Oculta além da Ioga
A Sabedoria do Eu Superior
A Crise Espiritual do Homem

PUBLICAÇÕES PÓSTUMAS
Os Notebooks de Paul Brunton
1. Ideias em Perspectiva
2. A Busca
3. Prática para a Busca Espiritual; Relax e Solitude
4. Meditation; The Body
5. Emotions and Ethics; The Intellect
6. The Ego; From Birth to Rebirth
7. Healing of the Self; The Negatives
8. Reflections on My Life and Writings
9. Human Experience; The Arts in Culture

10. The Orient
11. The Sensitives
12. The Religious Urge; The Reverential Life
13. Relativity, Philosophy, and Mind
14. Inspiration and the Overself
15. Advanced Contemplation; The Peace Within You
16. Enlightened Mind, Divine Mind

OUTRAS PUBLICAÇÕES
Paul Brunton: Essential Readings
A Imortalidade Consciente
Meditações para Pessoas que Decidem
Meditações para Pessoas em Crise
O que é Karma?
A Graça Divina
Vislumbres
O Caminho Breve para a Iluminação
Instructions for Spiritual Living
A Realização da Alma

Observação: Os títulos mantidos em inglês ainda não foram traduzidos para o português.

Copyright © Paul Brunton, 1936
Copyright © Paul Brunton Philosophic Foundation, 2015
Copyright da tradução e desta edição © Ajna Editora, 2022

Título original em inglês: *A Search in Secret Egypt*
Publicado pela North Atlantic Books

Direitos de edição da obra em língua portuguesa adquiridos
pela Ajna Editora. Todos os direitos reservados.
Nenhuma parte desta obra poderá ser reproduzida ou
transmitida de qualquer forma ou por quaisquer meios,
eletrônicos ou mecânicos, incluindo fotocópia, gravação
ou qualquer sistema de armazenamento e recuperação de
informações, sem a permissão por escrito dos editores.

*Grafia conforme o novo Acordo Ortográfico
da Língua Portuguesa.*

EDITORES Lilian Dionysia e Giovani das Graças
TRADUÇÃO Adriano Scandolara
COLABORAÇÃO Magda Beatriz Rockett Berkowitz (Gran)
e Alan David Berkowitz (Micha-El)
PREPARAÇÃO Lucimara Leal
REVISÃO Heloisa Spaulonsi Dionysia
PROJETO GRÁFICO E CAPA
Tereza Bettinardi e Gabriela Gennari

2022
Todos os direitos desta edição
reservados à AJNA EDITORA LTDA.
ajnaeditora.com.br

Dados Internacionais de Catalogação na Publicação (CIP)
(Câmara Brasileira do Livro, SP, Brasil)

Brunton, Paul, 1898-1981
Egito secreto / Paul Brunton ; tradução Adriano
Scandolara. – 1. ed. – São Paulo : Ajna Editora, 2022.

Título original: A search in secret Egypt
ISBN 978-65-89732-10-5

1. Brunton, Paul, 1898-1981 – Espiritualidade
2. Egito – Vida religiosa e costumes 3. Egito – Vida social e
costumes 4. Espaço sagrado – Egito 5. Islamismo – Egito
6. Magia, egípcio 7. Ocultismo – Egito I. Título.

22-113115   CDD-962.03

Índices para catálogo sistemático:
1. Egito : Ciências Ocultas 133

Primeira edição [2022]

Esta obra foi composta
em Antwerp e impressa pela
Ipsis para a Ajna Editora em
agosto de 2022.